T0131559

Crash-Kurs Psychologie

Christina von der Assen

Crash-Kurs Psychologie

Semester 1

 Springer

Christina von der Assen
Hamburg, Deutschland

ISBN 978-3-662-43358-4   ISBN 978-3-662-43359-1 (eBook)
DOI 10.1007/978-3-662-43359-1

Die Deutsche Nationalbibliothek verzeichnet diese Publikation in der Deutschen Nationalbibliografie; detaillierte bibliografische Daten sind im Internet über http://dnb.d-nb.de abrufbar.

Gedruckt auf säurefreiem und chlorfrei gebleichtem Papier

Springer-Verlag GmbH Berlin Heidelberg ist Teil der Fachverlagsgruppe Springer Science+Business Media (www.springer.com)

Fleur.

Ein ebenfalls großer Dank geht an Herrn Dipl. Psych. Sven Kottysch, Frau Prof. Dr. Petra Hänert, Frau Prof. Dr. Claudia Schulte-Meßtorff, Frau Prof. Dr. Angela Kindervater und Herrn Prof. Dr. Karl-Heinz Wehkamp für die fantastische Lehre im ersten Semester an der MSH Medical School Hamburg sowie Frau Dr. Anett Müller-Alcazar für die Biopsychologie. Eure Elli.

Geleitwort

Als ich vor hundert Semestern mein Psychologiestudium begann, gab es ein solches Buch nicht, und bis heute ist mir ein solches Buch auch nicht begegnet, das Christina von der Assen geschrieben hat. Es ist also ein Unikat und von daher einzig, und gut ist außerdem auch!

Andererseits sind die Erfahrungen der meisten Erstsemester wohl ähnlich und gleichen den Bildern von Reisen in unbekannte Regionen: Sümpfe und Nebel, Untiefen und Treibsand, wenig Licht, kein Horizont und schon gar kein fester Boden! Die Metaphorik ließe sich fortsetzen mit Bildern von Selbstzweifeln und Durchhalteparolen. Warum gibt es also erst jetzt so ein Buch – ein Lichtblick, ein Wegweiser, ein Leuchtturm, eine Landkarte, und zwar nicht in Form eines weiteren Einführungswerkes in die Psychologie?

Vielleicht hat es an dem einen zündenden Funken gefehlt, vielleicht auch an der Courage, ein Buch zu verfassen, das mit Kreativität für die Darstellung der Inhalte und mit Empathie für die Erstsemester maßgeschneidert worden ist.

Wenn ein derartiges Buch bislang fehlte, stellt sich die Frage, wem es nützt. Drei Antworten sollen fürs Erste genügen, weitere kann der Leser selbst finden.

Es liest sich mit Gewinn im ersten Semester, wenn man sich eingestehen muss, dass man Verständnislücken hat; dafür bietet das Buch eine Art Überbrückungshilfe.

Es liest sich aber auch mit Gewinn im ersten Semester, wenn man sich, erwartungsvoll und neugierig geworden, über Themen und Programme der Psychologie informieren will, die im laufenden und in den folgenden Semestern noch kommen.

Und es liest sich drittens mit Gewinn, weil man es als ein Kompendium nutzen kann, das einem einen Gesamtüberblick in aller Kürze und Dichte über ein einzelnes Fachgebiet vermitteln kann.

Es ist ebenso ein Crash-Kurs wie ein Überlebenspaket und ein kurzweiliges Nachschlagewerk: Es ist praktisch, aus einer vertrauten Perspektive geschrieben und empfiehlt sich, weil es ebenso schnörkellos wie informativ ist.

Eine Semesterlektüre mit Pfiff!

Prof. Dr. habil. Bernd Six
Department-Leitung Psychologie an der Medical School und Medical University Hamburg
Hamburg, Februar 2014

Hinweis

Liebe Studentin, lieber Student, liebe Interessenten,

ich möchte darauf hinweisen, dass dieses Buch nur einen Zusatz darstellt. Für das Studium der Psychologie sind sehr viel mehr Bücher von Nöten.

Für einen Überblick und schnelles Verständnis ist es, auch für Einsteiger, wunderbar!

Die Curricula sind oft gleich, aber auch ab und zu mal verschieden, deshalb der Hinweis: Die Themen Pädagogische und Klinische Psychologie sowie Statistik II und III werden in den nächsten Bänden dieser Bücherreihe behandelt.

Viel Spaß mit dem ersten Band!

Inhaltsverzeichnis

1   Allgemeine Psychologie 1
    Christina von der Assen
1.1   Einführung 4
1.2   Neurobiologische Grundlagen 4
1.3   Wahrnehmung I 6
1.4   Wahrnehmung II 9
1.5   Bewusstsein 10
1.6   Gedächtnis 12
1.7   Aufmerksamkeit 14
1.8   Lernen 16
1.9   Denken und Problemlösen 18
1.10   Sprache 20
1.11   Emotion 23
1.12   Motivation 25
1.13   Volition 35
1.14   Psychomotorik 37
1.15   Zusammenfassung 40
1.16   Fragen 42
    Literatur 42

2   Differentielle- und Persönlichkeitspsychologie 45
    Christina von der Assen
2.1   Einführung 47
2.2   Sigmund Freud 47
2.3   Psychoanalyse 49
2.4   Behaviorismus 51
2.5   Soziale Lerntheorie 52
2.6   Kognitive Ansätze 54
2.7   Selbstkonzept 55
2.8   Humanismus 56
2.9   Konstitutionspsychologische Ansätze 57
2.10   Eigenschaftstheorien 59
2.11   Zusammenfassung 61
2.12   Fragen 62
    Literatur 63

3   Biologische Psychologie I 65
    Christina von der Assen
3.1   Einführung 67
3.2   Stress und Emotionen 67
3.3   Neurotransmission 68
3.4   Synapsen 71
3.5   Muskelphysiologie 73
3.6   Neuroanatomie 76

3.7   **Reflexe, zentrales Nervensystem, peripheres Nervensystem** 79
3.8   **Endokrinologie**.. 81
3.9   **Herz- und Kreislaufphysiologie**.. 85
3.10   **Zusammenfassung**.. 86
3.11   **Fragen**.. 88
       Literatur 88

4   Sozialpsychologie 89
       Christina von der Assen
4.1   **Einführung**.. 90
4.2   **Soziale Kognition** 90
4.3   **Soziale Wahrnehmung** 91
4.4   **Das Selbst und die soziale Identität** 92
4.5   **Einstellungen und Messen von Einstellungen** 93
4.6   **Einstellungs- und Verhaltensänderung**.. 93
4.7   **Stereotype, Vorurteile, Diskriminierung** 94
4.8   **Autoritarismus**.. 96
4.9   **Aggression**.. 96
4.10   **Affiliation** 99
4.11   **Gruppenpsychologie, Gruppenleistung und Führung** 99
4.12   **Zusammenfassung**... 101
4.13   **Fragen** 104
       Literatur 105

5   Entwicklungspsychologie.. 107
       Christina von der Assen
5.1   **Einführung**... 109
5.2   **Physische Entwicklung (prä- und postnatal)**................................. 109
5.3   **Motorik- und Sensorikentwicklung**... 112
5.4   **Eltern-Kind-Interaktion und Bindung**.. 114
5.5   **Kognition** 115
5.6   **Intelligenz**.. 116
5.7   **Emotion**.. 117
5.8   **Sprache** 118
5.9   **Selbstkonzept**.. 119
5.10   **Geschlechtstypisierung** 119
5.11   **Soziale Beziehungen** 120
5.12   **Moral** 124
5.13   **Entwicklungsabweichungen** 125
5.14   **Zusammenfassung**.. 126
5.15   **Fragen** 128
       Literatur 129

6   Empirische Forschungsmethoden..131
Christina von der Assen
6.1   **Einführung**...133
6.2   **Grundbegriffe**..133
6.3   **Gütekriterien**..135
6.4   **Stichproben**...137
6.5   **Kausalität**..138
6.6   **Forschungsplanung**...139
6.7   **Bedingungen für eine Studiendurchführung**...........................141
6.8   **Probleme bei einer Studiendurchführung**.............................141
6.9   **Zusammenfassung**..142
6.10   **Fragen**...144
       Literatur..144

7   Statistik I..145
Christina von der Assen
7.1   **Stichprobe und Population**...147
7.2   **Skalentypen und Darstellungen**......................................149
7.3   **Maße der zentralen Tendenz**...152
7.4   **Dispersionsmaße (Streuungsmaße, Streuungsparameter)**.................153
7.5   **z-Transformation**...155
7.6   **Kovarianz**..156
7.7   **Produkt-Moment-Korrelation**...156
7.8   **Partialkorrelation**...157
7.9   **Einfache lineare Regression**..158
7.10   **Multiple Regression**..160
7.11   **Korrelationstechniken**..160
7.12   **Faktorenanalyse**...162
7.13   **Weitere wichtige Definitionen**......................................164
7.14   **Zusammenfassung**..166
7.15   **Fragen**...169
       Literatur..169

Serviceteil...171
Übungsfragen..172
Nachwort...173
Glossar..174
Weiterführende Literatur...180
Stichwortverzeichnis...181

Allgemeine Psychologie

Christina von der Assen

1.1   **Einführung** – 4

1.2   **Neurobiologische Grundlagen** – 4
1.2.1   Bestandteile des Neurons (Nervenzelle) – 4
1.2.2   Das Aktionspotenzial – 4
1.2.3   Das Nervensystem – 5
1.2.4   Das Gehirn – 5
1.2.5   Das endokrine System (Hormonsystem) – 6

1.3   **Wahrnehmung I** – 6
1.3.1   Verarbeitungsprozess – 6
1.3.2   Das Sehen – 8
1.3.3   Das Fühlen – 8
1.3.4   Das Schmecken – 8

1.4   **Wahrnehmung II** – 9
1.4.1   Selektive Aufmerksamkeit – 9
1.4.2   Wahrnehmungsorganisation – 9
1.4.3   Tiefenwahrnehmung – 9
1.4.4   Wahrnehmungs- bzw. Objektkonstanz – 10
1.4.5   Wahrnehmungsinterpretation – 10

1.5   **Bewusstsein** – 10
1.5.1   Bewusstseinszustände – 11
1.5.2   Bewusstseins- und Informationsverarbeitung – 11
1.5.3   Circadiane Rhythmik – 11
1.5.4   Schlaf und Träumen – 11
1.5.5   Hypnose – 12
1.5.6   Drogen und Bewusstsein – 12

1.6   **Gedächtnis** – 12
1.6.1   Gebrauch des Gedächtnisses – 12
1.6.2   Drei-Stufen-Modell nach Atkinson und Shiffrin (1968) (s. Ruffo 2010) – 13

C. von der Assen, *Crash-Kurs Psychologie*,
DOI 10.1007/978-3-662-43359-1_1, © Springer-Verlag Berlin Heidelberg 2016

1.6.3   Gedächtnisprozesse – 13

1.6.4   Gedächtnisarten – 13

1.6.5   Das Erinnern – 14

1.6.6   Ursachen für das Vergessen – 14

1.7   Aufmerksamkeit – 14

1.7.1   Aufgaben der Aufmerksamkeit – 15

1.7.2   Modelle der Aufmerksamkeit – 15

1.7.3   Visuelle Suche – 15

1.7.4   Aufmerksamkeitsstörung – 16

1.8   Lernen – 16

1.8.1   Abgrenzung gegenüber vergleichbaren Prozessen – 16

1.8.2   Konditionierung – 17

1.8.3   Beobachtungslernen/Modelllernen – 18

1.9   Denken und Problemlösen – 18

1.9.1   Denken – 18

1.9.2   Problemlösen – 19

1.9.3   Logisches Schließen – 20

1.9.4   Urteilen und Entscheiden – 20

1.10   Sprache – 20

1.10.1   Kommunikationsmodell
von Schulz von Thun (1981) (s. Schulz von Thun 2014) – 20

1.10.2   Inkongruente Nachrichten – 21

1.10.3   Sprachstruktur – 21

1.10.4   Sprachentwicklung und Spracherwerb – 21

1.10.5   Sprachwissenschaftler – 22

1.10.6   Sprachkompetenz und Sprachperformanz – 22

1.10.7   Sprachproduktion – 22

1.10.8   Störungen – 22

1.11   Emotion – 23

1.11.1   Funktionen von Emotionen – 23

1.11.2   Biologische Hirnstrukturen – 23

1.11.3   Emotionstheorien – 24

1.11.4   Glücklichsein und Wohlbefinden – 25

1.12   Motivation – 25

1.12.1   Hedonismus als Lust-Unlust-Prinzip – 26

1.12.2   Affektoptimierung – 26

1.12.3   Motivierendes Verhalten – 26

1.12.4   Funktionen des Motivationskonzeptes – 26

1.12.5   Bedürfnisse – 27

1.12.6   Physiologie des Hungers – 27

1.12.7   Sexuelle Motivation – 28

1.12.8   Motivationstheorien – 30

1.12.9   Motivkonstrukt-Messung – 30

1.12.10   Triebreduktionstheorien – 31

1.12.11   Erwartung-Wert-Theorien – 32

1.12.12   Attributionstheorien – 33

1.13   Volition – 35

1.14   Psychomotorik – 37

1.15   Zusammenfassung – 40

1.16   Fragen – 42

Literatur – 42

1

Dieses Teilgebiet betrachtet den Menschen als Gattungswesen und eruiert, was alle Menschen psychologisch gemeinsam haben.

Was jemand wahrnimmt, denkt und tut hängt von der Person und Situation ab, aber wie das Wahrnehmen, Denken und Tun vor sich geht, ist für alle Personen gleich.

1.1   Einführung

Die Psychologie ist die Lehre, welche sich mit dem menschlichen Verhalten beschäftigt. Wir Psychologen wollen entdecken, wie dieses Verhalten funktioniert.

Wir wollen zukünftiges Verhalten vorhersagen. Wir wollen Verhalten beeinflussen und kontrollieren.

- **Historie**

Wilhelm Wundt richtete 1879 an der Uni Leipzig das erste psychologische Labor ein, in dem Experimente durchgeführt wurden. Daher wird dies oft als die Geburtsstunde der modernen Psychologie betrachtet. Sigmund Freud veröffentlichte 1900 „Die Traumdeutung" (eines seiner wichtigsten Werke). 1905 entwickeln Alfred Binet und Theodore Simon den ersten Intelligenztest (s. Gerrig und Zimbardo 2008).

1.2   Neurobiologische Grundlagen

1.2.1   Bestandteile des Neurons (Nervenzelle)

Das Neuron besteht aus sieben wichtigen Bestandteilen. Der Zellkörper (auch „Soma" genannt) ist die Versorgungszentrale der Nervenzelle. Das angrenzende Dendrit erhält die Signale von anderen Zellen, und das ebenfalls angrenzende Axon leitet die Signale weiter zu anderen Nervenzellen. Das Axon ist umwickelt mit einer Fettschicht, die sog. Myelinschicht, welche eine schnellere Weiterleitung des Aktionspotenzials ermöglicht. Die Myelinschicht wird durch Ranvier'sche Schnürringe in mehrere Abschnitte unterteilt. So springt das Aktionspotenzial von Schnürring zu Schnürring, und es kommt eine noch schnellere Informationsweiterleitung zustande.

Die axonale Endigung (auch „Synapse" genannt) ist die Verbindungsstelle zu anderen Neuronen, und der synaptische Spalt ist der Raum zwischen der Prä- und Postsynapse. Zu einer gesamten Synapse gehört die Prä- und Postsynapse sowie der synaptische Spalt (s. Pinel 2007).

1.2.2   Das Aktionspotenzial

Auch das Aktionspotenzial gliedert sich in sieben wichtige Schritte:
- Eine Nervenzelle löst einen Impuls aus, wenn Sinnenrezeptoren (z. B. Druck, Hitze, Licht) über einen bestimmten Schwellenwert stimuliert werden.
- Dieser Impuls (= Aktionspotenzial) ist eine kurze elektrische Ladung, die das Axon des Neurons entlangwandert, sobald der Schwellenwert überschritten ist.
- Erreicht das Aktionspotenzial die axonale Endigung, werden die Neurotransmitter aus den Vesikeln in den synaptischen Spalt ausgeschüttet. Phase: Depolarisation.
- Neurotransmittermoleküle überqueren den synaptischen Spalt und docken an ein Rezeptormolekül am postsynaptischen Neuron an.

- Die Rezeptormoleküle öffnen sich, und Neurotransmitter, die noch immer im synaptischen Spalt vorhanden sind, werden wieder von dem präsynaptischen Neuron aufgenommen. Phase: Repolarisation und folgende Hyperpolarisation.
- Nun beginnt die Refraktärphase, d. h. die reizauslösende Nervenzelle kann erst einmal auf keinen weiteren Reiz reagieren.
- Im Ruhezustand (= Ruhepotenzial) gibt es einen Überschuss an negativ geladenen Ionen, während außerhalb des Neurons vor allem positiv geladene Ionen enthalten sind (s. Pinel 2007).

1.2.3 Das Nervensystem

Das Nervensystem ist das bestgeschützte Organ des Körpers. Es gliedert sich in das zentrale Nervensystem (ZNS) und das periphere Nervensystem (PNS).

Das ZNS besteht aus Gehirn und Rückenmark. Aufsteigende bzw. afferente Nerven übertragen sensorische Informationen, und absteigende bzw. efferente Nerven übertragen motorische Informationen.

Das PNS äußert sich durch neuronale Kabel, bestehend aus vielen Axonen, die das ZNS mit unseren Muskeln, Drüsen und Sinnesorganen verbinden.

Das PNS teilt sich auf wie folgt:

- Vegetatives PNS: Kontrolliert Düsen und Muskeln der Organe und sorgt für Erregung im Notfall durch den Sympathikus und für Beruhigung und Wartung durch den Parasympathikus.
- Somatisches PNS: Steuert die Skelettmuskulatur.

■ Beispiele für Neurotransmitter

Neurotransmitter sind Stoffe, die bei einem Reizaustausch von Nervenzellen weitergegeben werden. Acetylcholin (ACh) ermöglicht Muskelbewegungen und Lernen. Ein praktisches Beispiel: Bei Alzheimer sterben die Neuronen ab, die Acetylcholin produzieren. Bei Acetylcholin handelt es sich im Gegensatz zu Dopamin und Serotonin nicht um eine Aminosäure. Serotonin beeinflusst unsere Stimmung, Hunger, Schlaf und die Erregung. Ein praktisches Beispiel: Eine Unterversorgung ist bei Depressionen vorhanden. Dopamin wirkt auf die Bewegung, Lernen, Aufmerksamkeit und Gefühle. Ein praktisches Beispiel: Bei einem Dopaminüberschuss bekommen Personen Wahrnehmungsstörungen, und wenn zu wenig Dopamin im Körper vorhanden ist, führt dies zu Zittern, eingeschränkter Beweglichkeit und voraussichtlich zu der Parkinson-Krankheit oder einem Rigor, einer Akinese oder Ruhe-Tremor.

1.2.4 Das Gehirn

Es gibt viele verschiedene Bestandteile des Hirns, und alle haben eine bestimmte Funktion. Wichtig sind für euch erst einmal diese elf Areale:

Der Hirnstamm ist der älteste Teil und Kern des Gehirns (hier befindet sich das limbische System). Er ist zuständig für die Aufrechterhaltung der Lebensfunktion.

Die Medulla oblongata ist der untere Teil des Hirnstamms und kontrolliert Atmung und Herzschlag.

Die Pons trägt dazu bei, dass wir Bewegungen miteinander koordinieren können.

Die Formatio reticularis ist ein neuronales Netz im Hirnstamm, welches eine wichtige Rolle bei der Steuerung der Erregung spielt.

Ebenfalls sehr wichtig ist der Thalamus. Dieser ist eine Schaltzentrale für sensorische Signale im Hirn. Er übermittelt Informationen zu sensorischen Arealen im Cortex und zu der Medulla oblongata.

Das Kleinhirn (Cerebellum) ist zuständig für die Koordination der motorischen Signale sowie des Gleichgewichtssinns.

Für Psychologen unabdingbar zu kennen ist das limbische System. Dies ist ein ringförmiges, neuronales System, welches zwischen dem Hirnstamm und den cerebralen Strukturen liegt. Dazu gehören folgende drei Hirnareale:

Der Hippocampus ist wichtig für unsere Erinnerungsfähigkeit, die Amygdala (Mandelkern) verknüpft Emotion und Situation, und der Hypothalamus ist notwendig für das Aufrechterhalten der Homöostase (Temperatur, Blutdruck, Osmolarität), die Regulation der Nahrungs- und Wasseraufnahme, der circadianen Rhythmik und des Schlafs sowie für die Steuerung unseres Sexualverhaltens.

Abschließend umfasst all dies der cerebrale Cortex, auch Großhirnrinde genannt. Diese ist sehr reich an Nervenzellen (s. Pinel 2007).

▪ **Die Hirnlappen (Lobi)**
Der Frontallappen ist wichtig für unser Bewusstsein und ist beteiligt an Sprache, Willkürmotorik, Planung und Urteilsfindung. Dieser ist lokalisiert vorn an unserer Stirn und reicht bis zu der ungefähren Mitte unseres Schädels. Der Parietallappen liegt oben auf unserem Kopf. Dieser erhält sensorische Signale für Berührungen und bei Körperpositionen. An unserem Hinterkopf ist der Okzipitallappen lokalisiert. Dieser wird auch „visueller Cortex" genannt. Der Temporallappen liegt an der Seite unseres Kopfes und enthält die auditorischen Areale.

1.2.5   Das endokrine System (Hormonsystem)

Unser Hormonsystem besteht aus verschiedenen Bestandteilen unseres Körpers, die als Zentrale für Hormonausschüttungen fungieren. Der Hypothalamus setzt beispielsweise die Hormone der Hirnanhangdrüse frei.

Die Hormone der vorderen Hirnanhangdrüse betreffen die Hoden und Eierstöcke, Milchproduktion, den Stoffwechsel und Stressreaktionen.

Die Hormone der hinteren Hirnanhangdrüse sind verantwortlich für den Wasserhaushalt, Milchfluss und die Kontraktionen des Uterus (Wehen).

Der Darm ist verantwortlich für die Verdauung, und die Bauchspeicheldrüse kontrolliert mittels der Hormone den Glukosestoffwechsel.

1.3   Wahrnehmung I

1.3.1   Verarbeitungsprozess

Die menschliche Verarbeitung der Wahrnehmung findet wie folgt statt (◘ Abb. 1.1).

▪ **Wichtige Definitionen zur Wahrnehmung**
Wichtig für die Wahrnehmung sind bestimmte Schlagworte:
▬ Die absolute Schwelle ist eine Mindeststimulation, die notwendig ist, um den bestimmten Reiz in mindestens 50 % der Fälle wahrnehmen zu können.

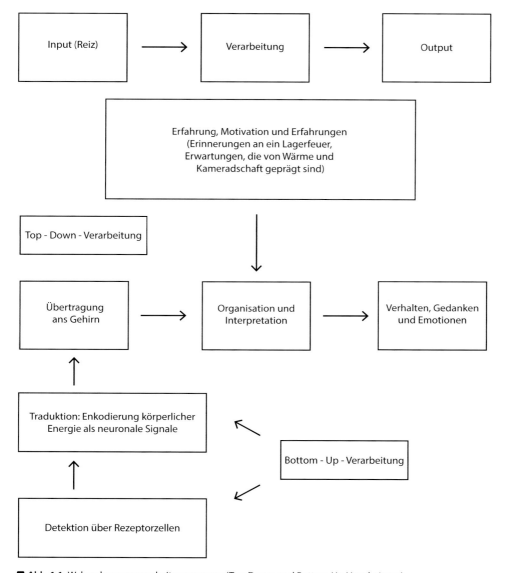

Abb. 1.1 Wahrnehmungsverarbeitungsprozess (Top-Down- und Bottom-Up-Verarbeitung)

- Die Unterschiedsschwelle zeigt den Unterschied zwischen zwei Reizen, der erforderlich ist, damit der Reiz in 50 % der Fälle überhaupt erkannt wird.
- Das Weber'sche Gesetz besagt, dass sich zwei Reize um einen konstanten Prozentsatz unterscheiden müssen, damit der Unterschied zwischen ihnen wahrgenommen werden kann.
- Sensorische Adaption nennt man eine verminderte Sensibilität auf einen gleichbleibenden Reiz. (Z. B. in einem Bus riecht es unangenehm. Nach einiger Zeit nehmen wir dies aufgrund der sensorischen Adaption nicht mehr wahr.)
- Der proximale Reiz ist bei allen gleich, aber man muss bedenken, dass z. B. beim visuellen Cortex die Sehfähigkeit beeinträchtigt ist.

1.3.2 Das Sehen

Das Auge besteht aus der Retina (Netzhaut), der Fovea (Stelle des schärfsten Sehens), der Kornea (Hornhaut). Der abgehende Sehnerv besteht aus den gebündelten Ganglienzellen und führt zur Sehrinde des Gehirns.

Der blinde Fleck ist dort, wo sich alle Axone bündeln. Deshalb ist dort kein Platz mehr für die Rezeptorzellen (Fotorezeptoren: Zapfen für Farbe und Stäbchen für Schwarz/Weiß).

■ **Ablauf der visuellen Wahrnehmung**

Sobald eine Szenerie startet, setzt die retinale Informationsverarbeitung ein. Dank der Detektorzellen des Gehirns reagieren wir auf elementare Merkmale wie Balken und Winkel. Das nennt man Merkmalserkennung. Sobald die Gehirnzellen auf einer höheren Stufe reagieren, reagieren sie auf eine kombinierte Information von Merkmaldetektorzellen. Dies nennt man dann Abstraktion. Abschließend vergleicht das Gehirn das erzeugte Bild mit früher abgespeicherten Bildern und erkennt die Situation wieder oder eben nicht.

1.3.3 Das Fühlen

Kinästhesie ist die Fähigkeit zur Wahrnehmung der Richtung und Geschwindigkeit der Bewegungen einzelner Gliedmaßen.

Der Tastsinn ist eine Mischung aus vier verschiedenen Sinneswahrnehmungen: Druck, Wärme, Kälte, Schmerz.

■ **Rezeptoren**

Mechanorezeptoren sind entweder Merkel-Zellen, die auf lokalisierten Druck reagieren, Meissner-Körperchen, die reagieren, wenn etwas über die Haut streicht, oder Pacini-Körperchen, die auf Druck und Vibration reagieren. Thermorezeptoren sind die sog. Ruffini-Körperchen und reagieren auf Wärme. Schmerzrezeptoren sind freien Nervenendigungen und reagieren neben Schmerz auch bei Kitzeln und leichten Empfindungen.

■ **Schmerzwahrnehmung**

Die Schmerzwahrnehmung kann durch verschiedene Faktoren beeinflusst werden:
- Biologische Einflüsse sind z. B. eine Aktivität in dickeren und dünneren Fasern des Rückenmarks, genetische Unterschiede in der Endorphinproduktionen und die Interpretation der ZNS-Aktivität des Gehirns.
- Soziokulturelle Einflüsse können z. B. die Anwesenheit anderer Personen, Empathie gegenüber den Schmerzen anderer und kulturelle Erwartungen des Schmerzauslebens sein.
- Psychologische Einflüsse sind z. B. Aufmerksamkeit gegenüber Schmerzen und erfahrungsbasiertes Lernen.

1.3.4 Das Schmecken

Wir besitzen folgende Geschmacksempfindungen: süß, sauer, salzig, bitter, umami.

Kinder besitzen in der Zunge mehr Sinneszellen als in den Fingerspitzen.

Übrigens: Warum mögen Kinder gern Nudeln? Weil Nudeln größtenteils aus Stärke bestehen und Stärke im Mund zu Glucose umgewandelt wird, was dann süß schmeckt.

1.4 Wahrnehmung II

1.4.1 Selektive Aufmerksamkeit

Das bedeutet, dass wir unser Bewusstsein in jedem Moment immer nur auf einen begrenzten Aspekt von all dem richten, was wir erleben.

Der Cocktailpartyeffekt besagt, dass du auf einer Party in all dem Stimmengewirr plötzlich deinen Namen hörst. In unserem Unterbewusstsein ist Folgendes verankert: Erwartungen, Erfahrungen, Konditionierung.

Veränderungsblindheit bedeutet, wenn du konzentriert ein Geschehen beobachtest, nimmst du andere Dinge, die gleichzeitig passieren, nicht bewusst wahr.

Wechselblindheit heißt, dass bei fünf Items auf einem Bild und einer folgenden Unterscheidbarkeit der Gegensätze achten wir zu allererst auf die Konfiguration, also die allgemeine Form des Bildes. Wenn sich die Identität des Items änderte oder zwei Items vertauscht wurden, wurde dies meist nicht bemerkt (s. Gerrig und Zimbardo 2008).

1.4.2 Wahrnehmungsorganisation

- **Der Bottom-Up-Prozess**

Wir nehmen sensorische Daten aus der Umwelt auf und leiten diese weiter zu unserem Gehirn. Hier werden relevante Informationen extrahiert und analysiert. Diese Prozesse beschäftigen sich mit Informationsbestandteilen und der Transformation konkreter, physikalischer Reizmerkmale in abstrakte Repräsentationen. Diese Art der Verarbeitung nennt sich datengesteuerte Verarbeitung, da der Ausgangspunkt der Identifikation in den Daten liegt.

- **Der Top-Down-Prozess**

Diese Art der Verarbeitung beteiligt unsere Erfahrungen, unser Wissen, unsere Motive und den kulturellen Hintergrund bei der Wahrnehmung der Welt. Hier beeinflussen uns höhere mentale Prozesse, wie wir Objekte und Ereignisse verstehen. Diese Art der Verarbeitung nennt sich konzeptgesteuerte Verarbeitung, da die Konzepte in unserem Gedächtnis die Interpretation der Daten beeinflussen (s. Pinel 2007).

1.4.3 Tiefenwahrnehmung

Auf unsere Retina fallen zweidimensionale Bilder, die wir zu dreidimensionalen Wahrnehmungen organisieren. Unsere Tiefenwahrnehmung basiert auf binokularen und monokularen Hinweisreizen.

- **Binokulare Hinweisreize**

Retinale Querdisparation ist die Verschiebung der horizontalen Positionen korrespondierender Bilder in beiden Augen. Sie liefert Tiefeninformation, weil das Ausmaß an Disparität (Ungleichheit) von der relativen Distanz von Objekten vom Betrachter abhängt. Eine Bewegungsparallaxe ist es, wenn verschieden Objekte unterschiedlich voneinander entfernt in einer Landschaft verteilt sind und sich der Beobachter parallel zu diesen Objekten seitlich fortbewegt und dabei in Richtung Horizont blickt (z. B. beim Autofahren). Konvergenz nennt man es, wenn ein Objekt nahe ist und die Augen stärker miteinander konvergieren müssen als bei einem entfernteren Objekt. Unser Gehirn nutzt Informationen der Augenmuskeln, um die Konvergenz als Tiefenkriterium einzusetzen. Einsetzbar ist die Konvergenz allerdings nur bis max. zwei Meter.

■ **Monokulare Hinweisreize**

Relative Größe heißt, wenn uns die tatsächliche Größe eines Gegenstandes bekannt ist, können wir aus seiner relativen Größe (Größe des Gegenstands auf der Retina) seine Entfernung abschätzen. Sehen wir mehrere identische Objekte in unterschiedlichen relativen Größen, so lesen wir diese als verschieden weit weg und nicht als verschieden große Objekte in gleicher Entfernung. Interposition bedeutet „Verdeckung". In diesem Fall ergänzen wir automatisch den Rest des Objekts. Der Texturgradient ist am einfachsten durch ein Beispiel zu erklären: Weizenhalme eines Weizenfeldes rücken mit zunehmender Entfernung enger zusammen. Die Fluchtpunktperspektive lässt weiter entfernte Schienen schmaler aussehen als näher stehende Gleise, obwohl beide in der Wirklichkeit gleich breit sind (s. Pinel 2007).

1.4.4   Wahrnehmungs- bzw. Objektkonstanz

Die Fähigkeit, Objekte trotz Veränderungen weiterhin als unverändert wahrzunehmen, auch wenn sich Form, Größe und Beleuchtung auf der Retina verändern. Man nennt dies Form-, Größen- und Helligkeitskonstanz.

1.4.5   Wahrnehmungsinterpretation

Wir können bisher alle Wahrnehmungsprozesse so beschreiben, dass sie uns das genaue Wissen über die physikalischen Eigenschaften des Objektes geben. Wir wüssten allerdings noch nicht, welches Objekt es ist und ob wir es schon einmal gesehen haben.

Identifikation (durch Erwartungen, Motivation, Konditionierung und Lernerfahrungen) und Wiedererkennen verleihen dem wahrgenommen Objekt Bedeutung.

Kontexteffekte beispielsweise beeinflussen unsere Erwartungen und so auch die Interpretation des Objekts.

Ein Wahrnehmungsset ist die vorübergehend hohe Bereitschaft, einen Reiz in einer bestimmten Weise wahrzunehmen oder auf ihn zu reagieren (s. Gerrig und Zimbardo 2008).

1.5   Bewusstsein

Unser Bewusstsein ist die Gesamtheit der unmittelbaren Erfahrung, die sich aus der Wahrnehmung von uns selbst und unserer Umgebung zusammensetzt (man unterscheidet zwischen Bewusstseinsinhalten und Bewusstseinszuständen). Bewusstsein setzt sich zusammen aus unseren Wahrnehmungen, Gedanken, Gefühlen und Wünschen. Das Bewusstsein ist relativ langsam und hat nur eine begrenzte Kapazität, ist aber gut dafür geeignet, neue Probleme zu lösen.

1.5.1 Bewusstseinszustände

- Spontan auftretende: Tagträumen, Schläfrigkeit,
- Physiologisch bedingte: Halluzinationen, Nahrungs- und Sauerstoffmangel,
- Psychologisch bedingte: sensorische Deprivation, Hypnose, Meditation.

1.5.2 Bewusstseins- und Informationsverarbeitung

Im Gegensatz zur unbewussten Verarbeitung von Informationsverarbeitung, die gleichzeitig auf mehreren Bahnen (parallel) ausgeführt wird, findet unser bewusstes Verarbeiten nacheinander, also sequenziell, statt. Rudimentäre Vorgänge, wie der Gang auf die Toilette, können trotzdem absolviert werden.

1.5.3 Circadiane Rhythmik

Dies ist die reguläre Rhythmik unserer Körperfunktionen, z. B. die unserer Körpertemperatur und unseres Schlaf-Wach-Zyklus.

Wir können diesen Rhythmus beeinflussen, denn durch unsere Retina und den Nervus opticus treten Lichtreize ein, und so wird der Nucleus suprachiasmaticus stimuliert, wo die circadiane Rhythmik, also unsere „kontrollierende Uhr", lokalisiert ist. Sollte dieses Gebiet beschädigt werden, kann es zu einem Verlust des rhythmischen Verhaltens führen.

1.5.4 Schlaf und Träumen

Unsere Zirbeldrüse (Epiphyse) schüttet Melatonin aus, was dafür sorgt, dass wir schlafen. Wenn wir weniger schlafen, sind wir eher extravierte und konformere Persönlichkeiten und bei viel Schlaf introvertierter und kreativer.

- **Gründe für das Schlafen**

Zum einen schlafen wir, damit sich unsere Neuronen erholen können, denn der Schlaf hat eine schützende Funktion für unser Gehirn und unseren Körper. Darüber hinaus ist Schlaf sehr wichtig für unser Gedächtnis. Zum anderen dient Schlaf zur Energieeinsparung (basierend auf der evolutionären Theorie). Kinder brauchen Schlaf vor allem auch, damit sich ihre Neuronen und Axone ordnen und konsolidieren können.

- **Schlafstörungen**

Es gibt verschiedene Schlafstörungen, jedoch sind die Insomnie (wiederholende Einschlaf- und Durchschlafstörungen), die Narkolepsie (unkontrollierte Schlafattacken, unpassendes Fallen in Tiefschlafphasen) und das Schlafapnoesyndrom (gelegentliches Aussetzen der Atmung) die bekanntesten.

- **Auswirkungen von Schlafentzug**

Wenn wir nicht schlafen, hat das einen massiven Einfluss auf unseren Alltag. Primär sind wir sehr müde und machen mehr Fehler und verursachen Unfälle. Auch lässt unsere Produktivität und Kreativität zunehmend nach, und wir können uns nur noch schwer konzentrieren. Physiologisch führt das zu Übergewicht und Bluthochdruck (s. Gerrig und Zimbardo 2008).

1.5.5   Hypnose

Dies ist eine soziale Interaktion, in der der Hypnotiseur dem Hypnotisierten suggeriert, dass bestimmte Wahrnehmungen, Gefühle und Gedanken spontan auftreten. Bis zu einem gewissen Punkt ist jeder Mensch empfänglich für Suggestionen, es bestehen jedoch interindividuelle Unterschiede hinsichtlich der Empfindlichkeit gegenüber der manipulativen Beeinflussung einer Vorstellung oder Empfindung.

1.5.6   Drogen und Bewusstsein

Als psychoaktive Substanz wird jeder von außen zugeführte Stoff, der Veränderungen der Psyche und des Bewusstseins eines Menschen zur Folge hat, bezeichnet. Psychoaktive Substanzen haben eine psychotrope oder psychoaktive Wirkung. Alkohol z. B. hat eine dämpfende Wirkung. Erwünschte Wirkungen sind hier ein Hochgefühl und Entspannung, unerwünschte Wirkungen sind depressive Verstimmung, Gedächtnislücken, Organschädigungen und schlechtere Reaktionsfähigkeit. Koffein ist eine Droge der stimulierenden Art. Erwünschte Wirkungen sind Wachheit und Energie, unerwünschte Wirkungen sind Ängstlichkeit, Unruhe und Schlaflosigkeit bei hohen Dosen.

Drogen wirken unterschiedlich. Bei Kokain beispielsweise funktioniert das Re-Uptake nicht. Das heißt, die präsynaptische Membran kann die Neurotransmittermoleküle (z. B. Serotonin oder Adrenalin) nicht wieder aufnehmen, da die Droge, in diesem Fall Kokain, die präsynaptischen Kanäle besetzt. Die Droge blockiert so die Wiederaufnahme von Dopamin, Noradrenalin und Serotonin. Die Neurotransmitter verbleiben daher in dem synaptischen Spalt, und ihre normale stimmungshebende Wirkung wird verstärkt. So entsteht der euphorische Rausch. Sinkt der Kokainspiegel, führt das Fehlen dieser Neurotransmitter zum Zusammenbruch.

Diese Wirkung endet nach mehreren Stunden (je nach Droge unterschiedlich), da der enzymatische Abbau so lange braucht, um zu reagieren. Opiate wie z. B. Morphium oder Heroin haben eine Wirkungsdauer von 3–6 Stunden, und die physiologische und psychische Abhängigkeit ist sehr hoch. Halluzinogene wie z. B. Meskalin und LSD haben eine Wirkungsdauer von 8–12 Stunden und keine psychische Abhängigkeit sowie eine unbekannte physiologische Abhängigkeit (s. Gerrig und Zimbardo 2008).

1.6   Gedächtnis

Das Gedächtnis ist die mentale Fähigkeit, Informationen zu enkodieren, zu speichern und abzurufen. Es gibt keine Tätigkeit, bei der das Gedächtnis keine Rolle spielt. Ohne Gedächtnis hätten wir keine Identität (z. B. Alzheimer, Demenz), und ohne Gedächtnis könnten wir keinem Gespräch folgen.

Hermann Ebbinghaus (1850–1909) erforschte als einer der ersten das Gedächtnis.

1.6.1   Gebrauch des Gedächtnisses

- **Expliziter (deklarativer) Gebrauch des Gedächtnisses**
Bewusste Anstrengung durch Wiedergewinnung von Informationen (wird im Hippocampus verarbeitet). Deklaratives Gedächtnis für Fakten und Ereignisse, ist das Gedächtnis für semantisches Wissen.

- **Impliziter (prozeduraler) Gebrauch des Gedächtnisses**

Verfügbarkeit von Informationen ohne bewusste Anstrengungen, die Informationen zu enkodieren und wiederherzustellen, wird zum Teil im Cerebellum (Kleinhirn) verarbeitet. Prozedurales Gedächtnis (motorische und kognitive Fähigkeiten) und Effekte klassischer und operanter Konditionierung.

1.6.2 Drei-Stufen-Modell nach Atkinson und Shiffrin (1968) (s. Ruffo 2010)

Dieses Modell besagt, dass der Reiz in das sensorische Gedächtnis eintritt. In diesem wird der Reiz enkodiert und in das Kurzzeitgedächtnis (KZG) übertragen. Aus dem Kurzzeitgedächtnis kann es in das Langzeitgedächtnis (LZG) abgespeichert werden und vom LZG aus dem KZG abgerufen werden (s. Ruffo 2010).

1.6.3 Gedächtnisprozesse

Das Enkodieren ist unsere Verarbeitung von Informationen zur Eingabe ins Gedächtnis (z. B. durch Herstellen eines Bedeutungszusammenhangs). Daraufhin findet eine Speicherung der Information statt, ein dauerhaftes Behalten der enkodierten Informationen im Hirn. Die Speicherung findet statt, um den dritten Prozess zu ermöglichen: das Abrufen. Dies ist das Wiederauffinden der gespeicherten Informationen im Gedächtnisspeicher.

1.6.4 Gedächtnisarten

Kommt ein Reiz an, so gilt es erst einmal, diesen wahrzunehmen und mittels verschiedener Gedächtnisarten in das Kurzzeitgedächtnis, Arbeitsgedächtnis oder Langezeitgedächtnis aufzunehmen.

Das sensorische Gedächtnis ist der erste Gedächtnisprozess zur momentanen Aufrechterhaltung. Dazu gehören das ikonische Gedächtnis als sensorisches Gedächtnis für visuelle Reize. Hier werden viele Informationsmengen für sehr kurze Dauer (0,5 sec) gespeichert. Im echoischen Gedächtnis, dem sensorischen Gedächtnis für auditive Informationen, werden Informationen mit kurzer Dauer von 5–10 Sekunden gespeichert.

- **Kurzzeitgedächtnis (KZG)**

Nur kürzlich gemachte Erfahrungen werden aufrechterhalten, und Infos aus dem Langzeitgedächtnis können abgerufen werden. Das KZG besitzt begrenzte Kapazität und speichert Informationen nur für kurze Dauer. Miller erfand die „Magic 7". Dies sagt aus, dass sieben Items 20 Sekunden lang zusammenhangslos gespeichert werden können. Durch Chunking (Bündelung) kann diese Kapazität erweitert werden.

- **Arbeitsgedächtnis (AG)**

Das Arbeitsgedächtnis gilt ein „neueres Verständnis" vom Kurzzeitgedächtnis. Hier findet die bewusste, aktive Verarbeitung von eingehenden auditiven und visuell-räumlichen Infos statt sowie die Verarbeitung von Infos des Langzeitgedächtnisses. Das Arbeitsgedächtnis setzt sich zusammen aus:

1

- der phonologischen Schleife,
- dem visuell-räumlichen Notizblock,
- der zentralen Exekutive.

Der sensorische Input gelangt in unser Bewusstsein. Der episodische Puffer schleust den Input zu unseren zentralen Exekutive und verknüpft die Informationen.

- **Langzeitgedächtnis (LZG)**

Hier finden vor allem Gedächtnisprozesse zum Behalten von Informationen für den Abruf zu beliebigen Zeitpunkten statt. Die Kapazität des LZG ist unbegrenzt. Es besteht aus dem episodischen Gedächtnis als LZG für autobiografische Ereignisse (diese Informationen merken wir uns sehr gut aufgrund einer tieferen Verarbeitung durch den Selbstbezugseffekt), aus dem semantischen Gedächtnis, dem LZG für Faktenwissen, Kategorien und Konzepte und dem prozedurales Gedächtnis als LZG für prozedurales Wissen (wie etwas geschieht, z. B. Motorik).

1.6.5 Das Erinnern

Enkodierspezifität nennt man den späteren Abruf von Infos. Dies wird verbessert, wenn Hinweisreize (Primes) beim Abruf mit denen bei der Enkodierung übereinstimmen.

Stimmungskongruente Erinnerung ist die Tendenz, sich an die Erfahrungen zu erinnern, die mit der aktuellen Stimmung übereinstimmen.

Ein Déjà-vu kommt vor, wenn Hinweisreize aus der aktuellen Situation unbewusst die Erinnerung an eine frühere Situation auslösen. Es gibt hier verschiedene Maße der Erinnerungsfähigkeit. Zum einen die frei Reproduktion (recall). Hier muss der Mensch die gelernten Informationen aktiv wieder abrufen. Zum anderen gibt es das Wiedererkennen (recognition) da muss der Mensch die vorher gelernte Information lediglich wiedererkennen.

1.6.6 Ursachen für das Vergessen

Selbstverständlich kommt es auch vor, dass Informationen vergessen werden. Dies kann mehrere Gründe haben. Entweder ein Scheitern der Enkodierung, d. h., können uns nicht erinnern, weil es nie gespeichert wurde, oder ein Speicherzerfall, da die physische Erinnerungsspur zerfallen ist. Außerdem kann es vorkommen, dass ein Abruf der Information scheitert, da früher Gelerntes, die Reproduktion neu gelernter Information und die neu gelernte Information die Reproduktion früher gelernter Information stört.

1.7 Aufmerksamkeit

Aufmerksamkeit ist der Zustand fokussierten Bewusstseins. Sie kann gerichtet sein auf
- Ausschnitte des Wahrnehmungsraumes (Theaterbühne),
- ausgewählte Gegenstände und Personen,
- Ereignisse oder ausgewählte Sinnesmodalitäten wie das Gehör.

1.7.1 Aufgaben der Aufmerksamkeit

- Verhaltenshemmung: verhindert, dass unvereinbare Handlungen zugleich ausgeführt werden (d. h. es muss eine Handlung vorgezogen werden).
- Informationsselektion zur Handlungssteuerung: wenn wir uns für eine Handlung entschieden haben, entscheidet die Informationsselektion, wie die Handlung auszuführen ist.
- Spezifikation von Handlungen durch Handlungsplanung: erlaubt vorhandene Handlungen neu zu kombinieren.

Wir sind ständig mit Reizinformationen konfrontiert, aber nur ein kleiner Teil dieser Infos gelangt zur bewussten Repräsentation.

Die selektive Aufmerksamkeit bezieht sich auf zwei Bedeutungskomponenten:
- Begrenzung des Umfangs der Aufmerksamkeit,
- Auswahl der Inhalte, die zur vollen Verarbeitung gelangen.

1.7.2 Modelle der Aufmerksamkeit

- **Filter-Modell von Broadbent (1958) (s. Schweizer 2006)**

Alles-oder-Nichts-Prinzip: nur relevante Prozesse werden weitergeleitet; sollten Prozesse nicht weitergeleitet werden, sind sie irrelevant und zu schwach. Die Sinnesinformationen werden aufgrund der begrenzten Verarbeitungskapazität auf allen Sinneskanälen gefiltert (s. Schweizer 2006).

- **Attenuation-Theorie von Treisman (1960)/Dämpfungstheorie (s. Scharfetter 2002)**

Die Sinnesinformationen werden früh auf den Sinneskanälen in Abhängigkeit von der Verarbeitungskapazität gefiltert (je nach Reizstärke), bevor sie bearbeitet werden. Hier werden alle Informationen weitergeleitet (auch nicht beachtete; s. Scharfetter 2002).

- **Theorie der späteren Selektion von Deutsch und Deutsch (1963)(s. Gerrig und Zimbardo 2008)**

Man nennt diese Theorie auch die Selektion bei der zentralen semantischen Verarbeitung. Die Sinnesinformationen werden nicht gefiltert und bis zu einem hohen Grad analysiert, erst dann werden die Informationen selektiert, die bewusst erkannt werden (s. Gerrig und Zimbardo 2008).

1.7.3 Visuelle Suche

Die visuelle Suche nach einem möglichen Zielreiz (Target) findet in einem Suchdisplay statt, welches eine variable Anzahl von Ablenkern (Distraktoren) enthält. Die Merkmale der Ablenker können sich in nur einer Dimension wie etwa Farbe, Form, Bewegung usw. von den Merkmalen des Zielreizes unterscheiden oder in einer Verknüpfung (Konjunktion) von mehreren Merkmalsdimensionen.

Die parallele Suche erfolgt präattentiv (ohne Aufmerksamkeit), da sich der Zielreiz in seinem Merkmal von denen der Ablenker abhebt und sofort ins Auge springt (Pop-Out-Effekt).

Wird das Display nach einem Zielreiz abgesucht, der sich aus verschiedenen Merkmalen der Ablenker zusammensetzt, spricht man von einer seriellen Suche. Gerichtete Aufmerksamkeit ist erforderlich, denn der Proband muss das ganze Display „abscannen", um besagten Zielreiz zu entdecken.

Abhängig davon, ob im Display ein Zielreiz vorhanden ist oder nicht, wird bei der seriellen Suche zwischen der selbstabbrechenden Suche und der erschöpfenden Suche unterschieden. Bei der selbstabbrechenden Suche wird das Display nur solange abgesucht, bis der Zielreiz gefunden wurde (nur wenn überhaupt vorhanden). Bei der erschöpfenden Suche werden alle Display-Items abgesucht, bevor festgestellt werden kann, dass kein Zielreiz vorhanden ist.

- **Merkmalssuche/Konjunktionssuche**

Die Merkmalssuche verspricht eine leichte Suche, denn das Zielobjekt (Target) kann von den Distraktoren anhand eines elementaren Merkmals (z. B. der Farbe) unterschieden werden. Die Konjunktionssuche ist diffiziler, denn das Target wird von den Distraktoren nur durch die Kombination von zwei Merkmalen (Farbe und Form) unterschieden.

1.7.4 Aufmerksamkeitsstörung

Zum Beispiel das sog. Neglect (engl.: vernachlässigen). Es tritt meist nach Schädigung des rechten Parietallappens auf und ist eine Störung der Loslösung der Aufmerksamkeit aus dem gesunden ins vernachlässigte Halbfeld.

- **Symptome**

Störungen der Aufmerksamkeit sind z. B. eine Einschränkung der inhibitorischen Kontrolle, eine gestörte Daueraufmerksamkeit und die Tendenz zur vermehrten Reizsuche. Ebenfalls Impulsivität (unüberlegtes Handeln, nicht abwarten können, übermäßiges Reden) und Hyperaktivität (motorische Unruhe, Schwierigkeiten, sich ruhig zu beschäftigen) spielen eine große Rolle.

- **Therapie**

Therapiert werden kann dies durch Medikamente (z. B. Ritalin), Trainings für Verhaltens- oder Handlungsorganisation und einer vermehrten Inklusion der Eltern (z. B. negative Umweltreize entfernen).

1.8 Lernen

Lernen ist ein Prozess, der in einer relativ konsistenten Änderung des Verhaltens oder des Verhaltenspotenzials resultiert (ein kontinuierlicher Prozess) wie z. B. Gewohnheiten (z. B. Bedanken, Entschuldigen) oder auch Fertigkeiten/Fähigkeiten (z. B. Bedienung eines Fahrzeugs).

1.8.1 Abgrenzung gegenüber vergleichbaren Prozessen

Eine Ermüdung ist eine Verhaltensänderung durch Veränderungen in den körperlichen Bedingungen, d. h. man hat nicht mehr genug Ressourcen und zu wenig Glucose im Hirn.

Reifung oder Reifungsprozesse sind angeboren und genetisch determiniert über hormonelle Ausschüttungen, worauf wir keinen Einfluss haben.

Eine Prägung ist eine angeborene Reaktionstendenz und eine Gewöhnung als Erlöschen nicht-spezifischer Reaktionen bei wiederholter Darbietung.

1.8.2 Konditionierung

Es handelt sich um den Prozess des Erlernens von Assoziationen. Es wird zwischen klassischer und operanter Konditionierung unterschieden.

- **Klassische Konditionierung**
Lernen, bei dem ein Organismus Reize koppelt. Ein neutraler Reiz wird durch wiederholte Darbietung mit einem unkonditionierten Reiz (US) gekoppelt, darauf folgt eine Reflexreaktion (UR). Daraufhin löst der ursprünglich neutrale Reiz (CS) auch alleine eine Reaktion (CR) aus. Ein wichtiges Beispiel ist der „Pawlow'sche Hund". Es gibt allerdings auch andere Beispiele wie zum Beispiel dieses hier:
– KUSS (US) → Erregung (UR),
– Zwiebelgeruch (CS) + KUSS (US) → Erregung (UR),
– Zwiebelgeruch (CS) → Erregung (CR).

Ein wichtiger Begriff zur klassischen Konditionierung ist unter anderem die Löschung (Extinktion): Diese tritt dann auf, wenn ein unkonditionierter Reiz (US, z. B. Futter) nicht dem konditionierten Reiz (CS, z. B. Ton) folgt.
Die spontane Erholung (Spontanremission) erklärt ein erneutes Auftreten einer gelöschten konditionierten Reaktion (CR) nach einer Ruhepause.
Eine Reizgeneralisierung löst durch bestimmte Reize, die dem konditionierten Reiz ähneln, ähnliche Reaktionen aus.
Shaping ist eine Verhaltensformung. Es ist eine Methode der schrittweisen Annäherung an ein gewünschtes Verhalten durch positive Verstärkung (sukzessive Approximation).

- **Operante Konditionierung**
Lernen, bei dem sich die Wahrscheinlichkeit einer Reaktion aufgrund einer Veränderung ihrer Konsequenzen ändert. Operant meint hier, dass sich das Verhalten anhand der beobachtbaren Effekte auf die Umwelt beschreiben lässt. Burrhaus F. Skinner ist ein wichtiger Name in der operanten Konditionierung. Ein wichtiger Begriff bei der operanten Konditionierung ist z. B. der des Verstärkers. Verstärker sind Ereignisse, durch die ein vorausgehendes Verhalten verstärkt wird. Primäre Verstärker folgen nach angeborenen verstärkenden Reizen (z. B. Sättigung nach Hunger). Sekundäre und konditionierte Verstärker folgen einem Reiz, der mit primären Verstärkern gekoppelt wird. Generalisierte Verstärker stehen in Beziehung mit primären und sekundären Verstärkern (z. B. Geld, Macht, hoher sozialer Status; s. Gerrig und Zimbardo 2008).

- **Verstärkerbedingungen**
Ein Verhalten kann auf verschiedene Arten verstärkt werden. Eine direkte Verstärkung sollte zeitlich nah nach dem gezeigten Verhalten erfolgen. Eine konsequente Verstärkung folgt immer und nicht nur manchmal nach dem gezeigten Verhalten. Eine motivationsadäquate Bestrafung/ Verstärkung entfaltet nur dann eine Wirkung, wenn diese individuell auf die Bedürfnisse der Person abgestimmt ist. So belohnt man ein Kind mit etwas, was es mag, wie Schokolade, statt mit Gemüse. Einen Vergleich zwischen der klassischen Konditionierung und der operanten Konditionierung zeigt ◘ Tab. 1.1.

◘ **Tab. 1.1** Klassische Konditionierung vs. operante Konditionierung (aus Gerrig und Zimbardo 2008)

	Klassische Konditionierung	Operante Konditionierung
Löschung	CR nimmt ab, wenn CS wiederholt alleine dargeboten wird.	Die Reaktion nimmt ab, wenn die Verstärkung aufhört.
Kognitive Prozesse	Organismen entwickeln die Erwartung, dass der CS ein Signal für das baldige Auftreten eines US ist.	Organismen entwickeln die Erwartung, dass eine Reaktion verstärkt oder bestraft wird; sie zeigen auch latentes Lernen ohne Verstärkung.
Biologische Prädispositionen	Biologische Prädispositionen sind eine Einschränkung dafür, welche Reize und Reaktionen leicht miteinander assoziiert werden können.	Organismen lernen am besten Verhaltensweisen, die ihren natürlichen Verhaltensweisen ähneln; unnatürliche Verhaltensweisen lassen sie instinktiv auf natürliche Verhaltensweisen zurückfallen
Reaktion	unwillkürlich, automatisch	willentlich, beeinflusst durch die Umgebung
Erwerb	Ereignisse werden assoziiert, CS kündigt US an.	Eine Reaktion wird mit einer Konsequenz gekoppelt (Verstärker oder bestrafender Reiz).

1.8.3 Beobachtungslernen/Modelllernen

- **Soziale Lerntheorie (Bandura 1977) (s. Gerrig und Zimbardo 2008)**

Soziales Verhalten wird vornehmlich durch Beobachtung und Imitation der Handlungen anderer gelernt. In der sozialen Lerntheorie polarisieren drei Arten von Prozessen:
- Stellvertretende Prozesse dienen neben Erfahrungen als zweite Quelle des sozialen Verhaltens eines Individuums.
- Symbolische Prozesse ermöglichen Planungen und Analysen und machen eine Vorstellung von Ereignissen möglich.
- Selbstregulierende Prozesse dienen zur Auswahl, Organisation und Umformung von Reizen sowie Kontrolle des eigenen Verhaltens durch selbsterzeugte Anreize und Konsequenzen; Betonung der kognitiven Prozesse.

Das Verhalten des Modelllernens wird bedeutsam, wenn beobachtetes Verhalten verstärkende Konsequenzen erbringt, das Modell als positiv, beliebt und respektiert wahrgenommen wird, der Beobachter dafür belohnt wird, dass Modell Aufmerksamkeit bekommt oder der Beobachter das Verhalten imitieren kann (s. Gerrig und Zimbardo 2008).

1.9 Denken und Problemlösen

1.9.1 Denken

Die Kognition meint alle mentalen Vorgänge, die mit Denken, Problemlösen, Entscheiden, Urteilen, Wissen, Erinnerung und Kommunikation zu tun haben. So untersucht die Kognitive Psychologie die höheren geistigen Prozesse wie Aufmerksamkeit, Sprachverwendung, Gedächtnis, Wahrnehmung, Problemlösen und Denken.

Denken ist die Aktivität, die zur symbolischen Repräsentation unserer Welt und unseres Selbst sowie darauf gründendem Verhalten führt. Denken ist Problemlösen und die Umwandlung bestimmter Sachverhalte mithilfe bestimmter Operatoren.

Ein Begriff oder Konzept ist die mentale Gruppierung ähnlicher Gegenstände, Ereignisse, Ideen oder Personen. Sie hilft bei der Bildung mentaler Repräsentation natürlicher Kategorien mittels Prototypen als das repräsentativste Exemplar einer Kategorie.

1.9.2 Problemlösen

Problemlösen nennt man Denkvorgänge, die auf die Lösung bestimmter Probleme gerichtet sind und die sich mithilfe einer Menge mentaler Operationen von einem Anfangszustand zu einem Zielzustand hin bewegen.

Ein Problemraum sind die Elemente, aus denen ein Problem besteht. Als Anfangszustand gilt die unvollständige Info oder der unbefriedigende Zustand als Ausgangspunkt. Die Operatorenmenge besteht aus den Schritten, mit deren Hilfe man vom Anfangs- zum Zielzustand gelangt. Der Zielzustand ist der Informationsstand oder Zustand, der erzielt werden soll.

Probleme sind entweder gut oder schlecht definiert. Gut definierte Probleme zeichnen sich durch einen klar bestimmten Ausgangs- und Endzustand aus (z. B. von einem Ufer des Flusses an das andere gelangen). Schlecht definierte Probleme entstehen dann, wenn ein Ausgangs- und/oder Endzustand unklar ist (z. B. Verschönerung der Wohnung).

Komplexe Probleme sind diffiziler, weil eine hohe Anzahl veränderlicher Variablen besteht, die Variablen voneinander abhängen, es eine Unklarheit über mögliche Problemzustände gibt, es viele unterschiedliche Zielzustände gibt und die Variablen sich verändern ohne eigenes Zutun.

- **Problemlösen durch die Anwendung von Regeln**

Hier gibt es z. B. einen Algorithmus als eine systematische logische Regel oder Vorgehensweise, die garantiert zur Lösung des vorliegenden Problems führt, oder eine Heuristik (Daumenregel) als eine einfache Denkstrategie für effizientere Urteile und Problemlösungen. Die Anwendung von Heuristiken führt schneller zu einer Lösung als Algorithmen, aber der Gebrauch von Heuristiken ist fehleranfälliger. Folgende Heuristiken helfen uns bei der Analysierung eines Problems:

- Die Repräsentativitätsheuristik hilft uns bei der Beurteilung der Wahrscheinlichkeit von Aussagen – je nachdem, wie genau sie bestimmte Prototypen darstellen oder ihnen entsprechen – und kann dazu führen, dass wichtige Infos vernachlässigt werden.
- Die Verfügbarkeitsheuristik dient zur Beurteilung der Wahrscheinlichkeit von Ereignissen je nach ihrer Verfügbarkeit in der Erinnerung. Je schneller uns Beispiele einfallen, für desto wahrscheinlicher halten wir ein solches Ereignis.
- Die Ankerheuristik ist eine unzureichende Anpassung nach oben oder unten von einem Startwert aus, wenn man den wahrscheinlichen Wert eines Ereignisses oder Ergebnisses abschätzt.

Eine Fixierung (fixation) bzw. die Unfähigkeit, ein Problem aus einem neuen Blickwinkel zu sehen, entsteht, wenn eine der Hauptschwierigkeiten in der Lösung von Problemen liegt (s. Gerrig und Zimbardo 2008).

1.9.3   Logisches Schließen

Das deduktive Schließen ist die Form des Denkens, bei der man eine Schlussfolgerung zieht, die aus zwei oder mehr Aussagen oder Prämissen logisch abgeleitet werden kann.

Zum Beispiel besagt Prämisse 1: Wenn es Donnerstagvormittag ist, sitze ich in der Vorlesung von Herrn Müller. Prämisse 2 besagt: Es ist Donnerstagvormittag. Die Schlussfolgerung ist also: Ich sitze in der Vorlesung von Herrn Müller.

Das induktive Schließen ist die Form des logischen Denkens, bei der man über die Wahrscheinlichkeit eines bestimmten Sachverhalts eine Schlussfolgerung zieht, die auf den vorliegenden Anhaltspunkten und auf früheren Erfahrungen beruht.

Zum Beispiel: Prämisse 1: Felix ist schwarz, Prämisse 2: Felix ist ein Kater, also schlussfolgere ich: Alle Kater sind schwarz.

1.9.4   Urteilen und Entscheiden

Urteilen ist ein Prozess, in dessen Verlauf Menschen Meinungen bilden, Schlussfolgerungen ziehen und Ereignisse und Personen auf der Grundlage vorhandener Informationen kritisch bewerten. Das Produkt dieser mentalen Aktivität ist das Urteil.

Entscheiden ist ein Prozess der Wahl zwischen Alternativen; die Auswahl oder Ablehnung vorhandener Möglichkeiten.

Die systematische Selbstüberschätzung ist die Tendenz, mit großem Selbstvertrauen auf falschen Aussagen zu beharren und die Verlässlichkeit der eigenen Überzeugungen und Einschätzungen zu überschätzen. Dazu gehört ebenso das Beharren auf Überzeugungen und Festhalten an der ursprünglichen Auffassung, nachdem die Grundlage, auf der sie gebildet wurden, zweifelhaft geworden ist (s. Gerrig und Zimbardo 2008).

Zum Beispiel: Wenn Personen, die für oder gegen die Todesstrafe sind, mit Pro- oder Contra-Informationen konfrontiert werden, berücksichtigen sie nur die Informationen, die ihre Überzeugungen unterstützen. Man kann hier auch von der vorhin genannten Fixierung sprechen.

1.10   Sprache

Die Sprache meint gesprochene, geschriebene oder durch Gebärden ausgedrückte Wörter und die Art und Weise, wie diese aneinandergereiht werden, um Bedeutungen auszudrücken. Mit 16 Jahren kennt man ca. 60.000 Wörter, und das durchschnittliche Sprachtempo beträgt ca. 3 Wörter pro Sekunde. Im Duden sind ca. 350.000 Wörter, 60.000 Morpheme und 40 Phoneme enthalten (Stand 2011). Die Unterdrückung von Gesten unterbricht den Sprachfluss. Die Verwendung von Gebärden verringert die kognitive Energie.

1.10.1   Kommunikationsmodell von Schulz von Thun (1981) (s. Schulz von Thun 2014)

Die Kommunikation nach Schulz von Thun basiert auf den vier Ebenen des Sprechens und Verstehens: Selbstoffenbarungs-, Sach-, Appell- und Beziehungsebene. Die Ebenen fragen nach einem bestimmten Sinn der Nachricht. Zum Beispiel:

- Sachebene: Was ist das Grüne?
- Appellebene: Sag mir, was das Grüne ist.
- Beziehungsebene: positiv oder negativ z. B. Du bist eine schlechte Köchin.
- Selbstoffenbarungsebene: Ich hab Angst vor/bin begeistert vom Grünen (s. Schulz von Thun 2014).

1.10.2 Inkongruente Nachrichten

Inkongruente Nachrichten sind Mitteilungen, die in ihren Hauptaspekten nicht übereinstimmen. Das heißt, dass zum Beispiel Mimik und Gestik nicht mit der gesendeten Nachricht harmonieren. Beispiele hierfür sind Menschen, die lachend sagen, dass es ihn schlecht ginge oder weinende Personen, die behaupten sie seien glücklich.

Vier Möglichkeiten der Inkongruenz (nach Haley 1978; s. Textor 1985):
- zwischen Mitteilung und Kontext,
- zwischen Mitteilung und Art der Formulierung,
- zwischen Mitteilung und Gestik/Mimik,
- zwischen Mitteilung und Tonfall.

1.10.3 Sprachstruktur

Die Sprache gliedert sich in Phoneme als kleinste unterscheidbare Lauteinheit und in Morpheme als kleinster Bedeutung tragender Baustein. Zum Beispiel besitzt das Wort „unerwünscht" 4 Morpheme: un | er | wünsch | t.

Als Grammatik bezeichnet man das System von Regeln in einer Sprache, die zu einer Verständigung verhilft.

Die Semantik ist die Gesamtheit aller Regeln, mit deren Hilfe wir in einer gegebenen Sprache aus Morphemen, Wörter und Sätzen Bedeutungen ableiten.

Als Syntax beschreibt man die Regeln, die Wörter zu sinnvollen Sätzen aneinanderreihen. Offenbar verfügen wir über ein implizites Wissen darüber, wie Wörter zu Phrasen gruppiert werden und in welcher Beziehung sie zueinander stehen.

1.10.4 Sprachentwicklung und Spracherwerb

Im Alter von 3–4 Monaten bringen wir Laute wie „da-da" und „na-na" hervor. Darauf folgt im ersten Lebensjahr das Einwortstadium. Hier werden einzelne Wörter gesprochen und die Bedeutung erkannt. Beispiele dafür sind „Wau-wau" für „Sieh mal, der Hund". Das nachfolgende Zweiwortstadium im zweiten Lebensjahr postuliert bereits, dass zwei Wörter gesprochen werden können (Telegrammstil), z. B. Substantive und Verben wie „Auto fahren".

Die Sprache entwickelt sich schnell bis hin zur Bildung vollständiger Sätze ab dem dritten Lebensjahr (s. Lohaus et al. 2010).

1.10.5 **Sprachwissenschaftler**

Skinner (operantes Konditionieren): Spracherwerb lässt sich durch Lernprinzipien erklären, z. B. durch Assoziation (Verbindung von Bild und Wortklang), Imitation (Nachahmen von Wörtern und Sätzen anderer Sprecher) und Verstärkung (Anerkennung für richtig Gesagtes).

Chomsky (angeborene Universalgrammatik): Sprache ist angeboren, und Menschen verfügen über Universalgrammatik, da alle menschlichen Sprachen gleichen Bausteine haben (z. B. Verben, Substantive, Subjekt und Objekt etc.).

Seidenberg (kognitive Neurowissenschaft): Sprache ist das Ergebnis eines netzwerkartigen Lernens bereits im Säuglingsalter. Sprachmechanismen sind genetisch vorgegeben und werden durch Erfahrung aktiviert (s. Gerrig und Zimbardo 2008).

1.10.6 **Sprachkompetenz und Sprachperformanz**

Die Sprachkompetenz ist die Fähigkeit zur Beherrschung der Sprachregeln und die Sprachperformanz die Fertigkeit zur Umsetzung der Sprachregeln in Sprechen und Schreiben.

1.10.7 **Sprachproduktion**

Vier Maximen (sog. Grice'sche Maximen) unterscheiden wir hinsichtlich unserer Sprachproduktion:

- Die Maxime der Quantität lässt deinen Beitrag so informativ wie nötig erscheinen.
- Die Maxime der Qualität sichert den Wahrheitsgehalt deines Beitrags und verhindert Lügen.
- Die Maxime der Relation besagt, dass deinem Gegenüber der Zusammenhang so deutlich wie möglich gemacht werden soll.
- Die Maxime der Art und Weise postuliert den Grundsatz: Sei klar, halte dich kurz, vermeide eine Unverständlich- oder Mehrdeutigkeit.

1.10.8 **Störungen**

Wir unterscheiden zwischen der Sprachstörung (Aphasie), eine sog. Unfähigkeit bei der gedanklichen Erzeugung von Sprache, der Störung beim Schreiben (Agraphie) und der Störung beim Lesen (Alexie).

Aphasien entstehen durch Schädigungen der an Sprachproduktion und Sprachverständnis beteiligten Gehirnareale. Produktion und Verstehen der Sprache ist gestört, z. B. durch Läsionen bei einem Unfall oder einer Krankheit. Schädigungen im Broca-Areal führen hauptsächlich zu einer nicht-flüssigen Sprachproduktion. Verletzungen des Wernicke-Areals beeinträchtigen Sprachverstehensprozesse. Die Aphasie gliedert sich in die nicht-flüssige Aphasie, die mit Produktionsschwierigkeiten bei weitestgehend intaktem Hörverständnis (motorische Aphasie) einhergeht, und in die flüssige Aphasie als einen normalen Sprachfluss, aber ein gestörtes Hörverständnis.

Achtung: Eine Sprachstörung ist nicht das Gleiche wie eine Sprechstörung. Eine Sprechstörung ist die Unfähigkeit, Sprachlaute korrekt und flüssig zu artikulieren (z. B. Stottern, Poltern).

1.11 Emotion

Emotionen bestehen aus verschiedenen Komponenten. Eine Emotion ist ein komplexes Muster von Veränderungen, die physiologische Erregungen, Gefühle, kognitive Prozesse und Verhaltensreaktionen umfassen. So kann eine Emotion subjektiv, physiologisch, expressiv, kognitiv oder behavioral wahrgenommen und verarbeitet werden.

Die sieben Grundemotionen Freude, Wut, Interesse, Ekel, Überraschung, Traurigkeit und Angst sind international. Sie sind auch bei seh- und hörbeeinträchtigten Menschen vorhanden, also genetisch determiniert.

Misshandelte Kinder können Gefühle (z. B. Angst und Wut) schneller zuordnen und darauf reagieren.

Komplexe Emotionen sind z. B. Depressionen, Stolz und Liebe.

Schon Charles Darwin erkannte, dass der (Gesichts-)Ausdruck von Emotionen der Kommunikation dient. Übergreifend dient der Gesichtsausdruck nicht nur der sozialen Kommunikation und kann deshalb weltweit verstanden werden. Das Erkennen von Emotionen im Gesicht hat eine evolutionsbiologische Funktion (Survival-value-Hypothese), d. h. dass Menschen über den Gesichtsausdruck auf die Absichten von anderen Personen schließen können.

Ein Gefühl ist eine subjektive und bewusste Erfahrung einer Emotion oder emotionalen Erregung.

Stimmungen sind Erregungszustände. Stimmungen haben im Gegensatz zu Emotionen oft keine klare Ursache und sind im Gegensatz zu Emotionen nicht absichtlich, zielbewusst oder objektgerichtet (s. Gerrig und Zimbardo 2008).

1.11.1 Funktionen von Emotionen

Emotionen liefern uns Information über die Bedeutsamkeit unseres Erlebens. Sie sind adaptiv, da sie Verhalten vorbereiten und motivationales Verhalten bedingen. Im sozialen Kontakt sind Emotionen unabdingbar, da sie uns Informationen über unsere Mitmenschen liefern (z. B. Anzeige der Verhaltensdimension, der sozialen Repräsentation – Gefühlsansteckung einer Gruppe bei Gefahr, Anzeige und Veränderung von Beziehungen).

■ **Funktionen an verschiedenen Beispielen**
Angst und Schrecken sind Emotionen, die uns vor etwas bewahren und beschützen. Ärger und Wut helfen uns, zu zerstören, und Freude und Entzücken unterstützen uns bei der Reproduktion. Eine Erwartung fördert den Erkundungswillen, und eine Überraschung (innhalten, erstarren) hilft uns zur Orientierung.

1.11.2 Biologische Hirnstrukturen

Der Sympathikus (Antreiber) ist mit dem Parasympathikus und dem enterischen Nervensystem ein Teil des vegetativen Nervensystems. Die meisten Organe werden von Sympathikus und Parasympathikus gesteuert, die antagonistisch wirken und dadurch eine äußerst feine Regulation der Organtätigkeit ermöglichen. Der Sympathikus hat in diesem System eine ergotrope Wirkung, d. h. er erhöht die nach außen gerichtete Handlungsbereitschaft. Er lässt unsere Pupillen weit werden, weitet die Bronchien und erhöht unseren Herzschlag.

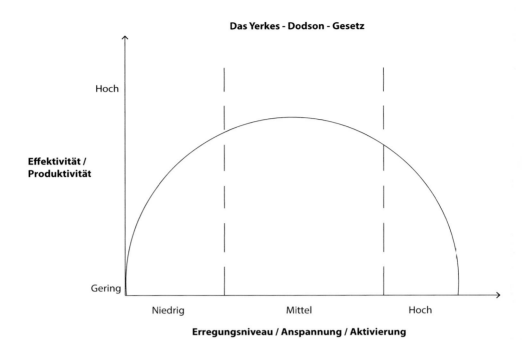

Das Yerkes - Dodson - Gesetz

❏ **Abb. 1.2** Yerkes-Dodson-Gesetz (nach Brewer und Williams 2005)

Auch der Parasympathikus (Beruhiger) ist einer der drei Komponenten des vegetativen Nervensystems. Er wird auch als „Ruhenerv" bezeichnet, da er dem Stoffwechsel, der Regeneration und dem Aufbau körpereigener Reserven dient (trophotrope Wirkung). Der Parasympathikus sorgt für Ruhe, Erholung und Schonung. Er schmälert unsere Pupillen, engt unsere Bronchien und verlangsamt unseren Herzschlag.

Die Entfernung der Amygdala führt zu dem Phänomen der Seelenblindheit (Klüver-Bucy-Syndrom), d. h. Dinge haben keine persönliche Relevanz mehr. Experimente an Affen und Katzen sowie aufgetretene Fälle bei Menschen zeigen ein Verarmen der Emotionen und eine Furchtlosigkeit auf.

▪ **Psychophysiologie (Yerkes-Dodson-Gesetz; s. Kleinbeck und Schmidt 2010)**
Anhand von ❏ Abb. 1.2 ist zu erkennen, dass die Leistung mit dem Erregungsniveau und der Aufgabenschwierigkeit variiert. Das Gesetz postuliert, bei was für einer Aktivierung welches Leistungsoptimum erreicht werden kann. Bei sehr einfachen oder diffizilen Aufgabentypen wird eine geringe Leistung angestrebt, wobei das Optimum der Leistungsbereitschaft bei einem mittelschweren Aufgabentyp, der herausfordernd aber nicht unmöglich ist, erreicht wird.

1.11.3 **Emotionstheorien**

▪ **James-Lange-Theorie (James und Lange 1884, 1885) (s. Gerrig und Zimbardo 2008)**
Ereignisse lösen autonome Erregung und Verhalten (Aktion) aus, die wahrgenommen werden und anschließend in einer spezifischen emotionalen Erfahrung resultieren (s. Gerrig und Zimbardo 2008).

- **Cannon-Bard-Theorie (Cannon und Bard 1927, 1928) (s. Gerrig und Zimbardo 2008)**
Ereignisse werden zuerst in verschiedenen Zentren im Gehirn verarbeitet, die dann simultane Reaktionen von Erregung, Verhalten (Aktion) und emotionaler Erfahrung in Gang setzen (s. Gerrig und Zimbardo 2008).

- **Theorie der kognitiven Bewertung nach Schachter (1971) (s. Gerrig und Zimbardo 2008)**
Stimulusereignis und physiologische Erregung werden gemäß der situativen Hinweise und Kontextfaktoren gleichzeitig kognitiv bewertet. Die emotionale Erfahrung resultiert aus der Interaktion von Erregungsniveau und Art der Einschätzung (s. Gerrig und Zimbardo 2008). Die Theorien unterscheiden sich hinsichtlich der verschiedenen, an der Entstehung von Emotionen beteiligten Komponenten. Befunde aus der neurophysiologischen Forschung unterstützen eher die Annahmen der Cannon-Bard-Theorie (Zentralneuronen-Theorie) als die der James-Lange-Theorie (peripheriebetonende Theorie). Die Theorie der kognitiven Bewertung konnte nicht vollkommen bestätigt werden. Diese Theorie zeigt aber, wie Fehlattributionen (falsche kausale Zuschreibungen) Emotionen auslösen. Display Rules (Darbietungsregeln) sind Regeln, die für den Ausdruck von Emotionen in Abhängigkeit von der Situation dienen. Diese Regeln werden über soziale Lernprozesse (Imitationslernen) in den frühen Mutter-Kind-Interaktionen vermittelt. Die folgenden vier Display Rules sind abhängig von Rolle, Geschlecht, Status und Persönlichkeit des „Senders":
- Abschwächung,
- Übertreibung,
- Affektlosigkeit (Pokerface),
- Maskierung (z. B. Lachen bei einer Beerdigung).

1.11.4 Glücklichsein und Wohlbefinden

Das subjektive Wohlbefinden teilt sich in die kognitive Komponente (sog. Lebenszufriedenheit) und die affektive Komponente (hedonistische Balance und Glücklichsein).

Glücklichsein hängt zusammen mit: Selbstwertgefühl, Optimismus, Freundschaft, Ehe, Arbeit, Hobby, Fähigkeiten einsetzen können, Sinn des Lebens gefunden haben, gut schlafen und Sport treiben.

Glücklichsein hängt nicht zusammen mit Alter, Geschlecht, Bildungsgrad, Elternschaft und der körperlichen Attraktivität.

1.12 Motivation

Die Motivation ist der Prozess der Initiierung, der Steuerung und der Aufrechterhaltung physischer und psychischer Aktivitäten, einschließlich jener Mechanismen, welche die Bevorzugung einer Aktivität sowie deren Stärke und Beharrlichkeit von Reaktionen steuern.

Ein Motiv ist eine Wertungsdisposition, die dadurch bestimmt wird, ob und in welchem Maße ein Reiz bzw. ein Ereignis oder Zielzustand einen Anreizcharakter erhält.

Wir werden zum einen durch biogene Motive und zum anderen durch soziogene Motive geleitet:
- Biogene Motive wirken mit Reizen zusammen, die ungelernte emotionale Qualität und eine stark genetische Basis besitzen (Hunger, Durst, Sexualität).

— Soziogene Motive sind stark durch Lern- und Sozialisationsprozesse geformt, z. B. Macht und Leistung.

Ein Anreiz ist eine Situation mit Aufforderungscharakter zu einem bestimmten Handeln.

1.12.1 Hedonismus als Lust-Unlust-Prinzip

Handlungen dienen dazu, Lust oder Freude zu bereiten, aber Schmerz zu vermeiden. Der Hedonismus versucht, durch die folgend genannten Bedürfnisse ein innerliches Gleichgewicht herzustellen.
Auslösende Bedürfnisse lösen Handlungen aus wie z. B. das Trinken eines Glas Wassers.
Statische Bedürfnisse führen dazu, in einem angenehmen Zustand zu bleiben (Homöostase).
Physische Bedürfnisse befriedigen körperliche Bedürfniszustände (z. B. Durst) und mentale Bedürfnisse, beispielsweise die Erinnerung an positive Dinge.

1.12.2 Affektoptimierung

Menschen und Tiere streben danach, ihr Wohlbefinden durch eine Optimierung der Affektbilanz zu maximieren, indem sie Ereignisse, die positive Affekte anregen, herbeizuführen, und Ereignisse, die negative Affekte anregen, zu verhindern suchen.
Dies geschieht durch ein appetitives (wird durch positive Reize aktiviert) und ein aversives (wird durch negative Reize hervorgerufen) Motivationssystem. Diese Systeme werden durch den Mechanismus der Affektantizipation aktiviert.

1.12.3 Motivierendes Verhalten

Motivierendes Verhalten ist geprägt durch fünf Standbeine:
— Das Wahlverhalten lässt uns für eine Handlung unter verschiedenen Alternativen entscheiden.
— Die Latenz entscheidet, dass eine Handlung zu verschiedenen Zeitpunkten und Gelegenheiten begonnen werden kann.
— Die Ausrichtung lenkt unser Verhalten auf ein Ziel.
— Die Intensität erlaubt es uns, Handlungen mit unterschiedlicher Energie zu verfolgen.
— Die Persistenz ermöglicht es uns, eine Handlung mit einem Ziel für gewisse Zeit auch bei Widerständen zu verfolgen.

1.12.4 Funktionen des Motivationskonzeptes

Zusammenspiel zwischen Trieben, kognitiven Prozessen und der Umwelt/Wertevorstellungen (Das Ich vermittelt zwischen dem Es und dem Über-Ich). Es gibt also eine Verbindung zwischen Biologie und Verhalten. Die Erklärung, warum das Verhalten so ist wie es ist, variiert.

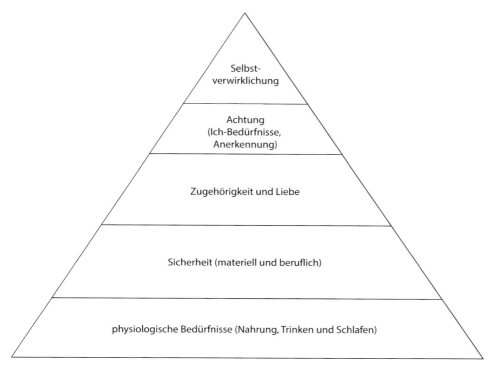

Abb. 1.3 Die Bedürfnispyramide (adaptiert nach Maslow; s. Gerrig und Zimbardo 2008)

1.12.5 Bedürfnisse

■ **Maslows Bedürfnishierarchie (s. Gerrig und Zimbardo 2008)**
Nach Maslow (1943) dominieren die Bedürfnisse der niederen Hierarchieebenen die Motivation einer Person, solange sie unbefriedigt bleiben. Wenn diesen Bedürfnissen adäquat entsprochen wurde, dann ziehen die Bedürfnisse der höheren Ebene die Aufmerksamkeit auf sich (s. Gerrig und Zimbardo 2008; ◘ Abb. 1.3).

Hungerstreiks und Fanatismustod kann Maslow damit nicht erklären, da die viel höher stehende Selbstverwirklichung das Grundbedürfnis Hunger überbietet und jede Stufe nur erreicht werden kann, wenn die Stufen darunter abgedeckt und befriedigt sind.

1.12.6 Physiologie des Hungers

■ **Beispiel bei Ratten**
Der Hypothalamus steuert viele Funktionen zur Aufrechterhaltung des Körpers, so auch den Hunger. Viele Blutgefäße versorgen den Hypothalamus. Dadurch kann er auf die aktuelle chemische Zusammensetzung des Blutes und auf die eingehenden neuronalen Informationen über den Zustand des Körpers reagieren. Eine Läsion des ventromedialen Areals im Hypothalamus führte in einem Experiment dazu, dass sich das Gewicht der lädierten Ratte verdreifachte, da sie kein Sättigungsgefühl mehr verspürte. Bei einer Entfernung des Magens fraßen diese Rat-

ten normal weiter, da sie fortwährend den Trieb nach Hunger verspürten (der vielleicht auch lerntheoretisch begründbar war).

- **Hormone**

Die Endokrinologie beschäftigt sich mit der Lehre der Hormone. Hormone werden produziert und abgegeben, um spezifische Wirkungen oder Regulationsfunktionen an den Zellen der Erfolgsorgane zu verrichten. So auch bei der Nahrungsaufnahme und der Stoffwechselverarbeitung. Folgende Hormone spielen im Zusammenhang mit Hunger eine Rolle:

- Insulin kommt von der Bauchspeicheldrüse und steuert den Blutzuckerspiegel.
- Leptin kommt aus den Fettzellen und veranlasst das Gehirn, den Stoffwechsel in Gang zu bringen.
- Orexin wird vom Hypothalamus ausgeschüttet und löst Hunger aus.
- Ghrelin kommt von dem leeren Magen und sendet das Signal „Ich bin hungrig" an unser Gehirn.
- Peptid YY stammt aus dem Verdauungstrakt und versendet das Signal „Ich bin nicht hungrig" an unser Gehirn.

- **Gründe für Übergewicht**

Erklärt wird Übergewicht durch verschiedene Ansätze, wobei drei Erklärungsansätze stark polarisieren:

- Primär die genetische Komponente. Der Body-Maß-Index korreliert bei Adoptionsstudien/-kindern stark mit den biologischen Eltern.
- Sekundärer Ansatz ist die Aufmerksamkeitshypothese, die besagt, dass übergewichtige Personen die Hinweise des Körpers auf Hunger/Sättigung ignorieren (dies konnte allerdings nicht bestätigt werden).
- Tertiär wird die Theorie des gezügelten Essverhaltens als Erklärungsansatz herangezogen. Gezügelte Esser versuchen nämlich mit kognitiver Kontrolle, ihr Gewicht zu kontrollieren und lösen somit einen Cortisol-Überschuss aus. Dieser führt zu einer weiteren Gewichtszunahme.

- **Essstörungen**

Die Anorexia nervosa ist eine Essstörung, bei der das Gewicht einer Person unterhalb einer Grenze von 85 % des erwarteten Normalgewichts liegt und sie dennoch ihr Essverhalten kontrolliert, da sie sich selbst als übergewichtig wahrnimmt. Bulimia nervosa hingegen ist eine Essstörung, die durch Fressattacken gekennzeichnet ist, auf die Maßnahmen folgen, um die überschüssigen Kalorien aus dem Körper abzuführen. Beide Essstörungen zeichnen sich durch Essensverweigerung, Entschlackung, Entwässerung und eine kalorienarme Nahrung aus. Weitere Schematastörungen sind z. B. das Binge-Eating-Syndrom und Adipositas. Ein Argument gegen z. B. Diäten ist der Set-Point, der besagt, dass unser Gewicht genetisch veranlagt ist.

1.12.7 Sexuelle Motivation

Der sexuelle Reaktionszyklus nach Masters und Johnson (1966) erklärt die Erregungsphasen von Frauen und Männern (◻ Abb. 1.4) anhand des folgenden Zyklus: Erregung → Plateau → Orgasmus → Entspannung.

Unser größtes Geschlechtsorgan ist unser Gehirn.

Der sexuelle Reaktionszyklus nach Masters und Johnson (1966)

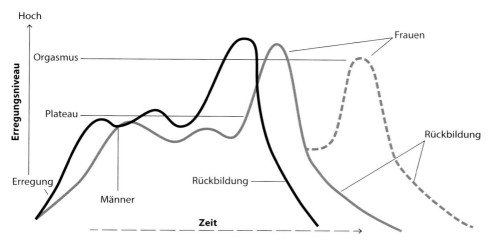

◘ Abb. 1.4 Der sexuelle Reaktionszyklus nach Masters und Johnson (1966)

Die wichtigste Entdeckung von Masters und Johnson ist die zentrale Bedeutung psychischer Prozesse sowohl für die Erregung als auch für die Befriedigung oder Probleme im Sexualleben. Dies kann hervorgerufen werden beispielsweise durch eine Belastung, persönliche Probleme, die Angst vor den Folgen der sexuellen Handlung oder vor der Bewertung der sexuellen Leistungsfähigkeit durch den Partner sowie durch unbewusste Schuldgefühle oder negative Gedanken.

- **Sexualhormone**

Sexualhormone steuern die körperliche Entwicklung der männlichen und weiblichen Geschlechtsmerkmale und aktivieren das Sexualverhalten. Östrogen ist das Geschlechtshormon, das bei Frauen häufiger vorkommt als bei Männern. Der Östrogenspiegel hat beim Eisprung seinen Höhepunkt und regt die sexuelle Empfänglichkeit an. Testosteron ist das wichtigste Geschlechtshormon, das sowohl bei Frauen als auch bei Männern vorkommt. Das zusätzliche Testosteron bei Männern stimuliert der Wachstum der männlichen Geschlechtsorgane im Fötus und die Entwicklung der Geschlechtsorgane während der Pubertät. Die Biologie ist zwar eine notwendige, aber keine hinreichende Erklärung für das menschliche Sexualverhalten!

- **Sexuelle Orientierung**

Homosexualität ist eine konsistente Ausrichtung des sexuellen Interesses auf Menschen desselben Geschlechts. Vertreten ist dies bei ca. 3–4 % der Männer und ca. 2–3 % der Frauen weltweit. Homosexuelle Handlungen zu vollführen geht nicht automatisch damit einher, dass man auch homosexuell orientiert ist. Die Einstellung gegenüber homosexuellen Menschen ist weniger negativ, wenn persönlicher Kontakt besteht (siehe Kontakthypothese). Heterosexualität ist die konsistente Ausrichtung des sexuellen Interesses auf Menschen des anderen Geschlechts. Bisexuelle zeigen sexuelles Interesse am eigenen sowie am anderen Geschlecht (ca. 1 % der Population). Es gibt zwar biologische Korrelate, aber bis heute sind keine Umweltfaktoren bekannt, welche die sexuelle Orientierung beeinflussen. Eine größere Zellansammlung im Hypothalamus ist bei heterosexuellen Männern im Gegensatz zu Frauen und homosexuellen Männern vorhanden. Darüber hinaus reagiert der Hypothalamus homosexueller Männer auf den Geruch von Hormonen mit sexuellem Bezug ähnlich wie bei Frauen. Bei Menschen kann eine Veränderung des pränatalen Hormon-

1

spiegels in seltenen Fällen zur Homosexualität führen. Eine Störung der Geschlechtsidentität ist unter anderem Transsexualismus. Hier gilt der Wunsch, als Angehöriger des anderen Geschlechts zu leben und anerkannt zu werden. Dies geht meist mit Unbehagen oder dem Gefühl der Unangebrachtheit oder Nichtzugehörigkeit zum eigenen anatomischen Geschlecht einher. Es besteht außerdem der Wunsch nach chirurgischer und hormoneller Behandlung. Transvestitismus unter Beibehaltung beider Geschlechtsrollen meint ein Tragen der gegengeschlechtlichen Kleidung, um beide Geschlechtserfahrungen zu sammeln. Ein Wunsch nach dauerhafter Geschlechtsumwandlung besteht nicht, und der Kleiderwechsel ist nicht von sexueller Erregung begleitet. Störungen der Sexualpräferenz sind z. B. Fetischismus (Fetisch: wenn man zur Erregung, für das Beibehalten des Plateaus und für den Orgasmus immer einen bestimmten Gegenstand/bestimmte Praktiken braucht), Exhibitionismus, Pädophilie sowie Sadomasochismus (s. Brähler und Berberich 2008).

1.12.8 Motivationstheorien

McCleeland (1961) (s. McCleeland 2010) entwickelte die Motivationstheorie basierend auf dem Need-Konzept von Murray (1938) mit drei dominierenden Needs (Bedürfnissen): Leistungsmotiv, Machtmotiv und Anschluss- bzw. Intimitätsmotiv.

- **Leistungsmotiv**

Hochleistungsmotivierte Personen streben nach einem bestimmtem Leistungsstandard und wollen ihre eigenen Kompetenz steigern. Dieses Motiv setzt sich aus einer aufsuchender Komponente (Hoffnung auf Erfolg) und einer vermeidenden Komponente (Furcht vor Misserfolg) zusammen. Der Wert des Motivs und der Wille sind wie ein Muskel trainierbar.

- **Machtmotiv**

Das Bedürfnis nach Einfluss, Überlegenheit, Stärke und Dominanz. Das unmittelbare Ziel richtet sich darauf, den eigenen sozialen Status zu erhöhen. Das Streben nach Dominanz geht mit einer verstärkten Ausschüttung von Testosteron einher.

- **Anschluss-/Intimitätsmotiv**

Es herrscht das menschliche Bedürfnis nach emotionalem Wohlbefinden und Zufriedenheit. Soziale Zurückweisung und Isolation sind eine Reihe negativer affektiver Konsequenzen, wie z. B. Angst, Niedergeschlagenheit und ein niedriges Selbstwertgefühl. Der Anschlusswunsch besteht, da Menschen „Herdentiere" sind und in diesem Fall mehr Sicherheit und bessere Überlebenschancen gegeben sind. Zwischen der Zugehörigkeit und dem eigenen Selbstwertgefühl herrscht eine hohe positive Korrelation. Ziel des Anschlussmotivs ist die Reduktion von negativen Affekten/Erfahrungen. Ziel des Intimitätsmotivs ist die Aussicht auf einen befriedigenden Kontakt.

1.12.9 Motivkonstrukt-Messung

Im Unterschied zu Zielen sind Motive implizit, d. h., dass sie keine sprachliche Repräsentation haben. Motive müssen also indirekt gemessen werden, z. B. durch die Hervorhebung motivkongruenter Anreize in der Wahrnehmung.

Gemessen werden kann so etwas unter anderem durch den Thematischen Apperzeptionstest (TAT). Dies ist ein projektiver Test, bei dem die Probanden mehrdeutige verschiedene Schwarzweiß-Bilder sehen und ihrer Fantasie freien Lauf lassen sollen, indem sie zu jedem Bild eine Geschichte schreiben müssen. Die Geschichten werden danach inhaltsanalytisch ausgewertet, und Anschluss, Macht und Leistung werden thematisiert.

Die Messung mithilfe des TAT ist nicht objektiv, da es darauf ankommt, was wir gerade für ein Motiv haben (Hunger, Durst). Die Motive beeinflussen unsere Interpretation des TAT-Bilds stark, und daher ist dieses Ergebnis meist auch nicht reliabel bzw. valide.

Explizite Motive beschreiben in diesem Fall die bewussten Bedürfnisse und Werte einer Person und bilden ab, wie eine Person sich selbst sieht und wie sie gern sein möchte. Implizite Motive sind unbewusst und eng an Emotionen gebunden. Implizite Motive werden durch projektive Verfahren besser erfasst.

1.12.10 Triebreduktionstheorien

Es besteht die Annahme, dass ein physiologisches Bedürfnis eine erregte Spannung erzeugt (einen Trieb) und den Organismus motiviert, das Bedürfnis zu befriedigen.

Physiologisches Ziel der Triebreduktion: Homöostase.

Es gibt zwei Triebreduktionstheorien:
1. Hull'sche Triebreduktionstheorie,
2. psychoanalytische Theorie der Motivation.

Nach Freud erfordern alle psychischen Vorgänge Energie (Libido). Freud unterscheidet zwischen gebundener Energie (begehrte, nicht verfügbare Objekte) und freier Energie (wenn alle Wünsche erfüllt sind, ist die gesamte Energie freigegeben). Freud akzeptiert die Prinzipien des Hedonismus und der Homöostase.

Der psychologische Determinismus besagt, dass alle Handlungen eine Ursache haben. Triebe sind laut Freud appetitive (aufsuchende) interne Energiequellen.

Freud postulierte zwei Triebe, den sog. Triebdualismus (Freud 1920; s. Seifert 2008):
- Aggression (selbsterhaltende Triebe) versus Sexualität (arterhaltende Triebe),
- Eros (Selbsterhaltungstendenzen und Lustgewinn) versus Thanatos (Todestrieb, selbstdestruktive Tendenzen).

Seine Theorie baute er wie folgt auf:

Interner Reiz → Trieb → Triebobjekt → Aufhebung des Triebs → neuer Reiz

- **Indikatoren unbewusster Motivation**
Unbewusste Motivation kann gesteuert werden durch freie Assoziationen, Widerstände, Lebensmuster, Witze und Fehlleistungen sowie Träume und Trauminhalte.

- **Hull'sche Triebreduktionstheorie (Hull 1943; s. Heckhausen und Heckhausen 2010)**
Die Gewohnheiten werden als Reiz-Reaktionsverbindungen dargestellt, die zusammen mit unseren Primärtrieben das Verhalten bildet (◘ Abb. 1.5).

Habit (Gewohnheitsstärke) beschreibt die Reiz-Reaktions-Verbindungen, die gelernt werden, um dem Verhalten eine Richtung zuzuweisen. Der Trieb (drive) ist eine verhaltensenergetisierende Größe (ungerichtete Energiequelle).Die Formel, die Hull postulierte, lautet (◘ Abb. 1.5):

V(Verhalten) $= T$(Trieb) $\times H$(Habit)

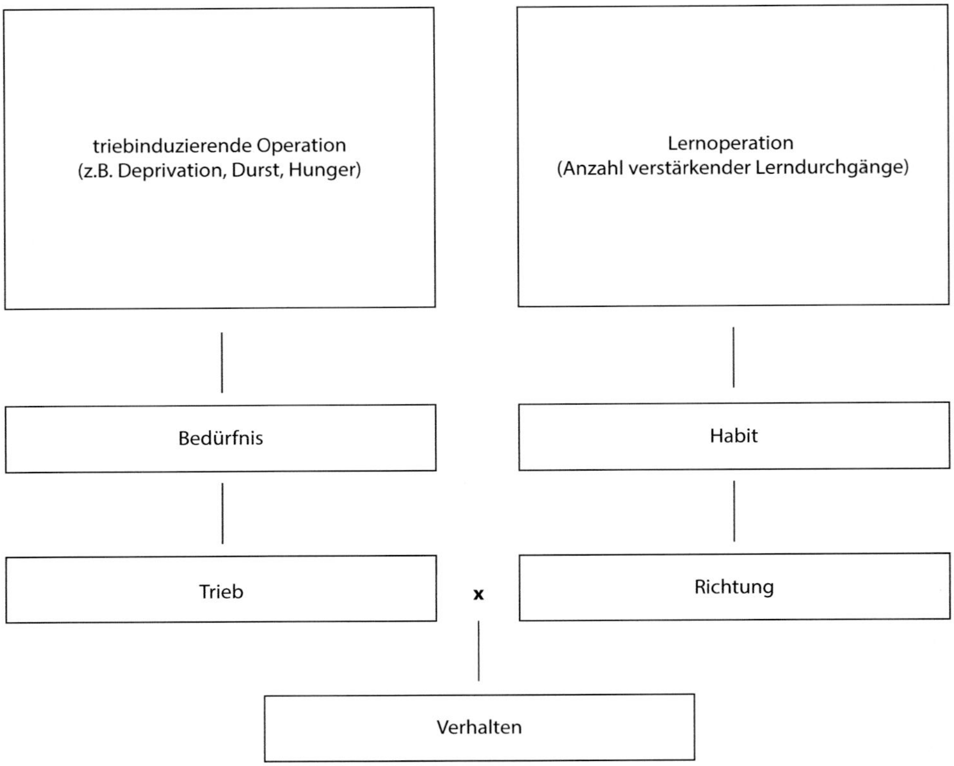

```
┌─────────────────────────────────┐        ┌─────────────────────────────────┐
│                                 │        │                                 │
│   triebinduzierende Operation   │        │        Lernoperation            │
│   (z.B. Deprivation, Durst,     │        │  (Anzahl verstärkender          │
│    Hunger)                      │        │   Lerndurchgänge)               │
│                                 │        │                                 │
└─────────────────────────────────┘        └─────────────────────────────────┘
                 │                                          │
         ┌───────────────┐                          ┌───────────────┐
         │   Bedürfnis   │                          │     Habit     │
         └───────────────┘                          └───────────────┘
                 │                                          │
         ┌───────────────┐      x                   ┌───────────────┐
         │     Trieb     │                          │   Richtung    │
         └───────────────┘                          └───────────────┘
                          \           /
                       ┌───────────────┐
                       │   Verhalten   │
                       └───────────────┘
```

◘ **Abb. 1.5** Triebreduktionstheorie nach Hull (1943) (s. Heckhausen und Heckhausen 2010)

■ **Beispiel: Studie an Ratten**

Darstellung der kombinierten Effekte von zwei Triebstärken (Nahrungsentzug in Stunden) und unterschiedlichen Habitstärken (Anzahl der Verstärkungen beim Erwerb der Reaktion, hier: Hebeldrücken, um Futter zu erhalten) auf den Löschungswiderstand (Perin 1942; Williams 1938; s. Kuhl 2009). Das Ergebnis zeigt, dass die Hebeldrück-Reaktion länger gezeigt wird, je stärker der Triebzustand (je größer der Hunger ist) während der Löschung (durch Hebeldrücken kein Futter) ist und je größer die Anzahl der verstärkten Durchgänge beim Erwerb der Reaktion ist (auf Hebeldrücken Futter zu erhalten).

1.12.11 Erwartung-Wert-Theorien

■ **Feldtheorie von Lewin (Lück 2009)**

Die Annahme, dass Verhalten durch das zu einem bestimmten Zeitpunkt existierende Feld bestimmt wird.

$$\text{Die Formel V} = f(P, U).$$

Das Verhalten (V) wird bestimmt durch die Funktion (f) von Person (P) und Umwelt (U). Befindet sich aber ein intrapersonaler Bereich in einem Spannungszustand, so nimmt ein damit korrespondierter Umweltbereich eine Valenz (Wertigkeit) an. Zum Beispiel wenn man hungrig ist, erwirbt ein essbares Objekt eine positive Valenz.

◘ **Tab. 1.2** Feldtheoriekonflikte (nach Myers 2008)

Anzahl der Bereiche	Richtung des Verhaltens	
	„hin zu"	„weg von"
1	konsumatorisches Verhalten	Fluchtverhalten
2	instrumentelles Annäherungsverhalten	Vermeidungsverhalten

Die resultierende psychologisch wirksame Kraft (= Motivationsstärke) ist eine Funktion der Valenz (V) des Ziels (Z) und der psychologischen Distanz (e) zwischen Person und Ziel f(V(Z)/e).

━ Positives zentrales Kräftefeld: Korrespondiert mit einer positiven Valenz. Kraft setzt an der Person an und wirkt in Richtung des Ziels.

━ Negatives zentrales Kräftefeld: Korrespondiert mit einer negativen Valenz. Kräfte sind vom Ziel (z) weggerichtet.

Kritik hierzu: Vorerfahrung und Persönlichkeitsmerkmale werden außer Acht gelassen (z. B. das Über-sich-ergehen-Lassen).

■ **Feldtheorie: Feldtheorie-Konflikte (Lewin 1935; s. Lück 2009)**

Feldtheorie-Konflikte: Im Annäherungs-Annäherungs-Konflikt stehen zwei positive Kraftfelder (z. B. zwei gute Filme im Kino) einander gegenüber. Im Vermeidungs-Vermeidungs-Konflikt treffen zwei negative Kraftfelder (z. B. Kind soll entweder Rasenmähen oder Hausarbeiten machen) aufeinander. Der Annäherungs-Vermeidungs-Konflikt verbindet ein positives und ein negatives Kraftfeld (z. B. ins Kino gehen, aber nicht so viel Geld dafür ausgeben wollen; ◘ Tab. 1.2).

■ **Theorie der Leistungsmotivation (Atkinson 1957, 1964)**
   (s. Heckhausen und Heckhausen 2010)

Leistungsmotivation als resultierende Tendenz eines emotionalen Konflikts zwischen der Hoffnung auf Erfolg und der Furcht vor Misserfolg.

■ **Ring-Wurf-Studie (Atkinson und Litwin 1960; s. Heckhausen und Heckhausen 2010)**

Versuchspersonen sollten aus unterschiedlicher Entfernung Ringe über einen Stab werfen. Die Distanz zum Stab war frei wählbar. Nahe Distanz = hohe Erfolgserwartung, große Distanz = geringe Erfolgserwartung. An der Studie nahmen Erfolgsorientierte und Misserfolgsorientierte teil. Die Annahme von Atkinson besagte, dass erfolgsmotivierte Personen mittelschwere Aufgaben bevorzugen, misserfolgsorientierte Personen dagegen leichte oder schwere Aufgaben. Das tatsächliche Ergebnis war, dass erfolgsmotivierte Personen zwar häufiger mittelschwere Aufgaben bevorzugen, aber Misserfolgsorientierte nicht eindeutig leichte oder schwere Aufgaben. Aber: Alle Motivationstheorien machen ohne den Willen keinen Sinn!

1.12.12 Attributionstheorien

Attributionstheorien befassen sich damit, wie wir unsere Umwelt wahrnehmen, und versuchen hierbei, zu Ursachenzuschreibungen zu gelangen. Zusätzlich beschäftigen sie sich damit, welche Auswirkungen Attributionen auf unser Erleben und Verhalten haben.

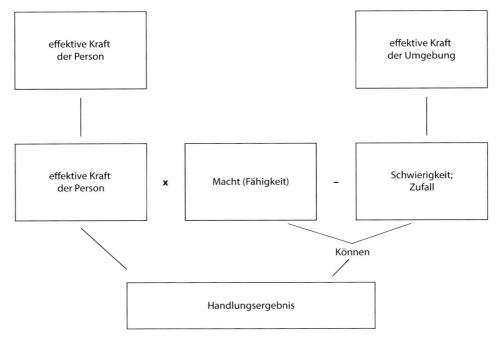

◘ Abb. 1.6 Handlungsanalyse (adaptiert nach Heider 1958)

Die Suche nach Attributionen wird vor allem ausgelöst durch negative Ereignisse, wichtige Ereignisse und überraschende Ereignisse.

■ **Naive Handlungsanalyse nach Heider (Heider 1958; s. Stemmler 2009)**
Die Handlungsanalyse nach Heider gehört zu den modernen Attributionstheorien. Das Handlungsergebnis wird als intentional verstanden, wobei die Motivation und die Intentionen die verbindenden Elemente zwischen Ursachen und Effekten sind (◘ Abb. 1.6).

■ **Differenzmethode**
Wenn eine Gegebenheit vorhanden ist, ist auch ein Effekt vorhanden, wenn jedoch keine Gegebenheit vorhanden ist, ist auch kein Effekt vorhanden. Dies nennt man die Kovariation von Ursache und Effekt.
Beispiel: Fritz freut sich (zu erklärender Effekt). Für die Ursache der Freude gelten zwei Dinge: Die Ursache ist vorhanden, wenn Fritz sich freut. Wenn Fritz sich nicht freut, dann ist die Ursache nicht vorhanden.

■ **Anstrengungskalkulation**
Wir möchten immer wissen, wie sehr wir uns anstrengen müssen, um ein Ziel zu erreichen. Anstrengung ist eine Funktion von Aufgabenschwierigkeit und eigenen (wahrgenommen) Fähigkeiten. Je schwieriger die Aufgabe und je geringer die eigene Fähigkeit ist, desto mehr Anstrengung muss aufgewendet werden, um die Aufgabe erfolgreich zu bearbeiten.

■ **Fähigkeitsinferenzen**
Es ist wichtig, etwas über unsere eigenen Fähigkeiten oder auch über die Fähigkeiten anderer zu erfahren. Die Fähigkeit einer Person wird umso höher eingeschätzt, je weniger sie sich bei

einer gegebenen Aufgabenschwierigkeit anstrengen muss. Beispiel: Dein Kommilitone hat die Produkt-Moment-Korrelation in Statistik gleich bei der ersten Anwendung verstanden.

1.13 Volition

Metaphorisch kann man sagen, dass die Motivation der Motor ist und die Volition der Treibstoff.

Die Willenspsychologie beschäftigt sich damit, ob und wie wir einen einmal gefassten Entschluss in die Tat umsetzen.

Kuhl (1983) unterscheidet in Selektionsmotivation (wie wählen wir unter den verfügbaren Handlungsalternativen?) und Realisierungsmotivation (wie und ob können wir Absichten in die Tat umsetzen?).

Wichtige Teilaspekte, die zu beachten sind: Wann kommt es zum Beginn der Handlung? Wann wird eine Handlung beendet oder abgebrochen? Wie werden etwaige Handlungshindernisse überwunden?

Ebenen der Verhaltenssteuerung:
- Reflexe und Instinkte,
- motiviertes Verhalten,
- assoziatives Lernen,
- intentionale Handlungen,
- Volition (Bedürfnisunabhängigkeit, Selbstreflexion, Selbstkontrolle).

Darüber hinaus ergeben sich auch bei unserem Willen einige Dilemmata (◘ Abb. 1.7).

Warum sitzt du heute in der Vorlesung, statt etwas anderes zu tun, wie z. B. Freunde treffen? Die möglichen Gründe lauten:
- Willensfreiheit setzt voraus, dass man sich unter völlig identischen Bedingungen auch anders hätte entscheiden können (libertarischer Freiheitsbegriff).
- Determinismus geht davon aus, dass alle Ereignisse, einschließlich unserer Entscheidungen und Handlungen durch vorauslaufende Bedingungen in Verbindung mit den Naturgesetzen kausal eindeutig festgelegt sind.

- **Theorie der determinierenden Tendenzen (Ach 1910, 1935; s. Heckhausen und Heckhausen 2010)**

Ach unterscheidet zwischen Prozessen, die die Auswahl von Absichten bestimmen, und Prozessen, die die Realisierung von Absichten vermitteln. Die determinierende Tendenz wird als „eigentümliche" Nachwirkung einer Zielvorstellung, die auf eine Realisierung des Geschehens im Sinne dieser Zielvorstellung ausgerichtet ist, gesehen. Beispiel: Du willst deine eigene Fitness steigern, dir fällt dies aber erst wieder ein, sobald du im Gebäude vor dem Fahrstuhl stehst und dann die Treppe nimmst. Das Rubikonmodell zeigt die motivationspsychologischen Handlungsphasen auf, die vor, während und nach einer Handlung absolviert werden (◘ Abb. 1.8).

Ziele sind antizipierte Zustände von individueller Bedeutung, die Verhalten organisieren, dem Handeln einer Person einen Sinn geben und die zukunftsgerichtete Seite der Persönlichkeit

Kognitive Stabilität   Kognitive Flexibilität

Persistenz   **Flexibilität**

- Aufrechterhaltung und   Persistenz-   - Flexibles Wechseln
Abschirmung von Zielen   Flexibilitäts-   zwischen Zielen
                                Dilemma
- Unterdrückung   - Umkonfigurierung von
inadäquater Reaktionen   Reaktiondispositionen

Abschirmung   **Überwachung**

- Zielgerichtete   Abschirmungs-   - Reizinduzierte
Reizselektion   Überwachungs-   Zielwechsel
                               Dilemma
- Inhibition irrelevanter   - Überwachung poten-
oder störender Reize   ziell bedeutsamer Reize

➜ Perseveration   ➜ Impulsivität
Reduzierte Hintergrundüberwachung   Ablenkbarkeit und Interferenz

❏ Abb. 1.7 Persistenz-Flexibilitäts-Dilemma und Abschirmungs-Überwachungs-Dilemma (adaptiert nach Gosch-ke 2006; s. Frensch und Funke 2006)

ausmachen. Die Dringlichkeit, mit der eine Person ein Ziel verfolgt, wird als Zielbindung oder Commitment bezeichnet.

■ Konzept der Handlungs- vs. Lageorientierung (Kuhl 2001)

Im Zustand der Handlungsorientierung beschäftigt sich die Person mit Prozessen oder Aktivitäten, die der Realisierung der Zielintention dienen. Im Zustand der Lageorientierung ist die Realisierung einer Zielintention gefährdet oder unmöglich. Die Person beschäftigt sich vor allem damit, über die gegenwärtige, zurückliegende oder zukünftige Lage nachzudenken (❏ Tab. 1.3).

■ Prokrastination

Wenn dich der Wille verlässt, nennt man dies Prokrastination. Prokrastination ist die wissenschaftliche Bezeichnung für pathologisches (krankhaftes) Aufschiebeverhalten. Sie ist eine ernst zu nehmende Arbeitsstörung und kann sowohl private Alltagsaktivitäten als auch schulische, akademische und berufliche Tätigkeiten betreffen. Prokrastination fördern können z. B. Probleme in der Prioritätensetzung, mangelnde oder unrealistische Planung, Defizite im Zeitmanagement oder in der Konzentrationsfähigkeit, Abneigung gegen die Aufgabe, Angst vor Versagen oder Kritik. Eine passende Studie dazu zeigt der Zeigarnik-Effekt: Probanden erhielten Aufgaben, bei denen sie entweder unterbrochen wurden oder nicht. Im anschließenden Gedächtnistest erinnerten die Probanden die unvollendeten Aufgaben gegenüber den erledigten Aufgaben im Verhältnis 2:1 häufiger.

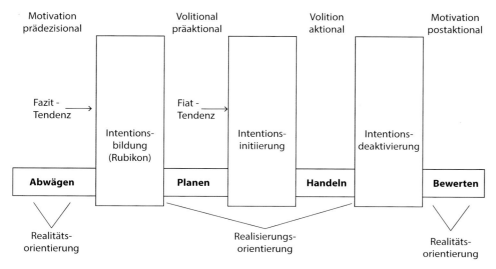

| Motivation prädezisional | | Volitional präaktional | | Volition aktional | | Motivation postaktional |

◘ Abb. 1.8 Rubikonmodell der Handlungsphasen (adaptiert nach Heckhausen und Heckhausen 2010)

◘ Tab. 1.3 Teilkomponenten Lage- und Handlungsorientierung (nach Müsseler 2008; Rudolph 2009)

	Lageorientierung	Handlungsorientierung
Entscheidungs- und Handlungsplanung	Zögern	Initiative
Misserfolgsbezogen	Präokkupation (Grübeln über Misserfolge)	Ablösung (aktive Herabregulierung negativen Affekts)
Ausführungsbezogen	Aktionismus (hohe Ablenkbarkeit durch andere motivationale Reize)	Tätigkeitszentrierung (Abschirmung gegenüber anderen motivationalen Reizen)

1.14 Psychomotorik

Ziel aller kognitiven Vorgänge (Wahrnehmung, Lernen, Gedächtnis usw.) ist das Verhalten (Motorik). Kognition ohne Motorik ist sinnlos. Das heißt, Motorik steht am Anfang und nicht am Ende.

Embodiment als „Verkörperung" ist der zentrale Begriff einer neuen Denkrichtung in der Wissenschaft. Hirnforscher entdeckten, dass das Gehirn in einem lebendigen Organismus steckt und sich der Geist nur von diesem her richtig begreifen lässt.

Alles Geistige ist nur zu verstehen, wenn man es als Produkt einer Wechselbeziehung zwischen Körper und Umwelt sieht. Shaun Galagher, Philosoph an der University of Central Florida und einer der Vordenker der Embodiment-Idee, begründet das so: „Die Gestalt unseres Körpers determiniert die Erfahrungen, die wir mit ihm überhaupt machen können. Wenn Sie einen anderen Körper hätten, würden Sie die Welt auch ganz anders wahrnehmen. Machen Sie doch einmal folgendes Gedankenexperiment: Was würde passieren, wenn man die so genannte ‚menschliche Seele' aus dem menschlichen Körper herausnehmen und einem Frosch einpflanzen würde? Hätten Sie dann wohl noch die gleiche Sicht der Welt? Ich würde sagen: Natürlich nicht! Denn das Auge oder das Gehirn des Frosches sind so anders gebaut und so spezifisch

☐ **Abb. 1.9** Annäherungshaltung vs. Abwehrhaltung (Neumann und Strack 2000)

an die Umwelt dieses Tieres angepasst, dass sich die Welt des Frosches und des Menschen gravierend voneinander unterscheiden" (Deutschlandfunk: Wissenschaft im Brennpunkt vom 20.01.2008, Titel: Körper im Kopf; s. Zimmer 2012).

- **Körperausführungsarten nach Neumann und Strack (2000)**
Bei der Annäherungsposition (links) wurde in der Studie die tendenziell schnellere Erwähnung von positiven Worten als von negativen beobachtet. Bei der Abwehrhaltung (rechts) war es genau andersherum (☐ Abb. 1.9).

- **Praktische Anwendungen der Psychomotorik**
 - Sport,
 - Musik,
 - Rehabilitation.

- **Klassifikation von Bewegungen**
Diskrete Bewegungen wie z. B. ein Wurf oder ein Tastendruck besitzen einen definierten Start- und Endpunkt. Serielle Bewegungen wie das Benutzen einer Schreibmaschine oder das Klavierspielen weisen mehrere diskrete Bewegungen nacheinander auf. Kontinuierliche Bewegungen besitzen einen nicht eindeutig definierten Start- und Endpunkt. Dies ist z. B. beim Autofahren oder Wandern der Fall (s. Zimmer 2012).

- **Beschreibung von Bewegung**
Ziel der Chronometrie ist es, die kognitiven Vorgänge, bevor ein Bewegungsablauf eintritt, zu analysieren.In der folgenden Abbildung ist eine chronometrische Analyse zu sehen, die einen Aufschluss über die kognitiven Vorgänge des Probanden gibt. Es wird der Zeitraum gemessen, der stattfindet bis der Proband eine Reaktion auf den präsentierten Stimulus zeigt. Diese Zeitspanne soll Klarheit darüber schaffen, ob die Reaktionszeit in das kognitive Leistungsniveau widerspiegelt (☐ Abb. 1.10).
    Die Elektromyografie (EMG) ist eine elektrophysiologische Methode in der neurologischen Diagnostik, bei der die elektrische Muskelaktivität gemessen wird. Bei der Durchführung eines EMGs wird die elektrische Aktivität im ruhenden Muskel (Spontanaktivität)

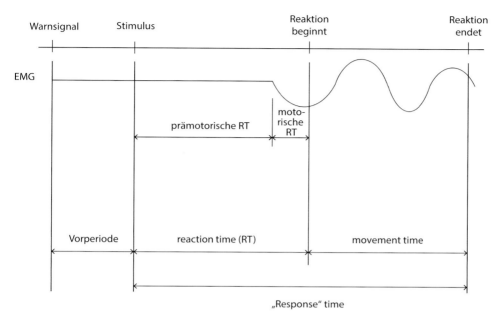

Abb. 1.10 Beispiel einer chronometrischen Analyse

und bei unterschiedlich stark willkürlich kontrahiertem Muskel (Muskelaktionspotenziale) gemessen.

▪ Prozesse der Motorik
Grundsätzlich unterscheidet man zwei verschiedene Prozesse der motorischen Kontrolle: Steuerung und Regelung. Steuerung (Feedforward-Kontrolle) basiert auf einem motorischen Plan. Sie ist nicht auf sensorische Rückmeldung während der Bewegungsausführung angewiesen (Open-loop-process). Regelung (negative Feedback-Kontrolle) ist die Anpassung einer Ist-Größe an eine Soll-Größe auf der Basis kontinuierlicher, sensorischer Rückmeldung während der Bewegungsausführung (Closed-loop-process; s. Zimmer 2012).

▪ Antizipationseffekte
Bereits vor dem Kontakt mit dem zu ergreifenden Gegenstand öffnet sich die Hand umso mehr, je größer der Gegenstand ist – auch wenn die Bewegung nicht visuell kontrolliert wird (Jeannerod 1981, 1984; s. Schmidt und Lee 2011).

▪ Reiz-Reaktions-Kompatibilität
Räumlich definierte Handlungen, wie etwa das Drücken einer linken oder rechten Taste, werden besonders schnell und korrekt ausgeführt. Beispielsweise geschieht dies, wenn die Arme gerade ausgestreckt gehalten werden und der entsprechende Signalreiz auf derselben Seite wie die Reaktion erscheint. Der Reiz fördert diejenige Reaktion, deren intendiertes Ziel sich auf derselben Seite befindet. Werden die Arme gestreckt überkreuz gehalten, erschwert das die Reiz-Reaktionskompatibilität und die Reaktion auf den Reiz verzögert sich. Die Schädigung der Basalganglien führt zu spezifischen motorischen und kognitiven Defiziten (**▪** Tab. 1.4).

1

◘ Tab. 1.4 Neuronale Repräsentation von Bewegung

Diagnose	klinische Zeichen	Pathophysiologie	Behandlung
Parkinson	4–6 Hz-Tremor bei Ruhe, Verlangsamung von Bewegung, Rigor, verkrümmte Haltung	Degeneration der Substantia nigra, verursacht durch Dopaminmangel	L-Dopa, Dopaminantagonisten, Anticholinergika
Huntington-Krankheit	schnelle, abgehackte Bewegungen, Gang- und Standinstabilität	Degeneration von cholinergen und GABAergen Neutronen im Striatum	keine spezifische Therapie, Dopaminantagonisten
Ballismus	heftige, unwillkürliche Bewegungen	Läsion des Nucleus subthalamicus	Neuroleptika

1.15   Zusammenfassung

- **Neurobiologische Grundlagen**

Eine Nervenzelle löst einen Impuls aus, wenn Sinnesrezeptoren (z. B. Druck, Hitze, Licht) über einen bestimmten Schwellenwert stimuliert werden. Dieser Impuls (= Aktionspotenzial) ist eine kurze elektrische Ladung, die das Axon des Neurons entlangwandert, sobald der Schwellenwert überschritten ist. Erreicht das Aktionspotenzial die axonale Endigung, werden die Neurotransmitter aus den Vesikeln in den synaptischen Spalt ausgeschüttet. Phase: Depolarisation. Neurotransmittermoleküle überqueren den synaptischen Spalt und docken an ein Rezeptormolekül am postsynaptischen Neuron an. Die Rezeptormoleküle öffnen sich, und Neurotransmitter, die noch immer im synaptischen Spalt vorhanden sind, werden wieder von dem präsynaptischen Neuron aufgenommen. Phase: Repolarisation und folgende Hyperpolarisation. Nun beginnt die Refraktärphase, d. h. die reizauslösende Nervenzelle kann erst einmal auf keinen weiteren Reiz reagieren. Im Ruhezustand (= Ruhepotenzial) gibt es einen Überschuss an negativ geladenen Ionen, während außerhalb des Neurons vor allem positiv geladene Ionen enthalten sind. Jeder Bereich hat seine eigenen Aufgaben: Im Frontallappen liegt das Bewusstsein. Er ist beteiligt an Sprache, Willkürmotorik, Planung und Urteilsfindung. Der Parietallappen erhält sensorische Signale für Berührungen und bei Körperpositionen, der Okzipitallappen umfasst den visuellen Bereich, und der Temporallappen den auditiven Cortex.

- **Wahrnehmung**

Die Wahrnehmung erfolgt durch zwei Prozesse (Bottom-Up-Prozess, Top-Down-Prozess). Bei dem Bottom-Up-Prozess nehmen wir sensorische Daten aus der Umwelt auf und leiten diese weiter zu unserem Gehirn. Hier werden relevante Informationen extrahiert und analysiert. Diese Art der Verarbeitung nennt sich datengesteuerte Verarbeitung. Der Top-Down-Prozess beteiligt unsere Erfahrungen, unser Wissen, unsere Motive und den kulturellen Hintergrund bei der Wahrnehmung der Welt. Diese Art der Verarbeitung nennt sich konzeptgesteuerte Verarbeitung, da die Konzepte in unserem Gedächtnis die Interpretation der Daten beeinflussen. Zu unserer Wahrnehmung gehört ebenfalls der Ablauf der visuellen sowie haptischen Wahrnehmung.

- **Bewusstsein**

Unser Bewusstsein ist die Gesamtheit der unmittelbaren Erfahrung, die sich aus der Wahrnehmung von uns selbst und unserer Umgebung zusammensetzt (man unterscheidet zwischen Bewusstseinsinhalten und Bewusstseinszuständen). Bewusstsein setzt sich zusammen aus unseren Wahrnehmungen, Gedanken, Gefühlen und Wünschen. Das Bewusstsein ist relativ langsam und hat nur eine begrenzte Kapazität, ist aber gut dafür geeignet, neue Probleme zu lösen. Es gibt diverse Bewusstseinszustände. Spontan bedeutet z. B. Tagträumen, physiologisch bedingt z. B. durch Nahrungs- und Sauerstoffmangel sowie psychologisch bedingt durch z. B. eine sensorische Deprivation. Die circadiane Rhythmik ist die reguläre Rhythmik unserer Körperfunktionen, z. B. die unserer Körpertemperatur und unseres Schlaf-Wach-Zyklus. Wir können diesen Rhythmus beeinflussen.

- **Gedächtnis**

Beim Gedächtnis wird unterschieden in expliziten und impliziten Gebrauch des Gedächtnisses. Wir besitzen ein Kurzzeitgedächtnis, ein Arbeitsgedächtnis und ein Langzeitgedächtnis.

- **Aufmerksamkeit**

Unsere Aufmerksamkeit ist der Zustand fokussierten Bewusstseins. Sie kann gerichtet sein auf: Ausschnitte des Wahrnehmungsraumes, ausgewählte Gegenstände, Personen, ausgewählte Sinnesmodalitäten etc. Filter-Modell von Broadbent: Nur relevante Prozesse werden weitergeleitet. Es wird entweder Alles oder Nichts weitergeleitet. Attenuation-Theorie von Treisman: Sinnesinformationen werden früh gefiltert (je nach Reizstärke), bevor sie bearbeitet werden. Es werden alle Informationen weitergeleitet (auch nicht beachtete). Theorie der späten Selektion von Deutsch und Deutsch: Die Sinnesinformationen werden nicht gefiltert und bis zu einem hohen Grad analysiert, erst dann werden die Informationen selektiert, die bewusst erkannt werden.

- **Lernen**

Man nennt dies den Prozess des Erlernens von Assoziationen. Es unterscheidet sich in die klassische und operante Konditionierung. Klassische Konditionierung: Lernen, bei der ein Organismus Reize koppelt. Ein neutraler Reiz wird durch wiederholte Darbietung mit einem unkonditionierten Reiz gekoppelt; darauf folgt eine Reflexreaktion. Infolgedessen löst der ursprünglich neutrale Reiz auch alleine eine Reaktion aus. Operante Konditionierung: Operant meint, dass sich das Verhalten anhand der beobachtbaren Effekte auf die Umwelt beschreiben lässt. Verstärker dienen dazu, dass jedes Ereignis durch ein vorausgehendes Verhalten verstärkt wird. Es gibt primäre (angeborene) sowie sekundäre (konditionierte) Verstärker. Generalisierte Verstärker stehen in Beziehung mit primären und sekundären Verstärkern.

- **Kognition**

Kognition meint alle mentalen Vorgänge, die mit Denken, Problemlösen, Entscheiden, Urteilen, Wissen, Erinnerung und Kommunikation zu tun haben. Problemlösen umfasst Denkvorgänge, die sich mithilfe einer Menge mentaler Operationen von einem Anfangszustand zu einem Zielzustand hin bewegen. Möglich durch z. B. Algorithmen und Heuristiken. Logisches Schließen erfolgt durch entweder deduktives oder induktives Schließen.

- **Sprache**

Im Kommunikationsmodell von Schulz von Thun gibt es vier Ebenen: Sachebene, Appellebene, Beziehungs- und Selbstoffenbarungsebene.

- **Emotion**

Wir haben sieben Grundemotionen: Freude, Wut, Interesse, Ekel, Überraschung, Traurigkeit, Angst. Unsere Emotionen liefern uns Informationen über die Bedeutsamkeit und sind im sozialen Kontakt unabdingbar. Wir besitzen unseren inneren Antreiber (Sympathikus) und Beruhiger (Parasympathikus). Der Sympathikus erhöht die nach außen gerichtete Handlungsbereitschaft, und der Parasympathikus sorgt für Schonung. Es gibt drei Emotionstheorien. James-Lange-Theorie: Zwei Reaktionen resultieren in einer spezifischen emotionalen Erfahrung. Die Cannon-Bard-Theorie besagt, dass Ereignisse simultane Reaktionen in Gang setzen. Bei der Theorie der kognitiven Bewertung resultiert die Emotion aus der Interaktion von Erregungsniveau und Art der Einschätzung.

▪ Motivation

Die Bedürfnispyramide von Maslow besagt, dass zuerst körperliche Bedürfnisse wie Hunger und Durst aufgelistet werden, darüber unser Bedürfnis nach Sicherheit, im Anschluss Liebe und Zugehörigkeit sowie anschließend die Ich-Bedürfnisse und Selbstverwirklichung. Unter weiteren Motivationstheorien gibt es das Leistungsmotiv, das Machtmotiv und das Anschluss- bzw. Intimitätsmotiv. Es gibt zwei Triebreduktionstheorien. Die psychoanalytische Theorie der Motivation und die Hull'sche Triebreduktionstheorie. Hull (Formel): $V(Verhalten) = T(Trieb) \times H(Habit)$.

▪ Volition

Unsere Volition gilt als Treibstoff für unsere Motivation. Die Willenspsychologie beschäftigt sich damit, ob und wie wir einen einmal gefassten Entschluss in die Tat umsetzen. Kuhl unterscheidet in Selektionsmotivation und Realisierungsmotivation. Wichtig ist hier das Rubikonmodell von Heckhausen. Bevor wir motivational abwägen, planen und agieren wir volitional, besitzen allerdings eine postaktionale Motivation in der Bewertung. Wenn uns einmal der Wille verlässt, nennt man dies Prokrastination (Aufschiebeverhalten), welches pathologisch sein kann.

▪ Psychomotorik

Embodiment als „Verkörperung" ist der Begriff einer neuen Denkrichtung in der Wissenschaft. Es gibt diskrete Bewegungen mit klarem Start- und Endpunkt, serielle Bewegungen mit mehreren diskreten Bewegungen nacheinander und kontinuierliche Bewegungen mit nicht eindeutig definierten Start- und Endzeiten.

1.16   Fragen

1. Welchen Weg geht der Impuls der Nervenzelle, um das Aktionspotenzial abzurufen?
2. Welche weiteren Möglichkeiten gibt es, um das Aktionspotenzial abzurufen?
3. Beschreibe den Verarbeitungsprozess der Wahrnehmung in eigenen Worten.
4. Wieso vergessen wir erlerntes Wissen?
5. Erkläre den Unterschied zwischen der Theorie von Cannon Bard und der von James Lange.

Literatur

Verwendete Literatur

Brähler, E., & Berberich, H. J. (2008). *Sexualität und Partnerschaft im Alter*. Gießen: Psychosozial-Verlag.
Brewer, N., & Williams, K. D. (2005). *Psychology and Law: An Empirical Perspective*. New York and London: Guilford Press.
Gerrig, R., & Zimbardo, P. G. (2008). *Psychologie* (18. Aufl.). München: Pearson.
Frensch, P., & Funke J. (Hrsg.) (2006), *Handbuch der Allgemeinen Psychologie: Kognition*. Göttingen: Hogrefe.
Goschke, T. (2006). Motivationale und volitionale Grundlagen zielgerichteter Handlungen. In P. Frensch, & J. Funke (Hrsg.), *Handbuch der Allgemeinen Psychologie: Kognition*. Göttingen: Hogrefe.
Heckhausen, J., & Heckhausen, H. (2010). *Motivation und Handeln* (4. Aufl.). Heidelberg: Springer.

Heider, J. (1958). *The Psychology of Interpersonal Relations*. New York: Psychology Press.

Kleinbeck, U., & Schmidt, K.-H. (2010). *Enzyklopädie der Psychologie*. Göttingen: Hogrefe.

Kuhl, J. (1983). *Motivation, Konflikt und Handlungskontrolle*. Heidelberg: Springer.

Kuhl, J. (2001). *Motivation und Persönlichkeit: Interaktionen psychischer Systeme*. Göttingen: Hogrefe.

Kuhl, J. (2009). *Lehrbuch der Persönlichkeitspsychologie: Motivation, Emotion und Selbststeuerung*. Göttingen: Hogrefe.

Lohaus, A., Vierhaus, M., & Maass, A. (2010). *Entwicklungspsychologie* (18. Aufl.). Heidelberg: Springer.

Lück, H. E. (2009). *Geschichte der Psychologie: Strömungen, Schulen, Entwicklungen* (4. Aufl.). Stuttgart: Kohlhammer.

Masters, W. H., & Johnson, V. E. (1966). *Human sexual response*. Boston: Little Brown.

McCleeland, D. C. (2010). *The achieving society*. Eastford: Martino Fine Books.

Murray, H. A. (1938). *Explorations in Personality*. Oxford: Oxford University Press.

Müsseler, J. (Hrsg.). (2008). *Allgemeine Psychologie*. München: Spektrum.

Myers, D. G. (2008). *Psychologie*. Heidelberg: Springer.

Neumann, R., & Strack, F. (2000). Approach and avoidance: The influence of proprioceptive and exteroceptive cues on encoding of affective information. *Journal of Personality and Social Psychology, 79*(1), 39–48.

Pinel, J. P. J. (2007). *Biopsychologie* (6. Aufl.). München: Pearson.

Rudolph, U. (2009). *Motivationspsychologie kompakt*. Weinheim: Beltz.

Ruffo, E. (2010). *Das Lernen angehender Lehrpersonen*. Bern: Peter Lang.

Scharfetter, C. (2002). *Allgemeine Psychopathologie: eine Einführung* (5. Aufl.). Stuttgart: Thieme.

Schmidt, R. A., & Lee, T. D. (2011). *Motor Control and Learning: A Behavioral Emphasis*. Champaign: Human Kinetics.

Schulz von Thun, F. (2014). *Miteinander reden 1–4: Störungen und Klärungen*. Reinbek: Rowohlt.

Schweizer, K. (2006). *Leistung und Leistungsdiagnostik*. Heidelberg: Springer.

Seifert, E. (2008). *Seele-Subjekt-Körper: Freund mit Lacan in Zeiten der Neurowissenschaft*. Gießen: Psychosozial Verlag.

Stemmler, G. (2009). *Enzyklopädie der Psychologie*. Göttingen: Hogrefe.

Textor, M. (1985). *Integrative Familientherapie: Eine systematische Darstellung der Konzepte, Hypothesen und Technik amerikanischer Therapeuten*. Heidelberg: Springer.

Zimmer, R. (2012). *Handbuch der Psychomotorik: Theorie und Praxis der psychomotorischen Förderung* (13. Aufl.). Freiburg: Herder.

Weiterführende Literatur

Patrzek, A. (2014). *Fragekompetenz für Führungskräfte: Handbuch für wirksame Gespräche* (6. Aufl.). Wiesbaden: Springer Gabler.

Differentielle- und Persönlichkeitspsychologie

Christina von der Assen

2.1 **Einführung** – 47

2.2 **Sigmund Freud** – 47
2.2.1 Aufbau und Struktur der Persönlichkeit – 47
2.2.2 Arten der Angst – 48
2.2.3 Abwehrmechanismen und Sublimierung – 48
2.2.4 Die Phasenlehre – 48
2.2.5 Der Ödipuskomplex – 49

2.3 **Psychoanalyse** – 49
2.3.1 Alfred Adler (1870–1937) – 49
2.3.2 Heinz Kohut (1913–1981) – 50
2.3.3 John Bowlby (1907–1990) – 50
2.3.4 Bindungsstile nach Bowlby und Ainsworth – 50

2.4 **Behaviorismus** – 51
2.4.1 John B. Watson (1878–1958) – 51
2.4.2 Clark L. Hull (1884–1952) – 51
2.4.3 Burrhus F. Skinner (1904–1990) – 52

2.5 **Soziale Lerntheorie** – 52
2.5.1 Albert Bandura (geb. 1925) – 52
2.5.2 Walter Mischel (geb. 1930) – 53

2.6 **Kognitive Ansätze** – 54
2.6.1 George A. Kelly (1905–1966) – 54

2.7 **Selbstkonzept** – 55
2.7.1 Facetten des Selbstkonzepts – 55
2.7.2 Funktion des Selbstkonzepts – 56
2.7.3 Stabilität des Selbstkonzepts – 56

C. von der Assen, *Crash-Kurs Psychologie*,
DOI 10.1007/978-3-662-43359-1_2, © Springer-Verlag Berlin Heidelberg 2016

2.8   Humanismus – 56

2.8.1   Carl R. Rogers (1902–1987) – 56

2.8.2   Abraham H. Maslow (1908–1970) – 57

2.9   Konstitutionspsychologische Ansätze – 57

2.9.1   Temperaments- und Charaktertypen – 58

2.10   Eigenschaftstheorien – 59

2.10.1   Das Drei-Faktoren-Modell der Persönlichkeit von Eysenck – 59

2.10.2   Der psycholexikalische Ansatz – 59

2.10.3   Die Big-Five-Faktoren und ihre Facetten nach Costa
         und McCrae (1997) (s. McCrae und Costa 2005) – 60

2.11   Zusammenfassung – 61

2.12   Fragen – 62

Literatur – 63

Dieser Teil beschäftigt sich mit der Diversität der menschlichen Persönlichkeit und deren Ausprägungen. Er umfasst einige Persönlichkeitstheorien sowie deren Theoretiker und spannende Aspekte zu unserem Selbst.

2.1 Einführung

In der allgemeinen Psychologie geht es hauptsächlich darum, was wir Menschen alle gemein haben. In der differentiellen Psychologie ist der Kern, herauszufinden, wie wir uns von anderen Menschen unterscheiden.

Persönlichkeitspsychologie als dazugehöriger Name sagt das aus, womit sich in diesem Teil beschäftigt wird. Es wird in diesem Kapitel auf die Persönlichkeitstheorien eingegangen und Antworten auf folgende Fragen gegeben:

- Wie kommt Freud auf den Ödipuskomplex, und was versteht Kelly unter dem Konstruktivismus?
- Wie steht dies im Zusammenhang mit den humanistischen Persönlichkeitstheorien oder dem Selbstkonzept?
- Wie genau definiert sich eigentlich Persönlichkeit, und wie kann man von den ganzen Wörtern, die wir in den Wörterbüchern finden, auf die Big Five kommen?

Genau diese Punkte werden in den kommenden Kapiteln erläutert und es lässt euch einen Einblick in die faszinierende Welt der Persönlichkeit des Menschen gewähren.

2.2 Sigmund Freud

2.2.1 Aufbau und Struktur der Persönlichkeit

Freud (1856–1939) betrachtete den Menschen so, dass dieser aus dem Aggressions- und Sexualtrieb gesteuert wird. Den Sexualtrieb bezeichnete er als „Libido", den des Aggressionstriebs als „Destrudo" oder „Thanatos". Diese Triebe stellen laut Freud die einzige Energiequelle des Menschen dar (s. Freud et al. 2001).

Die Struktur der Persönlichkeit besteht, laut Freud, aus dem Es, Ich und Über-Ich.

- Das Es bedient sich an den Trieben und folgt dem Lustprinzip des Menschen. Das Es strebt sofortige Triebbefriedigung an. Außerdem geschieht dies generell unbewusst.
- Das Ich nennt man auch den Akteur zwischen Es und Über-Ich. Es muss zwischen den Trieben aus dem Es und der Außenwelt und der Moral des Über-Ichs vermitteln. So folgt das Ich dem Realitätsprinzip, das es uns ermöglicht, mit unserer Umwelt zu interagieren und sie verändern zu können. Das Ich ist vorbewusst.
- Das Über-Ich bezeichnet Freud als die moralische Instanz. Es repräsentiert unsere Werte und die Ideale unserer Gesellschaft. Das Über-Ich ist aber auch als der „Hemmer" des Es bekannt, um die Triebimpulse niederzudrücken. Außerdem versucht es, das Ich zu überreden, realistische durch ethisch richtige Ziele zu ersetzen und so nach der Vollkommenheit des menschlichen Wesens zu streben.

Bei der Ausführung des Strebens nach Vollkommenheit können zwei Arten von Gefühlen entstehen. Sollten wir das Über-Ich verletzt haben, bekommen wir Schuldgefühle, sollten wir das Über-Ich befolgt haben, sind wir stolz. Das Über-Ich geschieht unbewusst, vorbewusst, aber auch bewusst.

2

2.2.2   Arten der Angst

Das Ich ist an den drei folgenden Arten der Angst beteiligt:

- Realangst: Wenn wir tatsächlich einer Bedrohung ausgesetzt sind, deren bedrohlichen Reize aus der realen Umwelt stammen.
- Neurotische Angst: Ein Triebimpuls aus dem Es ist außer Kontrolle geraten und kann von unserem Ich nicht mehr kontrolliert werden. Es ist also ein intrapsychischer Konflikt zwischen Es und Ich.
- Moralische Angst: Sobald wir gegen die Normen des Über-Ichs verstoßen, schalten sich unsere Scham- und Schuldgefühle ein, welches einen Konflikt zwischen Ich und Über-Ich in uns darstellt.

2.2.3   Abwehrmechanismen und Sublimierung

Ängste sind für das Ich eine sehr traumatische Erfahrung, deshalb möchte das Ich sich schützen. Dazu setzt es Abwehrmechanismen ein oder den Vorgang der Sublimierung. Folgende wichtige Abwehrmechanismen gibt es:

Verdrängung, Projektion, Konversion, Reaktionsbildung, Verschiebung, Verleugnung, Dramatisierung, Fixierung, Regression, Identifizierung und Rationalisierung.

Alle Abwehrmechanismen weisen zwei typische Merkmale auf: Auf der einen Seite verleugnen oder verzerren sie unsere missglückte Tat, und auf der anderen Seite sind wir uns nicht bewusst, dass wir Abwehrmechanismen einsetzen.

Fälschlicherweise als Abwehrmechanismus beschrieben, jedoch ein psychischer Mechanismus nach Freud ist die Sublimierung. Abwehrmechanismen sind zu allererst als Anzeichen für eine psychische Dysfunktion beschrieben, doch die Sublimierung ist ein Punkt der normalen Ich-Funktion (Brenner 1997; s. Rammsayer und Weber 2010). Sublimierung kann man also auch als eine Ersatzhandlung deuten, die uns ein bestimmtes Maß an Befriedigung aneignen lässt.

Brenner (1997) nennt beispielhaft den Wunsch des Kindes, in der analen Phase mit Kot zu spielen. Dies wird aber von den Eltern verwehrt, da dies nicht als Ideal in unserer Gesellschaft gesehen wird. So ersetzt das Kind das Spiel mit Kot z. B. durch das Kneten von Knete oder Kuchenteig. Als Erwachsener kann dies durchaus in Gartenarbeit mit Erde oder in künstlerischer Hinsicht mit Ton oder Farben geschehen.

2.2.4   Die Phasenlehre

Freud ging davon aus, dass der Mensch auf seinem Weg zu seiner späteren Persönlichkeit als Erwachsener verschiedene psychosexuelle Entwicklungsphasen durchläuft. Die sexuell relevanten Zonen des Körpers werden in dieser Zeit als Ursprung der sexuellen Lust erlebt.

Die orale Phase: Diese Phase beginnt bei der Geburt und dauert an bis zu einem Alter von ca. 1,5 Jahren. Die frühe oral-einnehmende Phase lässt uns das Schlucken und Saugen als lustvoll erleben und die oral-aggressive Phase das Beißen und Kauen von Gegenständen.

Die anale Phase: Der Zeitraum ist von 1,5 bis 3 Jahren. Das Kind soll hier lernen, dass Ausscheiden von Kot unter Selbstkontrolle zu steuern. In der anal-expulsiven Phase erlebt das Kind Lust durch das Ausscheiden von Kot und in der anal-retentiven Phase durch das Zurückhalten seines Kots.

Die phallische Phase: Von 3 bis 5 Jahren findet diese Phase statt. Freud sagte stets, dass diese Phase die wichtigste Phase für die Persönlichkeitsentwicklung sei und das Kind hier mit dem Ödipuskomplex konfrontiert werde.

Die Latenzphase beginnt nach der phallischen Phase. Diese reicht vom 6. Lebensjahr bis zur Pubertät. Hier fehlen den Kindern allerdings die sexuellen Triebimpulse.

In der genitalen Phasen hingegen, die nach der Latenzphase beginnt, befriedigen wir uns durch eine, für uns scheinbar richtige Wahl eines Zielobjekts. Hieraus ergeben sich dann heterosexuelle oder homosexuelle Beziehungen und auch z. B. das Verlangen nach Heirat und Familie.

2.2.5 Der Ödipuskomplex

- **Bei Jungen**

Freuds Annahme hier war, dass der Junge seine Mutter sexuell begehrt. Der eigene Vater wird also als Rivale erlebt, und der Junge lehnt ihn aufgrund dessen ab, da er denkt, der Vater wolle ihm zugunsten der Mutter schaden. So fürchtet der Junge, dass der Vater ihn kastrieren möchte, und aufgrund dieser Angst verbannt der Junge die sexuellen Träume zu der Mutter und die Feindseligkeit gegenüber dem Vater. (Nachlesen könnt ihr hier einen griechisch-mythologischen Hintergrund z. B. bei Wikipedia.)

- **Bei Mädchen**

Das Zielobjekt der Liebesgefühle des Mädchens ist der Vater. Dies geschieht, da Mädchen bemerken, keinen Penis zu besitzen, und für diese scheinbare Kastration die Mutter beschuldigen. In der Beziehung zum Vater, wie auch später zu anderen Männern, besitzen Frauen stets das Gefühl von (Penis-)Neid. Hier bleibt der Ödipuskomplex, der auch Elektrakomplex genannt wird, nach Freuds Auffassung mehr oder weniger stark bestehen.

2.3 Psychoanalyse

2.3.1 Alfred Adler (1870–1937)

Ab 1902 war Alfred Adler ein Kollege und Freund von Sigmund Freud. Zunehmend distanzierte er sich von der Freud'schen Triebtheorie und dem starken Festhalten an der wichtigen Rolle der Sexualität.

Im Mittelpunkt der Individualpsychologie steht die Annahme, dass das Kind durch seine völlige Abhängigkeit von anderen Menschen und durch die Unfähigkeit, ganz allein zu überleben, ein Gefühl von Minderwertigkeit und Schwäche erlebt. Daraus würde sich das Bedürfnis nach Sicherheit entwickeln, was später zu einem manifestierten „Lebensstil" übergehen und den Charakter stark prägen würde.

Adler ging davon aus, dass Menschen ein Gemeinschaftsgefühl angeboren ist und die Einbindung in die Gemeinschaft daher die normative Bewältigung von Minderwertigkeit und Schwäche darstellt. Zwei Formen der Erziehung erachtete Adler als besonders verhängnisvoll, da sie keine Sicherheit vermitteln, sondern sogar gegenteilig das Gefühl von Unzulänglichkeit und Schwäche verstärken. Damit könnte er aus heutiger Sicht den autoritären oder vernachlässigenden Erziehungsstil meinen (▶ Entwicklungspsychologie: Soziale Beziehungen). Er gründete in Wien erstmalig eine Erziehungsberatung (s. Rammsayer und Weber 2010).

2.3.2   Heinz Kohut (1913–1981)

Kohut war selbst lange ein Begleiter und Anhänger von Freuds Theorien. Mit Heinz Kohut initiierte sich die Wende zur Einführung eines von den drei Instanzen des Strukturmodells unabhängigen Selbst, das als ein innerpsychisches System verstanden wird. Dieses System gibt einer Person das Gefühl der Einheit und Kohärenz. Kohut ergänzte das Bild von Freud und den drei Instanzen (Es, Ich, Über-Ich) durch eine Addition des unabhängigen Selbst (Selbstpsychologie).

Kohut begann mit der Arbeit zum Narzissmus und publizierte eine veränderte Ansicht als Freud. Freud verstand Narzissmus als eine Phase, in der die eigene Person das erste Sexualobjekt sei, bevor es die Eltern werden.

Kohut hingegen ging davon aus, dass Narzissmus eine von der Triebentwicklung unabhängige und eigenständige Entwicklungsspur bildet. Ebenfalls erachtete er Narzissmus nicht als eine Störung oder als negativ, sondern als reguläre Ingredienz der Entwicklung der Persönlichkeit, die für ein stabiles Selbst zentral ist. Kohut definierte darüber hinaus den primären Narzissmus, der als Säugling bereits besteht und nicht zwischen sich selbst und anderen unterscheiden kann. Das Kind sieht sich als eine Einheit mit der Mutter, und diese Annahme vermittelt dem Säugling ein Gefühl von Größe und Allmacht. Später nimmt er wahr, dass er eine eigene Einheit ist, und so endet der primäre Narzissmus. Das Kind bewahrt ihn jedoch in Form von zwei narzisstischen Konfigurationen:

- In Form des Größen-Selbst oder des grandiosen Selbst sieht sich das Kind weiterhin als großartig und mächtig an.
- Als ein idealisiertes Bild der Eltern, als welches sich das Kind ansieht.

Diese beiden Konfigurationen sind die Quellen für späteren Ehrgeiz und Ideale, aus denen sich Talent und Kompetenz entwickeln können (s. Rammsayer und Weber 2010).

2.3.3   John Bowlby (1907–1990)

John Bowlby ist der Begründer einer Bindungstheorie. Hier verbinden sich die Psychoanalyse, die Verhaltensbiologie und evolutionsbiologische Perspektiven. Unterstützt wurde Bowlby maßgeblich von der Psychologin Mary Ainsworth (1913–1999). Bowlby zufolge ist Menschen ein Bindungssystem angeboren, das sie dazu motiviert, in kritischen Situationen die Nähe von für sie wichtigen Bezugspersonen zu suchen und so Schutz und Sicherheit zu bekommen.

Im Falle einer Hyperaktivierung des Systems finden intensive und gesteigerte Bemühungen statt, um Nähe zu den Bindungspersonen zu bekommen. Die Personen bemühen sich quasi zwanghaft, um Nähe und Schutz zu ergattern, und reagieren sehr sensibel auf Zeichen möglicher Zurückweisung und Ablehnung, was zu andauerndem Grübeln führen kann.

Im Fall der Deaktivierung des Systems wird das Bemühen um Nähe und Schutz gehemmt und jegliche Maßnahme, die das Bindungssystem aktiviert, unterdrückt oder negiert. Diese Personen neigen zu distanzierten Beziehungen zu anderen Personen und fühlen sich bei zu großer Nähe nicht wohl. Sie sind bemüht um die eigene Stärke und legen viel Wert auf Eigenständigkeit. Ebenfalls unterdrücken sie emotional belastende Gedanken und Erinnerungen (s. Lohaus et al. 2010).

2.3.4   Bindungsstile nach Bowlby und Ainsworth

Folgende Bindungsstile wurden durch Forschungen anhand des Paradigmas „Fremde Situation" erfasst. Es wird beobachtet, wie ein Kind in einer neuen Umgebung auf kurze Trennung von der

Mutter und auf ihre Wiederkehr reagiert. Relevante Verhaltensmerkmale treten auf, aus denen dann der Bindungsstil erschlossen wird.

Im Folgenden die erforschten Bindungsstile:

- Bei sicherer Bindung zeigen Kinder ihre emotionale Belastung (aufgrund der Abwesenheit), suchen aber anschließend den Kontakt und die Nähe zur Bindungsperson bei deren Rückkehr, was zu einer schnellen Beruhigung führt.
- Bei unsicher-vermeidender Bindung zeigen Kinder Emotionen nur in geringem Ausmaß und vermeiden Nähe und Kontakt zu ihrer Bindungsperson.
- Bei der unsicher-ambivalenten Bindung sind die Kinder stark emotionsbelastet und wechseln zwischen dem Bedürfnis nach Nähe und einer durch Ärger gekennzeichneten Abwehr den Kontakt zu ihrer Bindungsperson.
- Bei dem desorganisierten/desorientierten Bindungsstil wird kein eindeutiges Verhaltensmuster festgestellt. Die Erziehenden wechseln hier oft zwischen Annäherung und Abweisung. Das Kind ist in seiner Autonomie gestört und kann sich aufgrund von starker Ambivalenz nicht frei entfalten.

2.4 Behaviorismus

2.4.1 John B. Watson (1878–1958)

John Watson wird als Begründer des Behaviorismus gesehen. Der Behaviorismus lehnt die Methode von Freud ab und fokussiert sich auf das „objektive" beobachtbare Verhalten und dessen Abhängigkeit von physikalischen Bedingungen, die Watson Reize oder Stimuli nannte. Watson verhalf dies zu der Vorhersage eines Verhalten bzw. der Reaktionen eines Individuums, wenn Reize bzw. die physikalischen Umweltbedingungen bekannt sind.

Behavioristen betrachten nicht jegliche einzelne psychische Funktion oder Organsysteme, sondern sie interessieren sich dafür, wie der menschliche Organismus im Ganzen funktioniert. Sie sagen, dass der Mensch nicht über angeborene Instinkte verfügt oder dass Persönlichkeitseigenschaften biologisch determiniert sind. Persönlichkeitsmerkmale seien mittels der Konditionierung angeeignete Verhaltensweisen. So war für Watson die Persönlichkeit eines Menschen nicht mehr als die Summe der Gewohnheiten, die sich ein Mensch insbesondere in seiner frühen Kindheit, aber auch im weiteren Leben aneignet.

Schon bei der Geburt besitzt der Mensch bestimmte Verhaltensweisen. Watson zufolge seien dies u. a. das Niesen, Schreien, Schluckauf, die Erektion des Penis, das Urinieren, die Defäkation, Augenbewegungen, ein Lächeln sowie motorische Reaktionen (z. B. Bewegen der Gliedmaßen, des Kopfes oder Halses). Von da an entfalten sich die angeborenen Verhaltensweisen zu einem fortwährend diffiziler werdenden Gewohnheitssystem, und auch neue Verhaltensweise kommen stetig hinzu. Die Persönlichkeit wird schließlich durch die dominanten Gewohnheiten gebildet.

2.4.2 Clark L. Hull (1884–1952)

In der Verhaltenstheorie befasst sich Clark L. Hull (1943, 1951, 1952) (s. Hull 1952) vor allem mit Motivation, dem Streben nach bestimmten Zielen und dem Lernen durch bestimmte Reiz-Reaktions-Verknüpfungen. Auch Hull greift (1943), wie Watson, auf die evolutionsbasierte Theorie zurück, dass bereits bei der Geburt diverse Verhaltensweisen bestehen. Dies wirkt sich zuerst auf primäre Bedürfnisse wie z. B. Durst oder Hunger aus.

2

▪ **Primäre und sekundäre Verstärkung**

Dies sind zwei Prinzipien nach Hull, wonach sich über die angeborenen Reiz-Reaktions-Verbindungen hinaus neue Reiz-Reaktions-Verbindungen bzw. Gewohnheiten ausbilden können. Primäre Verstärkung bezieht sich auf die Befriedigung des primären Bedürfnisses. Sollte diese Befriedigung des Bedürfnisses zeitlich nah erfolgreich gewesen sein, dann ist die Wahrscheinlichkeit sehr viel höher, dass in der Zukunft dieselbe Reaktion wieder ausgelöst wird, um das Bedürfnis zu befriedigen (Hull 1943, s. Hull 1952). Primäre Bedürfnisse nach Hull (1943, s. Hull 1952) sind: Sauerstoff zum Atmen, Aufrechterhaltung der optimalen Körpertemperatur, Vermeidung von Geweberverletzungen, Nahrung, Flüssigkeit, Defäkation, Miktion, Erholung, Schlaf und Aktivität. Die primäre Verstärkung ist direkt in der Lage, das primäre Bedürfnis zu befriedigen und die Reiz-Reaktions-Verbindung zu festigen. Bei der sekundären Verstärkung geht es um einen Verstärker, der dazu nicht selbst in der Lage ist, sondern erst durch die Verbindung mit einem primären Verstärker die Wirksamkeit erhält, die Auftretenswahrscheinlichkeit einer bestimmten Reaktion zu erhöhen (Hull 1952).

2.4.3   Burrhus F. Skinner (1904–1990)

Skinner ist hauptsächlich Forscher der operanten Konditionierung. Er akzeptierte zwar die klassische Konditionierung, sagte aber, dass sie nur bei einem kleinen Teil der Lernsituationen Gültigkeit hätte. Zu operanten Reaktionsmustern zählen z. B. das Geschirrspülen, das Autofahren oder das Schreiben (hauptsächlich motorische Ausführungen).

Positive Verstärkung: Die Konsequenz auf eine Handlung erhöht die Wahrscheinlichkeit, dass dies wieder passieren wird (z. B. jede Art der Belohnung).

Negative Verstärkung: Auch hier wird die Auftretenswahrscheinlichkeit der Handlung erhöht. Allerdings durch das Weglassen einer Bestrafung.

Bestrafung: Eine aversive Konsequenz, die auf ein Verhalten folgt, um ein Individuum von einer weiteren Ausführung der Handlung abzuhalten.

Extinktion/Löschung: Ein bestimmtes Verhalten wurde über eine längere Zeit nicht mehr verstärkt, sodass dieses Verhalten ebenfalls nicht mehr auftritt.

Verstärkungspläne sind unabdingbar, wenn es darum geht, wie schnell ein Verhalten gelernt wird oder wie löschungsresistent es ist.

Bei der intermittierenden Verstärkung wird eine erwünschte Handlung nicht jedes einzelne Mal verstärkt. Dazu gehört die Intervallverstärkung (festes oder variables Intervall) und die Quotenverstärkung (feste oder variable Quote).

Ebenfalls wichtige Begriffe in diesem Zusammenhang sind Reaktionsgeneralisierung, Reaktionsdiskriminierung und Reizkontrolle.

Wichtige Informationen zu dem Thema „Konditionierung" findet ihr außerdem im Kapitel „Allgemeine Psychologie" in dem Unterkapitel „Lernen" (s. Lohaus et al. 2010).

2.5   Soziale Lerntheorie

2.5.1   Albert Bandura (geb. 1925)

Bandura (1991) bezeichnet seinen Ansatz als eine sozial-kognitive Theorie und besteht auf die Einflussfaktoren des menschlichen Verhaltens, die der Person selbst und der sozialen Umwelt obliegen. Beides, sagt er, biete Gelegenheiten zum Lernen.

- **Lernen am Modell**

Er unterscheidet dabei vier Teilprozesse, die Einfluss darauf haben, in welchem Maße ein beobachtetes Verhalten gelernt und in die Praxis umgesetzt wird:

- Aufmerksamkeit,
- Speicherung,
- Produktion,
- Motivation.

Bandura trennt strikt zwischen Erlernen/Studieren von Verhalten und der tatsächlichen Anwendung gelernter Verhaltensmuster, die durch die Motivation der Person gesteuert werden. Wichtige Studien hierzu: Bobo-Doll-Studien Der Theorie von Bandura (z. B. Bandura 1986, 1997, s. Bandura 1991) zufolge nehmen drei Merkmale der Person eine Schlüsselrolle ein:

- ihre Erwartungen,
- ihr Verhaltenspotenzial,
- ihre Verhaltensstandards.

- **Ergebniserwartungen**

Was Menschen erwarten, welche Konsequenzen ihr Verhalten haben wird. Bandura benennt drei Klassen:

- körperlich-physische Folgen,
- soziale Folgen,
- Folgen im Hinblick auf die Selbstbewertung.

- **Selbstwirksamkeit**

Erwartung von Selbstwirksamkeit (self-efficacy): Dies nennt man die Erwartung in die eigene Fähigkeit. Solange Menschen nicht überzeugt sind, dass sie mit ihrem Verhalten erwünschte Ergebnisse erreichen können, besteht für sie aus der Sicht Banduras kaum ein Anreiz, aktiv zu werden oder ihre Bemühungen fortzusetzen.

- **Erfassung von Selbstwirksamkeit**

Bandura definiert Selbstwirksamkeit als die Erwartung einer Person, ein bestimmtes Verhalten zu realisieren. Selbstwirksamkeitserwartungen lassen sich nach drei Aspekten unterscheiden:

- Schwierigkeitsniveau des auszuführenden Verhaltens,
- Spezifität des Verhaltens, d. h. die Enge oder Breite des Verhaltensbereiches, auf den sich die Erwartung bezieht,
- Stärke ihrer Ausprägung, d. h. das Ausmaß an subjektiver Gewissheit, mit der eine erfolgreiche Verhaltensausübung erwartet wird.

2.5.2 Walter Mischel (geb. 1930)

Mischel hat in einem Modell der Persönlichkeit das bestehende Wissen der Person und den Einfluss der Persönlichkeitsmerkmale auf Lernprozesse und Prozesse der Verhaltensregulation angewendet (s. Rammsayer und Weber 2010).

Er nennt dies das „kognitiv-affektive Persönlichkeitssystem" (CAPS).

Die fünf Merkmalsbereiche des CAPS beziehen sich vor allem auf Prozesse der Verarbeitung von (sozialen) Informationen und die Ausarbeitung von (sozialem) Verhalten.

Enkodierungen: Interindividuelle Unterschiede in Konstrukten zur Kategorisierung der eigenen Person, von anderen Personen, Ereignissen und Situationen.

Erwartungen und Überzeugungen: Interindividuelle Unterschiede in den bekannten Erwartungstypen, darunter Selbstwirksamkeitserwartungen und Ergebniserwartungen.

Affekte: Interindividuelle Unterschiede in aktuell und habituell erlebten Emotionen einschließlich physiologischer Reaktionen.

Ziele und Werte: Interindividuelle Unterschiede in den Zielen und Projekten, die eine Person verfolgt, und in den Wertmaßstäben, an denen sie ihr Verhalten ausrichtet.

Kompetenzen und Pläne zur Selbstregulation: Beispielsweise interindividuelle Unterschiede in dem Verhaltensrepertoire einer Person.

2.6   Kognitive Ansätze

2.6.1   George A. Kelly (1905–1966)

Konstruktivismus = Kelly.

Ein Konstrukt stellt nach Kelly (1955) ein Prinzip der Ordnung dar, ein Aspekt, nach dem Erfahrungen im Hinblick auf die eigene Person und die soziale und materielle Umwelt um sich herum unterschieden und mit Bedeutung versehen werden.

Kelly (1955) trifft eine Reihe von formalen Annahmen zu Konstrukten, die er in einem Grundpostulat und elf Korollarien ausgeführt hat (einen Überblick geben Westmeyer und Weber 2004; s. Rammsayer und Weber 2010).

Das Grundpostulat besagt, dass die Prozesse einer Person – ihr Erleben und Verhalten – durch die Art und Weise, wie sie Ereignisse antizipiert, psychologisch vermittelt und geprägt werden.

> **Die elf Korollarien (Kelly 1955; nach Westmeyer und Weber 2004; s. Rammsayer und Weber 2010):**
> - Konstruktions-Korollarium,
> - Individualitäts-Korollarium,
> - Organisations-Korollarium,
> - Dichotomie-Korollarium,
> - Wahl-Korollarium,
> - Bereichs-Korollarium,
> - Erfahrungs-Korollarium,
> - Modulations-Korollarium,
> - Fragmentations-Korollarium,
> - Ähnlichkeits-Korollarium und
> - Sozialitäts-Korollarium.

Konstrukte entstehen aus wiederholt gemachten Erfahrungen. Nach Kelly dienen Konstrukte vor allem dazu, künftige Erfahrungen vorherzusagen und somit (kognitive) Kontrolle über die Zukunft zu erlangen. Das Bedürfnis nach Kontrolle erachtet Kelly als die zentrale menschliche Motivation. Eine wichtige Differenzierung ist, wie die einzelnen Elemente konstruiert werden. Es gibt drei:
- Präemptives Konstrukt: Hier wird ein Element nur durch ein Konstrukt abgebildet, z. B. Examen = Belastung (positive Erfahrungen werden ausgeschlossen).

- Konstellatorisches Konstrukt: Hier wird eine Konstellation von Elementen als ein Konstrukt gesehen, z. B. Brillenträger = intelligent. Wenn also ein Merkmal gegeben ist, ist das andere Merkmal auch gegeben.
- Propositionales Konstrukt: Hier wird ein Element so eingeordnet, wie es aufgrund der Erfahrung möglich ist. Darüber hinaus gibt es keine Zuordnung.

- **Konstruktiver Alternativismus**

Kellys Annahme war, dass es zu jedem Konstrukt auch passende Alternativen gibt. Demzufolge ist ein Mensch also frei, seine eigenen Erfahrungen unterschiedlich zu konstruieren. Der Grundgedanke des konstruktiven Alternativismus findet sich vor allem in der sozial-kognitiven Lerntheorie wieder. Dort, wo das Bilden von alternativen Konstrukten eine tragende Rolle bei der effektiven Selbstregulation spielt (Mischel et al. 1996, s. Rammsayer und Weber 2010). Indem Personen Ereignissen unterschiedliche Bedeutung verleihen können, gewinnen sie Wahlmöglichkeiten und Freiheit (Cantor 1990; s. Higgins und Kruglanski 2000). Generell gilt die Fähigkeit zur kognitiven Umstrukturierung (und damit zur Schaffung alternativer Konstruktionen) als einer der Grundfähigkeiten der Emotionsregulation (z. B. Gross und Thompson 2007; s. Schlicht et al. 2008) und der Selbstregulation (Rammsayer und Weber 2010).

2.7 Selbstkonzept

2.7.1 Facetten des Selbstkonzepts

> **Die Frankfurter Selbstkonzeptskalen (s. Deusinger 1986) stellen insgesamt 10 Aspekte des Selbstkonzepts dar. Dazu gehören u. a. folgende Teilskalen:**
> - allgemeine Leistungsfähigkeit,
> - allgemeine Problembewältigung,
> - Verhaltens- und Entscheidungssicherheit,
> - Standfestigkeit gegenüber Gruppen und bedeutsamen Anderen,
> - Kontakt- und Umgangsfähigkeit und
> - Gefühle und Beziehungen zu anderen.

Nach Hazel Markus (1977), die vorschlug, das Selbstkonzept in diverse Selbstschemata zu untergliedern, ähnelt der Begriff des Selbstschemas weitgehend dem Begriff des Konstrukts von Kelly.

Markus (1977) geht davon aus, dass sich Personen darin unterscheiden, ob sie für ein bestimmtes Inhaltsgebiet oder ein bestimmtes Merkmal ein Selbstschema entwickelt haben. Sie geht ebenfalls davon aus, dass es Menschen gibt, die ein bestimmtes Merkmal bezugnehmend auf ein Selbstschemas entwickelt haben, und jene, die dies nicht getan haben. Beispiel: sportliche und unsportliche Personen. In ihren Forschungsarbeiten bat sie die Teilnehmer um zwei Einschätzungen:
- wie stark ist das Merkmal ausgeprägt und
- wie wichtig ist ihnen dieses Merkmal.

Schematische Personen (Selbstschema bzgl. des Merkmals aufgebaut) kennzeichnen sich dadurch, dass sie bezüglich des Merkmals signifikant hohe oder niedrige Werte angeben und dass ihnen dieses Merkmal subjektiv wichtig ist (z. B. sportaffin).

A-schematische Personen (kein Selbstschema bzgl. des Merkmals aufgebaut) kennzeichnen sich hingegen dadurch, dass sie in einem Merkmal entweder mittlere, d. h. unauffällige Werte angeben und/oder ihnen dieses Merkmal subjektiv nicht sehr wichtig ist (z. B. gelegentlich Sport treibende Menschen).

2.7.2 Funktion des Selbstkonzepts

Es wird angenommen, dass Selbstkonzepte bzw. Selbstschemata selbstbezogene Informationen strukturieren und so wie die Konstrukte bei Kelly die Grundlage für Bewertungen, Entscheidungen, Folgerungen oder Vorhersagen im Hinblick auf die eigene Person und die eigene Zukunft sind.

Wichtig dazu ist die Studie von Markus (1977), in der sie die Wirkung der Selbstschemata im Hinblick auf die Verarbeitung der selbstbezogenen Informationen dokumentierte.

2.7.3 Stabilität des Selbstkonzepts

Unterschiedliche Motive beeinflussen die Stabilität des Selbstkonzepts. Würde man Kellys (1980) Vorstellungen berücksichtigen, in denen er sagt, das ein experimenteller Umgang mit den eigenen Konstrukten ideal wäre, so wäre es optimal, wenn die Bereitschaft bestünde, Selbstschemata als Hypothese zu betrachten, sie an Erfahrungen zu überprüfen und gegebenenfalls zu verändern. So wären die Selbstschemata offen für Veränderungen.

2.8 Humanismus

2.8.1 Carl R. Rogers (1902–1987)

Rogers (1942, 2014) ist der Begründer der klientenzentrierten Gesprächstherapie.

Diese Definition von Therapie heißt, dass der Klient am besten weiß, was die entscheidenden Probleme sind und welche Veränderungen die Therapie bewirken soll. Nicht der Therapeut.

Der Therapeut unterstützt den Klienten lediglich und begegnet ihm mit den drei Grundsätzen (nach Rogers) in der Therapie:
- Wertschätzung,
- Empathie,
- Echtheit.

So kann sich der Klient freier äußern, Inkongruenzen zwischen Selbstkonzept und Selbsterfahrungen erkennen und schließlich sein Selbstkonzept neu organisieren.

Später erweiterte Rogers (1980, s. Rogers 2014) diesen Ansatz über den bisherigen Therapieansatz hinaus und machte dies zu einer allumfassenden Philosophie bzw. Sichtweise, welche sich auf den Alltagsbereich eines Menschen anwenden lässt, damit Wachstum als Entwicklungsziel eines Individuums, einer Gruppe oder einer großen Gemeinschatz im Vordergrund steht.

■ Real-Selbst und Ideal-Selbst

Nach Rogers (1959, s. Rogers 2014) ist das Selbst ein konstantes Muster von Wahrnehmungen, das durch eine interne Struktur charakterisiert ist. Dies bedeutet jedoch nicht, dass das Selbst deshalb starr und nicht veränderbar ist. Als Real-Selbst wird das Selbstkonzept bezeichnet, wie es von der betreffenden Person (zu einem bestimmten Zeitpunkt) als ihr tatsächliches Selbst erlebt wird, wohingegen unter Ideal-Selbst das Selbstkonzept verstanden wird, das die Person am liebsten besitzen würde. Gestörte oder fehlangepasste Personen kennzeichnen sich durch eine im Vergleich zu gesunden oder voll funktionierenden Person durch eine wesentlich größere Diskrepanz zwischen Real-Selbst und Ideal-Selbst.

2.8.2 Abraham H. Maslow (1908–1970)

Jedem Menschen schreibt Maslow ein positives Wachstumspotenzial zu. Psychische Störungen und Fehlentwicklungen der Persönlichkeit, die dazu führen, dass sich dieses Potenzial nicht vollends entfalten kann, liegen nach seiner Auffassung ursächlich in Enttäuschungen und Einschränkungen, die häufig von einer menschenfeindlichen Gesellschaft vermittelt werden.

Maslow unterscheidet grundsätzlich zwischen physiologischen und psychologischen Bedürfnissen des Individuums. Die Befriedigung biologischer Grundbedürfnisse (z. B. Nahrung, Schlaf, Sexualität) ist notwendig, um das Überleben des Organismus oder der Gattung sicherzustellen.

Darüber hinaus existieren psychologische Bedürfnisse, deren Befriedigung das Individuum in die Lage versetzt, sein eigenes Wachstumspotenzial zu realisieren und eine zunehmende Selbstverwirklichung zu erreichen. Dazu gehören z. B. das Bedürfnis nach Sicherheit, Zugehörigkeit, Liebe, Achtung sowie Selbstverwirklichung. Dies hat Maslow in einer Pyramide dargestellt (sog. Bedürfnispyramide ◘ Abb. 1.3).

Die physiologischen Bedürfnisse, die Sicherheit, Zugehörigkeit und Liebe sowie die Achtung gehören zu der Gruppe der Mangelbedürfnisse.

Die Achtung (auch hier) und die Selbstverwirklichung gehören zu den Wachstumsbedürfnissen. Maslow trifft folgende Grundannahmen:
- Alle Bedürfnisse in der Pyramide sind angeboren.
- Je höher ein Bedürfnis in der Hierarchie angesiedelt, desto schwächer ist seine instinkthafte Natur und desto später wird es im Laufe der Persönlichkeitsentwicklung wirksam.
- Ein Bedürfnis auf einer höheren Stufe kann sich erst dann entwickeln, wenn die Bedürfnisse auf darunter liegenden Stufen bereits befriedigt wurde.
- Höhere Bedürfnisse werden subjektiv als weniger drängend erlebt.
- Je höher ein Bedürfnis, desto weniger wichtig ist es für das bloße Überleben und desto eher kann seine Befriedigung zurückgestellt werden.

Die Kritik an diesem Modell basiert hauptsächlich auf dem Nachweis der Theorie in der Empirie. Außerdem werden in manchen Situationen höhere Bedürfnisse, wie beispielsweise die Selbstverwirklichung, in den Vordergrund gestellt. So geschieht es, dass Demonstranten in einen Hungerstreik treten, denn auch eine Kulturabhängigkeit der verschiedenen Bedürfnisse wird in diesem Modell nicht bedacht.

Wachstumsbedürfnisse folgen dem Prinzip der Heterostase. Dies nennt sich auch Veränderung unseres Sollwertes. Ein Mensch möchte sich immer weiter entwickeln und versucht, sich stets weiter zu vervollkommnen. Ein Endzustand wird also nie erreicht.

2.9 Konstitutionspsychologische Ansätze

Wichtige Persönlichkeit ist hier Emil Kraepelin (1856–1926). Ausgehend von Kraepelins (1899) Unterscheidung von zwei Formen der endogenen Psychose, nämlich der Schizophrenie und der

leptosomer Typ (leptos = fein)	athletischer Typ (athletikos = zum Wettkampf geeignet)	pyknischer Typ (pyknos = dicht, fest)
Schizophrenie	Epilepsie	Depression - Manie
schizothymes Temperament	visköses Temperament	zyklothymes Temperament

◖ **Abb. 2.1** Konstitutionstypen (siehe Kretschmer 1977)

manisch-depressiven Erkrankung, fiel Kretschmer die unterschiedliche Verteilung der Körperbauformen auf diese beiden Krankheitsgruppen auf. Viele schizophrene Patienten waren schmal und groß, während die manisch-depressiven Patienten eher rundlich-breitwüchsige Personen waren.

Später bezog Kretschmer (1977) noch die Epilepsie mit ein. So unterschied er die drei Konstitutionstypen, denen er später noch jeweils spezifische Temperaments- und Charaktereigenschaften zuordnete (◖ Abb. 2.1).

Der erste Typ ist der leptosome Typ. Dieser ist gekennzeichnet durch ein geringes Breitenwachstum bei relativ großem Längenwachstum. Hier handelt es sich um einen mageren Menschen mit dünnen Armen, knochigen Händen und langem flachen Brustkorb. Der zweite Typ nennt sich pyknischer Typ. Er weist einen starken Umfang von Kopf, Brust und Bauch sowie eine Tendenz zum Fettansatz am Körperstamm auf. Er ist sehr gedrungen, besitzt einen stattlichen Fettbauch sowie ein weiches, breites Gesicht und einen kurzen, breiten Hals. Der Athletiker ist der dritte Typ. Er ist mittel bis hoch gewachsen und besitzt breite Schultern sowie einen ausgeprägten Brustkorb und straffen Bauch. Auffällig ist die Derbheit der Haut.

Der dysplastische Typ ist ein Spezialtyp. Verschiedene kleine Gruppen werden hierunter zusammengefasst. Diesem Typ liegen angeborene oder erworbene (teilweise krankhafte) Formstörungen zugrunde, und er weist Körperformen mit Über- oder Unterentwicklung einzelner Körperregionen bei normaler Entwicklung des übrigen Körpers auf. Dies kann z. B. Riesen- bzw. Zwergwuchs sein, eine unter- oder überdurchschnittliche Ausbildung der Extremitäten, abnorme Behaarung sowie weibliche Züge beim Mann oder männliche Züge bei einer Frau.

2.9.1   Temperaments- und Charaktertypen

Unter Temperament versteht Kretschmer umweltstabile Persönlichkeitsmerkmale, und unter dem Charakter Merkmale, die nachgiebig sind und so einem gewissen Umwelteinfluss unterliegen (◖ Tab. 2.1).

Der schizothyme Temperamentstyp wird als feinfühlig, empfindlich, eigenwillig, ungesellig und still beschrieben und den Leptosomen zugeordnet.

Der zyklothyme Temperamentstyp, der den Pykniker kennzeichnet, wird als gesellig, freundlich, heiter, gutherzig, gemütlich, humorvoll, lebhaft, hitzig, still und schwernehmend bezeichnet.

Der bradykinetische Temperamentstyp wird als ruhig, ernsthaft, langsam und bedächtig beschrieben und zeichnet sich durch eine geringe Reizempfindlichkeit, aber starke Beharrungstendenz aus. Dieses Temperament wird auch als viskös bezeichnet, welche zu den Athleten gehört.

◻ **Tab. 2.1** Konstitutions- und Temperamentstypen nach Kretschmer (1977) (s. Kretschmer 1977)

Konstitutionstyp	Temperamentstyp		
	Normal/gesund	**Grenzbereich**	**Psychische Störung**
Leptosom	Schizothym	Schizoid	Schizophren
Pyknisch	Zyklothym	Zykloid	Manisch-depressiv
Athletisch	Bradykinetisch	Epileptoid	Epileptisch

2.10 Eigenschaftstheorien

2.10.1 Das Drei-Faktoren-Modell der Persönlichkeit von Eysenck

Als grundsätzliche biologische Basis der Persönlichkeit nahm Hans-Jürgen Eysenck (1916–1997) spezifische Merkmale des zentralen Nervensystems an, die eine Person dazu veranlassen, in einer bestimmten sozialen Situation auf eine ganz bestimmte – individuelle – Art und Weise zu reagieren. Diese Theorie wird als Bindeglied zwischen biologischen und sozialen Determinanten des Verhaltens gesehen.

Eysenck hat drei grundlegende Persönlichkeitsdimensionen herausgearbeitet. Seine ersten beiden waren Extraversion/Introversion und Neurotizismus, und später hinzu kam der Psychotizismus.

Extravertierte Personen sind eher gesellig, lebhaft, aktiv, unternehmungslustig, selbstsicher, optimistisch und aufbrausend, während introvertierte Personen eher zurückhaltend, schweigsam, verschlossen, introspektiv und zurückgezogen sind und dazu neigen, ihre Gefühle unter Kontrolle zu halten.

Neurotizismus wird als ein Zeichen von emotionaler Labilität und einer extremen Reaktionsbereitschaft des autonomen Nervensystems betrachtet. Dies macht sich in einer starken Tendenz zu emotionaler Überempfindlichkeit, Ängstlichkeit, Schuldgefühlen, Deprimiertheit und geringem Selbstwertgefühl bemerkbar.

Psychotizismus ist mit einer starken Tendenz zur Ich-Bezogenheit gekennzeichnet. Menschen mit einem hohen Psychotizismuswert kümmern sich nicht um soziale Normen, sind wenig anpassungsbereit, gefühlsarm, impulsiv und aggressiv, besitzen aber auch ein hohes kreatives Potenzial.

2.10.2 Der psycholexikalische Ansatz

Es handelt sich um Persönlichkeitsmerkmale, vor allem solche, die einen besonders hohen Stellenwert einnehmen und auch in der Alltagssprache Eingang finden. Je mehr Bedeutung einem Persönlichkeitsmerkmal zugeschrieben wird, desto größer ist auch die Wahrscheinlichkeit, dass sich ein Wort bzw. Begriff herausbildet, der dieses Persönlichkeitsmerkmal auf der sprachlichen Ebene beschreibt.

Ausgehend von dieser Annahme sagte man, dass die Analyse eines Wortschatzes einer Sprache Informationen über die Struktur der Persönlichkeit geben könne.

Francis Galton (Rammsayer und Weber 2010) begann, Begriffe zur Beschreibung der Persönlichkeit zu identifizieren, und diese relativ unsystematische Vorgehensweise ergab ca. 1000 Wörter. Ludwig Klages (Rammsayer und Weber 2010) entwickelte langsam den psycholexikalischen Ansatz und fand in der deutschen Sprache ca. 4000 Wörter. Franziska Baumgarten (Rammsayer und Weber 2010) untersuchte als erste systematisch Lexika. Sie suchte Begriffe aus diesen zusammen und aus Veröffentlichungen deutscher Charakterologen. So konnte sie ca. 1600 Begriffe herausschreiben.

Als ein Meilenstein wurde jedoch dann die Studie von Gordon W. Allport und Henry S. Odbert (Rammsayer und Weber 2010) betrachtet, die bei der Durchsicht des Webster's New International Dictionary aus dem Jahr 1925 ca. 18.000 Begriffe fanden, die sie in vier Kategorien einordneten:

- Persönlichkeitsmerkmale (4505 Begriffe),
- aktuelle Befindlichkeit (4541 Begriffe),
- Bewertungen (5226 Begriffe) und
- Restkategorie (3682 Begriffe).

Raymond B. Cattell begann in den 1940er-Jahren, die Listen von Allport und Odbert mittels der Faktorenanalyse (▶ Kap. „Statistik") die Listen zu kürzen. Später konnten immer wieder die gleichen fünf Persönlichkeitsfaktoren nachgewiesen werden, die im Modell von Costa und McCrae aus dem Jahr 1997 (s. McCrae und Costa 2005) sehr popularisiert wurden und heute unter dem Begriff „Big Five" bekannt sind:

- Neurotizismus,
- Extraversion,
- Offenheit für Erfahrungen,
- Verträglichkeit und
- Gewissenhaftigkeit.

2.10.3 Die Big-Five-Faktoren und ihre Facetten nach Costa und McCrae (1997) (s. McCrae und Costa 2005)

Costa und McCrae erreichten es im Jahre 1997, fünf polarisierende Merkmale statistisch herauszufiltern (s. McCrae und Costa 2005). Diese fünf Begriffe wiederholten sich des Öfteren in den Selbst- und Fremdbeurteilungen der Probanden. Um zukünftig die Ausprägung der Big Five methodisch erheben zu können, entwarfen Costa und McCrae den NEO-FFI. Der NEO-FFI ist die verkürzte, aber öfter verwendete Version des NEO-PI-R. Der NEO-FFI gilt als Persönlichkeitstest, ist durchschnittlich binnen zehn Minuten beantwortet und kann, dank einer Auswertungsschablone, schnell von einer qualifizierten Fachkraft ausgewertet werden.

- Neurotizismus: Ängstlichkeit, Reizbarkeit, Depression, soziale Befangenheit, Impulsivität, Verletzlichkeit.
- Extraversion: Herzlichkeit, Geselligkeit, Durchsetzungsfähigkeit, Aktivität, Erlebnissuche, positive Emotionen.
- Offenheit für Erfahrungen: Offenheit für Fantasie, Ästhetik, Gefühle, Handlungen, Ideen, Werte- und Normsysteme.
- Verträglichkeit: Vertrauen, Freimütigkeit, Altruismus, Entgegenkommen, Bescheidenheit, Gutherzigkeit.
- Gewissenhaftigkeit: Kompetenz, Ordnungsliebe, Pflichtbewusstsein, Leistungsstreben, Selbstdisziplin, Besonnenheit.

2.11 Zusammenfassung

- **Sigmund Freud**

Die Struktur der Persönlichkeit besteht, laut Freud, aus dem Es, Ich und Über-Ich. Das Es bedient sich der Triebe und folgt dem Lustprinzip des Menschen. Das Ich nennt man auch den Akteur zwischen Es und Über-Ich, und das Über-Ich wird bezeichnet als die moralische Instanz. Es repräsentiert unsere Werte und Normen und die unserer Gesellschaft. Freud definierte ebenfalls diverse Arten der Angst: Realangst, neurotische Angst und moralische Angst. Ängste sind für das Ich eine sehr traumatische Erfahrung, deshalb möchte sich das Ich schützen und setzt Abwehrmechanismen ein oder den Vorgang der Sublimierung. Alle Abwehrmechanismen weisen zwei typische Merkmale auf: Auf der einen Seite verleugnen oder verzerren sie unsere missglückte Tat, und auf der anderen Seite sind wir uns nicht bewusst, dass wir Abwehrmechanismen einsetzen. Außerdem wichtig ist Freuds Phasenlehre. Primär startet die orale Phase, gefolgt von der analen und dann phallischen Phase, schlussendlich die Latenzphase. Diese Phasen sind laut Freud ein wichtiger Bestandteil der Entwicklung unserer späteren Persönlichkeit.

- **Psychoanalyse**

Ein wichtiger Vertreter war Alfred Adler (1870–1937). Neben der Individualpsychologie postulierte Adler den Ansatz, dass Menschen das Gemeinschaftsgefühl angeboren ist und die Einbindung in die Gemeinschaft eine Bewältigung der Schwäche bedeutet. Ein anderer wichtige Name in der Psychoanalyse ist Heinz Kohut (1913–1981). Kohut ergänzte das Bild von Freud und den drei Instanzen (Es, Ich, Über-Ich) durch eine Addition des unabhängigen Selbst und prägte den Begriff der Selbstpsychologie. Darüber hinaus war Kohut einer der ersten, der den Narzissmus aufarbeitete und sagte, dass der Narzissmus selbst ein wichtiger Bestandteil in der Entwicklung der Persönlichkeit und für ein späteres stabiles Selbst zentral sei. Außerdem gab es John Bowlby (1907–1990), den Begründer einer Bindungstheorie. Unterstützt wurde Bowlby maßgeblich von der Psychologin Mary Ainsworth (1913–1999). Beide zusammen entdeckten folgende Bindungsstile: sicher, unsicher-vermeidend, unsicher-ambivalent und desorientiert-desorganisiert.

- **Behaviorismus**

Zum einen gab es John B. Watson (1878–1958). Der Behaviorismus lehnt die Methode von Freud ab und fokussiert sich auf das beobachtbare Verhalten und dessen Abhängigkeit von physikalischen Bedingungen, die Watson als Reize oder Stimuli benannte. Behavioristen schauen, wie der menschliche Organismus im Ganzen funktioniert. Die Verhaltenstheorie von Clark L. Hull (1884–1952) befasst sich vor allem mit Motivation, dem Streben nach bestimmten Zielen und dem Lernen durch bestimmte Reiz-Reaktions-Verknüpfungen. Auch Hull greift (1943), wie Watson, auf die evolutionsbasierte Theorie zurück, dass bereits bei der Geburt diverse Verhaltensweisen bestehen. Burrhus F. Skinner (1904–1990) war hauptsächlich Forscher der operanten Konditionierung. Er prägte u. a. die Begriffe positive und negative Verstärkung, Bestrafung, Extinktion und diverse Verstärkerpläne.

- **Soziale Lerntheorie**

Albert Bandura (geb. 1925) nennt die Einflussfaktoren des menschlichen Verhaltens, die der Person selbst und der sozialen Umwelt obliegt. Bandura sieht beim Lernen am Modell die wesentliche Quelle erworbener Verhaltensmuster. Er prägte vier Prozesse, die auf ein späteres Verhalten einwirken: Aufmerksamkeit, Speicherung, Produktion, Motivation. Darüber hinaus trennt Bandura strikt zwischen Erlernen/Studieren von Verhalten und der tatsächlichen Anwendung gelernter Verhaltensmuster, durch Motivation gesteuert. Walter Mischel (geboren 1930) postuliert, dass das bestehende Wissen der Person und der Einfluss der Persönlichkeitsmerkmale auf Lernprozesse und Prozesse der Verhaltensregulation angewendet wird. So prägte er das „kognitiv-affektive Persönlichkeitssystem" (CAPS). Dies wird in fünf Unterpunkte geteilt: Enkodierungen, Erwartungen und Überzeugungen, Affekte, Ziele und Werte, Kompetenzen und Pläne zur Selbstregulation.

- **Kognitive Ansätze**

George A. Kelly (1905–1966) prägte den Begriff des Konstruktivismus. Nach Kelly dienen Konstrukte, die entweder präemptiv, konstellatorisch oder propositional sind, vor allem dazu, künftige Erfahrungen vorherzusagen und somit (kognitive) Kontrolle über die eigene Zukunft zu erlangen. Zudem postulierte er, dass die Verhaltensprozesse eines Menschen durch die elf Korollarien bestimmt werden.

- **Selbstkonzept**

Hazel Markus schlug vor, das Selbstkonzept in diverse Selbstschemata zu untergliedern. Der Begriff des Selbstkonzepts ähnelt weitgehend dem Begriff des Konstrukts von Kelly. Das Selbstkonzept wird in zehn Facetten unterteilt, u. a. in die Beziehung und Gefühle zu anderen, Kontakt- und Umgangsfähigkeit, allgemeine Leistungsfähigkeit, Problembewältigung etc. Darüber hinaus wird unterschieden zwischen schematischen und a-schematischen Personen.

- **Humanismus**

Carl R. Rogers (1902–1987) sagt mit seinem klientenzentrierten Gesprächstherapie-Ansatz, dass es in erster Linie um die subjektive Welt- und Problemsicht des Klienten geht. Drei Grundsätze müssen in der Therapie immer gelten: Empathie, Wertschätzung und Echtheit. Darüber hinaus unterschied Rogers zwischen dem Real- und dem Ideal-Selbst einer Person. Ein weiterer wichtiger Vertreter des Humanismus war Abraham H. Maslow (1908–1970). Maslow ist hauptsächlich für seine Bedürfnispyramide bekannt. Diese ist bereits in der Zusammenfassung des ersten Kapitels dargestellt.

- **Eigenschaftstheorien**

Initiiert wurde dies durch das Drei-Faktoren-Modell der Persönlichkeit von Hans Jürgen Eysenk (1916–1997). Diese drei Faktoren sind: Neurotizismus, Extraversion/Introversion und Psychotizismus. Der psycholexikalische Ansatz von Cattell, Allport und Odbert führte anhand einer Faktorenanalyse zu den sog. Big Five, die mithilfe des Tests NEO-FFI erfasst werden können. Sie lauten: Neurotizismus, Extraversion, Offenheit für Erfahrungen, Gewissenhaftigkeit, Verträglichkeit.

2.12   Fragen

1. Erklären Sie die Phasenlehre von Freud.
2. Wie wirkt sich die Sublimierung aus?
3. Beschreiben Sie die Idee des Selbstkonzeptes.
4. Erklären Sie den Zusammenhang zwischen dem Körperbau eines Menschen und der Art seiner psychischen Störung nach Kretschmer.
5. Was erklären die wichtigen Big Five?

Literatur

Verwendete Literatur

Bandura, A. (1991). *Sozial-kognitive Lerntheorie*. Stuttgart: Klett-Cotta.

Brenner, C. (1997). *Grundzüge der Psychoanalyse*. Frankfurt am Main: Fischer.

Deusinger, I. M. (1986). *Die Frankfurter Selbstkonzeptskalen (FSKN); Handanweisung*. Göttingen: Hogrefe.

Freud, A., Bibring, E., & Kris, E. (Hrsg.). (2001). *Sigmund Freud – Gesammelte Werke in achtzehn Bänden*. Frankfurt a. M.: S. Fischer.

Higgins, E. T., & Kruglanski, A. W. (2000). *Motivational Science: Social and Personality Perspectives*. London: Psychology Press.

Hull, C. L. (1952). *Behaviour System: An Introduction to Behaviour Theory Concerning the Individual Organism*. Santa Barbara: Greenwood Press.

Kelly, G. A. (1955). *The psychology of personal constructs* Bd. I, II. New York City: Norton.

Kelly, GA. (1980). A psychology of the optimal man. In AW. Landfield, & LM. Leitner (Hrsg.), *Personal construct psychology: Psychotheraphy and personality*(pp 18–35. New York: Wiley Press.

Kraepelin, E. (1899). *Psychiatrie. Ein Lehrbuch für Studierende und Ärzte* (6. Auflage). Leipzig: J.A. Barth.

Kretschmer, E. (1977). *Körperbau und Charakter. Untersuchungen zum Konstitutionsproblem und zur Lehre von den Temperamenten* (26. Auflage). Berlin: Springer Verlag.

Lohaus, A., Vierhaus, M., & Maass, A. (2010). *Entwicklungspsychologie* (18. Aufl.). Heidelberg: Springer.

Markus, H. R. (1977). Self-schemata and processing information about the self. *Journal of Personality and Social Psychology, 35*, 63–78.

Mc Crae, R., & Costa, P. T. Jr. (2005). *Personality in Adulthood: A Five-Factor Theory Perspective* (2. Aufl.). New York: Guilford Press.

Rammsayer, T., & Weber, H. (2010). *Differentielle Psychologie – Persönlichkeitstheorien*. Göttingen: Hogrefe.

Rogers, C. (1942). *Die nicht direktive Beratung. Counselling and Psychotherapy*. Frankfurt a. M.: S. Fischer.

Rogers, C. (2014). *Entwicklung der Persönlichkeit: Psychotherapie aus der Sicht eines Therapeuten* (19. Aufl.). Stuttgart: Klett-Cotta.

Schlicht, W., Strauss, B., & Birbaumer, N. (2008). *Enzyklopädie der Psychologie. Themenbereich D: Praxisgebiete Sportpsychologie, Grundlagen der Sportpsychologie*. Göttingen: Hogrefe.

Weiterführende Literatur

Maltby, J., Day, L., & Macaskill, A. (2011). *Differentielle Psychologie, Persönlichkeit und Intelligenz* (2. Aufl.). München: Pearson.

Margraf, J., & Schneider, S. (2009). *Lehrbuch der Verhaltenstherapie* (3. Aufl.). Bd. 1. Heidelberg: Springer.

Mertens, W. (2004). *Psychoanalyse: Geschichte und Methoden* (3. Aufl.). München: Beck.

Meynhardt, T. (2002). *Interkulturelle Differenzen im Selbstkonzept von Managern*. Münster: Waxmann.

Schmitt, M., & Altstötter-Gleich, C. (2010). *Differentielle Psychologie und Persönlichkeitspsychologie kompakt*. Weinheim: Beltz.

Simon, F. B. (2014). *Einführung in Systemtheorie und Konstruktivismus* (7. Aufl.). Heidelberg: Auer.

Biologische Psychologie I

Christina von der Assen

3.1   **Einführung** – 67

3.2   **Stress und Emotionen** – 67
3.2.1   Ablauf einer Stresssituation – 67
3.2.2   Einflussfaktoren der HHNA – 68

3.3   **Neurotransmission** – 68
3.3.1   Natrium-Kalium-Pumpe – 69
3.3.2   Neuronale Transmission – 69

3.4   **Synapsen** – 71
3.4.1   Die chemische Synapse – 71
3.4.2   Stimulation und Hemmung – 71
3.4.3   Summation und Bahnung – 72
3.4.4   Neuromuskuläre Endplatte – 72
3.4.5   Der Ablauf dieses Aktionspotenzials – 72
3.4.6   Das Schlüssel-Schloss-Prinzip – 72

3.5   **Muskelphysiologie** – 73
3.5.1   Skelettmuskulatur – 73
3.5.2   Herzmuskulatur – 74
3.5.3   Glatte Muskulatur – 74
3.5.4   Gleitfilamenttheorie – 74
3.5.5   Die elektromechanische Koppelung – 75
3.5.6   Agonist – Antagonist – 75
3.5.7   Formen der Muskelkontraktion (Muskelmechanik) – 76

3.6   **Neuroanatomie** – 76
3.6.1   Langzeitpotenzierung – 76
3.6.2   Die Anatomie des Gehirns – 76
3.6.3   Verschiedene Teile des Hirns – 78

C. von der Assen, *Crash-Kurs Psychologie*,
DOI 10.1007/978-3-662-43359-1_3, © Springer-Verlag Berlin Heidelberg 2016

3.7   **Reflexe, zentrales Nervensystem,**
            peripheres Nervensystem – 79
3.7.1   Reflexe – 79
3.7.2   Zentrales und peripheres Nervensystem – 80
3.7.3   Eigenständiges Darmnervensystem – 81

3.8   **Endokrinologie – 81**
3.8.1   Die drei Hormonklassen – 81
3.8.2   Formen der chemischen Kommunikation – 82
3.8.3   Die Rolle des Hypothalamus – 83

3.9   **Herz- und Kreislaufphysiologie – 85**
3.9.1   Das Herzkreislaufsystem – 85
3.9.2   Der Blutkreislauf – 85

3.10   **Zusammenfassung – 86**

3.11   **Fragen – 88**

            Literatur – 88

Dieses Kapitel gibt eine Einführung in die Biologische Psychologie. Inhalte sind z. B. die Neuroanatomie, der menschliche Muskelapparat, die wichtigsten Hormonabläufe und vieles mehr.

3.1 Einführung

Die Biologische Psychologie befasst sich mit der Verbindung zwischen biologischen Prozessen und menschlichem Verhalten, Erleben und Wahrnehmung.

Biologische Vorgänge werden auf Verhalten, Emotionen und Denkprozesse adaptiert sowie der Einfluss von psychologischen Vorgängen und Prozessen auf biologische Strukturen.

Die Biologische Psychologie postuliert, dass körperliche Prozesse Basisvorgänge des psychischen Geschehens sind. Unsere körperlichen Abläufe umfassen neuronale, hormonelle und biochemische Mechanismen.

3.2 Stress und Emotionen

Wir trennen zwischen der alten Definition, die einerseits lebensnotwendig und gesunderhaltend (Eustress) und andererseits krankmachend (Distress) ist. In der heutigen Zeit trennen wir zwischen Anstrengung/Effort (Sympathikus) und Überlastung und unangenehm erlebten Stress.

Nach wie vor ist unklar, wie Stressreiz individuell beantwortet wird. Die physiologische Stressreaktion ist die zweckmäßige Antwort des Organismus im „Kampf" gegenüber inneren und äußeren Reizen (Stressoren). Stress bezieht sich auf eine Situation, in der der Organismus unter erhöhter Belastung steht und Anpassungsreaktionen nötig sind.

Stressoren sind stressauslösende (belastende, evtl. schädliche) Ereignisse (physisch oder psychisch) z. B. Hunger, Hitze, Trauer, Wunden, Freude und Leistungsdruck.

Eine Stressreaktion ist die Veränderung psychischer oder biologischer Funktionen, zum einen die Bereitstellung von Energie und Aktivierung und zum anderen die Aktivierung zweier gleichzeitig agierenden Reaktionsketten: Hypothalamus-Hypophysen-Nebennierenrinde (GC) und Sympathikus – Nebennierenmark (AD und NA).

Grundlegende Regulationssysteme dieser Anpassungsreaktion sind vegetatives Nervensystem, Hormonsystem und Immunsystem im komplexen Zusammenspiel mit der Psyche (Psychoneuroimmunologie; s. Gerrig und Zimbardo 2008).

3.2.1 Ablauf einer Stresssituation

Es kommt eine Bedrohung und Gefahr auf uns zu, und eine Stresssituation entsteht. Einerseits entsteht ein autonomes System (SAM = sympatho-adrenomedullär), und die Hormone Noradrenalin und Adrenalin werden ausgeschüttet. Andererseits wird die Hypothalamus-Hypophysen-Nebennierenrindenachse (HHNA) als endokrines System aktiviert. Die Hormone CRH, ACTH und Cortisol werden ausgeschüttet.

Die HHNA ist zuständig für die Regulation der Ausschüttung von Hormonen. In der Cerebrospinalflüssigkeit (aus Gehirn und Rückenmark), im Blut (freier und gebundener Hormonanteil), im Speichel (nur freier Hormonanteil), im Urin und im Haar können diese Hormone nachgewiesen werden.

◘ Tab. 3.1 Reaktionen auf Langzeitstress (siehe Sonnenschmidt 2013)

Stressreaktion	Folgen von Langzeitstress
Freisetzen von Energie	Diabetes, Verfettung
Erhöhte kardiovaskuläre und kardiopulmonale Aktivität	Bluthochdruck
Hemmung der Verdauung	Geschwüre
Hemmung des Wachstums	Zwergenwuchs, Knochenfehlbildung
Hemmung der Reproduktion	Impotenz, Verlust der Libido
Hemmung des Immunsystems	Verringerte Krankheitsresistenz
Analgesie	Apathie
Neuronale Reaktionen	Neuronale Degeneration im Alter

Akuter Stress ruft physiologische Veränderungen im Körper hervor und bereitet den Organismus in optimaler Weise auf den Stressor und dessen Bewältigung vor („Fight-or-Flight"). Dies führt zur Energiemobilisierung und Aktivierung des Immunsystems.

Chronischer Stress führt zu einer verringerten Aktivität und Reaktivität der endokrinen Stressachse. Immunfunktionen werden im Gegensatz zu akutem Stress unterdrückt, und körperliche Systeme können dabei Schaden erleiden (Gerrig und Zimbardo 2008).

3.2.2 Einflussfaktoren der HHNA

Auf die HHNA wirken verschiedene Faktoren ein: chronischer Stress, genetische Prädisposition, pränatale Faktoren, frühe Erfahrungen, das Geschlecht und weitere Faktoren wie das Alter, Nikotin und der BMI.

Egal, was uns stresst, die Stressreaktion verläuft immer gleich. Die Stressreaktion verläuft über zwei gleichzeitig ablaufende, aber unterschiedliche Systeme: die HHN-Achse und das sympathische System. Durch die sympathische Aktivierung werden AD und NA ausgeschüttet, was zu einer „gesunden Erregung" führt. Durch die HHN-Aktivierung werden GC ausgeschüttet, die bei langfristiger Aktivierung, bedingt durch „Dauerstress", zu negativen gesundheitlichen Konsequenzen führen (Rüegg 2007; ◘ Tab. 3.1).

3.3 Neurotransmission

Beim gesunden Menschen gibt es bis ins hohe Alter keinen nennenswerten Verlust an Neuronen.

Der Verzweigungsgrad der Nervenfortsätze (Dendriten) nimmt im Verlauf des Lebens deutlich zu (ein Effekt, der beim Lernen neuen Materials beobachtet wird).

Ein maximales Ausmaß wird oft erst in einem Alter von 70 oder mehr Jahren erreicht. Die praktische Konsequenz dessen ist Umlernen, wie es z. B. in der Psychotherapie erfolgt. Ein Umlernen ist, auch wenn es langsamer geschieht, bis ins hohe Alter möglich (Schneider 2012).

■ Tab. 3.2 Arten von Neurotransmittern (siehe Köhler 2003)	
Aminosäuren	Glutamat Aspartat Glycin GABA
Monoamine – Katecholamine	Dopamin Adrenalin Noradrenalin
Monoamine – Indoleamine	Serotonin
Lösliche Gase	Stickstoffmonoxid Kohlenmonoxid
Acetylcholin	Acetylcholin
Neuropeptide	Endorphine Andere Neuropeptide

3.3.1 Natrium-Kalium-Pumpe

Im und außerhalb des Neurons befinden sich gelöste Salze, also positiv und negativ geladene „Teilchen": Natriumionen (Na^+), Kaliumionen (K^+), Chloridionen (Cl^-) und Proteinionen (x^+).

Es befinden sich mehr Na^+- und Cl^--Ionen außerhalb als innerhalb des Neurons und mehr K^+-Ionen und negativ geladene Proteine innerhalb als außerhalb des Neurons.

Aufgrund der Verteilung der geladenen Teilchen besteht eine spezifische elektrische Ladung inner- und außerhalb der Zelle. Die Differenz der Ladung (intra- vs. extrazellulär) beträgt $-70\,mV$. Die Ladungsdifferenz sowie die ungleiche Verteilung der Ionen bewirkt, dass sie ständig in Bewegung sind, also angezogen bzw. abgestoßen werden. Die Konzentrationsgradienten der K^- und Na-Ionen entsprechen nicht der Ruhepotenzialdifferenz von $-70\,mV$. Folglich treibt es die K^+-Ionen aus der Zelle hinaus und die Na^+-Ionen in die Zelle hinein, aber nicht mehr zurück. Um das Gleichgewicht zu bewahren, bedarf es der sog. Natrium-Kalium-Pumpe (Wellhöfer 1990).

3.3.2 Neuronale Transmission

Neurotransmitter wirken exzitatorisch, d. h. sie depolarisieren postsynaptische Nervenzellen, indem deren Ruhepotenzial herabgesetzt wird, z. B. auf $-62\,mV$. Außerdem aktivieren sie eine Nervenzelle zum „feuern" (Schneider 2012).

Neurotransmitter wirken auch inhibitorisch, d. h. sie hyperpolarisieren postsynaptische Nervenzellen, indem deren Ruhepotenzial heraufgesetzt wird, z. B. auf $-75\,mV$, und besitzen eine hemmende Wirkung. Im Folgenden werden die Neurotransmittergruppen und die dazugehörenden Botenstoffe erklärt (■ Tab. 3.2).

Die Transmitter Dopamin, Noradrenalin und Adrenalin werden zur Gruppe der Katecholamine zusammengefasst, da sie alle aus der Aminosäure Tyrosin gebildet werden.

Es gibt 5 Subtypen für Dopaminrezeptoren. Die Fokussierung gilt den zwei Zellgruppen, die Dopamin produzieren: Das mesostriatale System entspringt im Mittelhirn und innerviert weiterhin das Striatum (Putamen und Nucleus caudatus). Bei Verlust dieser Nervenzelle kommt es zur Parkinson-Krankheit, denn die wesentliche Rolle liegt bei der motorischen Kontrolle. Das mesolimbocortikale System entspringt ebenfalls im Mittelhirn und projiziert zum limbischen System und zum Cortex. Eine Überaktivität korreliert mit dem Auftreten einer Schizophrenie. Das Dopaminrelease steht im Zusammenhang mit kognitiven Funktionen (verbales Lernen).

- **Katecholamine – Noradrenalin**

Produzierende Neurone sind hauptsächlich in drei Gebieten vorhanden. Im Locus coeruleus, in der Pons (Brücke), im lateralen Tegmentum im Mittelhirn und in der dorsalen Medulla. Projektionen finden statt im Cortex, Thalamus, Kleinhirn und Rückenmark. Einfluss haben diese Neuronen auf behaviorale und physiologische Prozesse (z. B. Stimmung, Arousal, Sexualverhalten; Van Aken 2001).

- **Indoleamine – Serotonin**

Nervenzellen treten konzentriert im Raphe-Kern des Mittelhirns und im Hirnstamm auf. Indolamine innervieren in die Funktionen von Schlaf, Stimmung und Angst. Drogen, die die Aktivität von Serotonin erhöhen, sind unter anderem effektive Antidepressiva (Bährle-Rapp 2007).

- **Aminosäuren**

Effekte dieser Neurotransmitter sind Glutamat und Aspartat (exzitatorisch) sowie GABA und Glyzin (inhibitorisch).

Die Glutamattransmission innerviert verschiedene Rezeptoren: AMPA RT, Kainat RT sowie NMDA RT und wird assoziiert mit Exitoxität, d. h. eine neuronale Verletzung (wie Schlaganfall) führt zu einem massiven Glutamatausstoß, was zu einer verlängerten Depolarisation der postsynaptischen Zelle führt. Dies führt dann zum Tod dieser Zelle. Anliegende Astrozyten sind verantwortlich für die Aufnahme von Glutamat nach synaptischer Transmission. NMDA-(N-methyl-D-Aspartat) und AMPA-(α-Amino-3-Hydroxy-5-Methyl-4-Isoxazole-Propionische-Säure)-Rezeptoren spielen eine Rolle bei Lernvorgängen.

GABA-Rezeptoren sind GABAA (ionotrop), GABAB (metabotrop) und GABAC (ionotrop). GABA-Agonisten sind Beruhigungsmittel. Inverse Agonisten der GABA-Rezeptoren können Anfallsleiden hervorrufen.

Peptide, die als Neurotransmitter wirken, können opioide Peptide, die Opiate nachahmen können, Met- und Leu-Enkephalin, β Endorphin, Dynorphin darstellen, aber auch Peptide im Rückenmark und Gehirn (Substanz P, CCK, Neuropeptid Y, Neurotensin). Die Hormone der Hypophyse sind u. a. Oxytocin und Vasopressin. Viele dieser Peptide wirken hier als Neurotransmitter, an anderen Stellen des Körpers eben als Hormone. Peptide treten oft zusammen mit anderen Neurotransmittern, wie z. B. Monoaminen, auf.

Nach Schritt 1 der Neurotransmission-Synthese von Neurotransmittern beginnt Schritt 2. Die Moleküle werden im Golgi-Apparat (ein System von Membranen) in Vesikel verpackt. Vesikel sind Membranpakete mit Speicherkapazität. Es folgt Schritt 3: die Exocytose. Dies ist die Freisetzung der Transmitter in den synaptischen Spalt. Dazu werden die Vesikel zu den Endknöpfchen der Synapse transportiert. Dort öffnen sich sog. Kalziumkanäle, und Kalzium-Ionen strömen in das Endknöpfchen ein. Dies führt zu einer Verschmelzung der Vesikel mit der präsynaptischen Membran, wodurch die Transmitter in den synaptischen Spalt freigesetzt werden. Schritt 4 aktiviert eine postsynaptischen Nervenzelle.

Transmittermoleküle binden sich an postsynaptische Rezeptoren, die spezifisch für das jeweilige Molekül zuständig sind (Schlüssel-Schlüsselloch-Prinzip). Es gibt diverse Rezeptor-Subtypen für einen bestimmten Neurotransmitter (z. B. Dopamin D1-, D2-, D3-, D4-Rezeptoren), die unterschiedliche Funktionen aufweisen (z. B. hat die Blockade der D2-Rezeptoren eine starke antipsychotische Wirkung).

Die postsynaptische Bindung verändert die Beschaffenheit der postsynaptischen Membran durch a) Depolarisation (geringer als −70 mV) führt zu Erregungsbildung im Neuron und Aktionspotenzial oder b) Hyperpolarisation (höher als −70 mV) führt zu Hemmung des Neurons. Veränderung des Membranpotenzials erfolgt durch Ein- oder Ausströme von Ionen in das Neuron: Depolarisation (geringer als −70 mV) führt zur Erregungsbildung im Neuron und Aktionspotenzial. Hyperpolarisation (höher als −70 mV) führt zu der Hemmung des Neurons.

Die Veränderung des Membranpotenzials erfolgt durch Ein- oder Ausstrom von Ionen in das Neuron. Der Zustand der Hyperpolarisation beschreibt eine Erweiterung von Chloridkanälen, und dies führt zu einem Einstrom negativer Chloridionen. Das führt zu einer Negativierung im Zellinneren und macht die Zelle unerregbar (GABA-Rezeptoren).

Abgesehen von erregendem Glutamat und hemmendem GABA lässt sich für Transmitter nicht generell sagen, welchen Effekt sie haben. Ein Serotonin-Rezeptor-Subtyp z. B. kann hemmend sein, ein anderer dagegen erregend (Koolman 2003).

3.4 Synapsen

3.4.1 Die chemische Synapse

Eine Synapse ist die Verbindungsstelle zwischen dem Ende eines Axons und der Membran der nächsten Zelle. Ort der Informationsübermittlung von Zelle zu Zelle. Sie besteht aus dem präsynaptischen Element/Endknöpfchen, dem synaptischen Spalt (20–40 nm breit) und der postsynaptischen Membran. Ihre Aufgabe ist es, das elektrische Aktionspotenzial in ein chemisches umzuwandeln. Wir unterscheiden zwischen chemischen und elektrischen Synapsen. Hier geht es primär um die chemischen Synapsen.

Erregende Synapsen lösen ein exzitatorisches postsynaptisches Potenzial (EPSP) aus. Der Effekt vermittelt intrazelluläre Veränderungen (z. B. 2nd Messenger-System) durch das Öffnen von Ionenkanälen (Na^+ Einstrom) oder die Auslösung.

Die häufigsten Transmitter sind Acetylcholin, Glutamat, Adrenalin und Noradrenalin. Diese Transmitter können z. B. durch eine Wiederaufnahme in die Presynapse (Pinozytose), einen enzymatischen Abbau im synaptischen Spalt (z. B. Acetylcholinesterase) oder eine Wegdiffusion aus dem synaptischen Spalt inaktiviert werden.

Hemmende Synapsen lösen postsynaptisch ein inhibitorisches postsynaptisches Potenzial (IPSP) aus. Dies wird vermittelt durch das Öffnen von Ionenkanälen (Cl^-- oder K^+-Einstrom) oder die Auslösung intrazellulärer Veränderungen (z. B. 2nd Messenger-System). Häufigste Transmitter sind die Gamma-Amino-Buttersäure (GABA) und Glycin. Diese Transmitter können mit denselben Methoden inaktiviert werden wie die erregenden Synapsen (Von Engelhardt 2010).

3.4.2 Stimulation und Hemmung

Ein Neuron erhält über das Soma und die Dendriten mehrere IPSPs und EPSPs gleichzeitig, vermittelt durch anliegende hemmende und erregende Synapsen. All diese Potenziale wandern den Zellkern entlang zum Axonhügel, wo sie miteinander verrechnet werden (je weiter ein Potenzial zum Axonhügel wandern muss, desto mehr verliert es an Stärke).

Das Feuern von erregenden Synapsen führt zu einer Depolarisation am Axonhügel, und das Feuern einer hemmenden Synapse zu einer Hyperpolarisation. Wird der Axonhügel depolarisiert, breitet sich entlang des Axons ein Aktionspotenzial aus (Siegenthaler und Blum 2006).

3.4.3   Summation und Bahnung

Summation bedeutet, dass am Axonhügel alle ankommenden positiven und negativen Inputs verrechnet werden. Dabei löschen positive und negative Inputs einander aus.

Bahnung heißt, der Input, der häufiger und stärker ist, dominiert die Spannung am Axonhügel. Sobald es mehrere oder stärkere positive Inputs gibt, depolarisiert der Axonhügel, und desto mehr oder stärkere negative Inputs, hyperpolarisiert dieser. Der Einfluss der Inputs kann entweder räumlich oder zeitlich vermittelt werden.

- **Räumliche Summation**

Auf ein Neuron feuern gleichzeitig mehrere erregende oder hemmende Synapsen. Dabei überwiegt der Effekt, dem mehr Synapsen zur Verfügung stehen. Eine größere Anzahl erregender Synapsen feuert, was zu einer Depolarisation führt.

- **Zeitliche Summation**

Auf ein Neuron feuert mehrmals hintereinander die gleiche Synapse (feuert eine erregende Synapse unmittelbar mehrfach nacheinander, kann es zu einer Depolarisation kommen; Siegenthaler und Blum 2006).

3.4.4   Neuromuskuläre Endplatte

Eine zentrale Frage, die mit der neuromuskulären Endplatte beantwortet werden kann, ist: Wie bewegen wir uns eigentlich? Auch außerhalb des ZNS gibt es Synapsen. Und zwar zwischen den Motoneuronen des Rückenmarks und der Skelettmuskeln. Die neuromuskuläre Endplatte wird auch als motorische Endplatte (mEP) oder neuromuskuläre Synapse bezeichnet. Es handelt sich um eine spezielle Synapse zwischen einer Nerven- und einer Muskelzelle mittels dem Transmitter Acetylcholin. Diese Synapsen sind die größten Synapsen im menschlichen Körper. Ein Aktionspotenzial im Motoneuron löst immer eine Muskelkontraktion aus (Pape et al. 2014).

3.4.5   Der Ablauf dieses Aktionspotenzials

Das Aktionspotenzial läuft das Motoaxon entlang bis zum präsynaptischen Ende der Nervenzelle. Der Neurotransmitter Acetylcholin wird in den synaptischen Spalt entlassen. Das Acetylcholin bindet an den Rezeptor der Membran der Muskelzelle. Es folgt ein schneller Na^+-Einstrom und K^+-Ausstrom. Überwiegt der Na^+-Einstrom, erregt dies die Muskelzelle, und es kommt zu einer Öffnung von $Ca2^+$-Ionenkanälen und einem Einstrom an $Ca2^+$-Ionen an der Muskelzelle und letztendlich zu der Kontraktion des Muskels. Wir bewegen uns nun (Koolman 2003).

3.4.6   Das Schlüssel-Schloss-Prinzip

Ein Rezeptor (Schloss) ist ein Protein, an dem Liganden binden und eine Reaktion auslösen. Ein Ligand (Schlüssel) ist eine Substanz, die am Rezeptor bindet. Es existieren endogene (körpereigene) Liganden (z. B. Neurotransmitter und Hormone), aber auch exogene (körperfremde) Liganden wie z. B. Drogen oder Gifte. Ein Neurotransmitter fungiert somit als Schlüssel. Die chemische Substanz, dient der Kommunikation zwischen Zellen. Sie wird vom präsynaptischen

Teil in den synaptischen Spalt ausgeschüttet und bindet an der postsynaptischen Membran. Schlüssel-Schloss-Prinzip deshalb, da der Ligand als Schlüssel den Rezeptor, das Schloss öffnet (Riederer und Laux 2010).

3.5 Muskelphysiologie

Muskeln sind aktive Elemente des Bewegungsapparats und kontraktile Proteine, die wie im Falle der Skelettmuskulatur eine hochgeordnete Struktur aufweisen. Sie bestehen aus Fasern (Zellen), im Zellplasma (Sarkoplasma) und den eingelagerten Myofibrillen.

Es gibt folgende Muskelgewebsarten: glatte Muskelzellen, quergestreifte Herzmuskelzellen und quergestreifte Skelettmuskelzellen (◘ Abb. 3.1).

3.5.1 Skelettmuskulatur

Die Skelettmuskulatur besteht aus zylindrischen, langen Einzelfaser-Zellen. Es existieren bis zu 100 randständige Zellkerne. Das Bindegewebe bündelt die Fasern. Sogenannte Faszien (Muskelhäute) umhüllen die Muskeln. Charakteristisch für diese „willkürliche Muskulatur" ist die Querstreifung.

Das Vorkommen im Skelettmuskel macht etwa 40 % des Körpergewichtes aus. Die Funktion ist unter anderem eine vom ZNS (willentlich) gesteuerte, rasche Kontraktion. Folgen können eine Atrophie (Gewebeabnahme) oder eine Hypertrophie sein. Eine Hypertrophie entwickelt sich beispielsweise bei erhöhter funktioneller Belastung.

■ **Aufbau der Skelettmuskulatur**

Der Muskel setzt sich aus einer großen Anzahl von Faserbündeln zusammen. Die Muskelfasern bestehen aus einer Vielzahl sog. Myofibrillen.

Muskelfasern gleichen den übrigen Zellen im Körper im allgemeinem Aufbau. In den elektrophysiologischen Eigenschaften gleichen sie den Nervenzellen. Besonders sind die Myofibrillen. Dies sind Eiweißstrukturen, die sich bei Erregung der Muskelfasern zusammenziehen oder kontrahieren. Sie werden die Minimotoren der Skelettmuskulatur genannt. Myofibrillen bestehen aus Z-Scheiben und Sarkomeren. Die Sarkomere gliedern sich in Aktin- und Myosinfilamente.

Was passiert, wenn die Nerven den Befehl zur Muskelkontraktion geben? Das Bindegewebe versorgt die zuständigen Nerven und Blutgefäße. Die Nerven kontrollieren die Be-

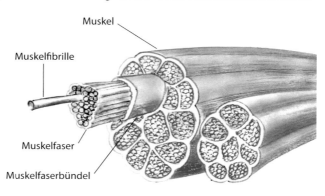

Muskel

Muskelfibrille

Muskelfaser

◘ **Abb. 3.1** Der Bau eines Muskels (aus Beier 2012)

Muskelfaserbündel

wegungen und leiten Befehle vom Gehirn und Rückenmark an die Muskulatur weiter. Die Muskelzellen stehen in Kontakt mit einer Synapse und reagieren auf ihr elektrochemisches Signal mit der Kontraktion. Die Kontraktion einer Myofibrille läuft folgendermaßen ab: Myosinmoleküle greifen wie kleine Widerhaken in die Aktinfäden und ziehen sie aufeinander zu. Die Kontraktion dreier Myofibrillen unterscheidet sich maßgeblich: Die beiden Eiweiße schieben sich ineinander wie Teile einer Teleskopantenne. Der Effekt: Die Muskelfaser verkürzt sich und wird dicker, die Verdickung der einzelnen Fasern summiert sich (Koolman 2003).

3.5.2 Herzmuskulatur

Wie die Skelettmuskulatur besitzt auch die Herzmuskulatur eine quergestreifte Struktur („unwillkürliche Muskulatur"). Es existieren zentral gelegene Zellkerne und mehrere unregelmäßige Verzweigungen der Zellen. Das dreidimensionale Netzwerk besteht aus End-zu-End-Verbindungen („Glanzstreifen"). Zwischen den Myofibrillen lagern zahlreiche Mitochondrien. Die Herzmuskulatur fungiert als ein autonomes System der Erregungsbildung und -leitung und steuert bedarfsangepasste rhythmische Kontraktionen (Koolman 2003).

3.5.3 Glatte Muskulatur

Als dritte Art der Muskulatur gibt es die glatte Muskulatur. Sie besteht aus spindelförmigen Zellen und einem zentral gelegenen Kern. Die Myofibrillen laufen schräg in Zell-Längsrichtung. Die „glatte" Muskulatur weist keine Querstreifung auf und wird als „unwillkürliche Muskulatur" beschrieben. Das Vorkommen der glatten Muskulatur ist an der Wand vom Darm, der Blase und Magen sowie in den Blutgefäße. Als Funktion gibt es (nicht willentlich) gesteuerte, langsame, Sekunden dauernde Kontraktionen. Folglich ist eine Hypertrophie möglich, z. B. im Uterus.

Der Muskelbauch dient zur Verkürzung des Muskels. Meist liegt er am Knochen, manchmal zieht er über das Gelenk und stabilisiert so das Gelenk (Koolman 2003).

Wichtig: Sehnen können ihre Länge nicht ändern. Der Muskelbauch jedoch schon.

3.5.4 Gleitfilamenttheorie

Im ruhenden Muskel überlappen die Enden der dicken Myosinfilamente und der dünnen Aktinfilamente nur wenig. Die dicken und dünnen Filamente besitzen konstante, von der Muskellänge unabhängige Ausdehnungen. Die Theorie postuliert, dass bei einer Längenänderung des Muskels beide Sätze von Filamenten aneinander vorbei gleiten.

Die Myosinfilamente gleiten zwischen die Aktinfilamente und verkürzen so die Myofibrille. Da alle Myofibrillen einer Muskelzelle synchron arbeiten, verkürzt sich die Muskelzelle. Ein Aneinander-Vorbeigleiten der Filamente entsteht durch Bindung von Querbrücken, die die Filamente schrittweise ineinander ziehen. Dabei wird chemische Energie in Form von Adenosintriphosphat (ATP) in mechanische Arbeit umgewandelt. Kann eine Verkürzung z. B. bei fixierter Muskellänge nicht stattfinden, erzeugt die Bewegung der Querbrücken Kraft. Die Kraftentwicklung und Muskelverkürzung kommen somit durch den gleichen Grundprozess im kontraktilen Apparat zustande (Randall et al. 2002).

3.5.5 Die elektromechanische Koppelung

Eine Erregung der Skelettmuskelfasern erfolgt nach den gleichen Prinzipien wie die der Nervenzellen. Das Ruhepotenzial menschlicher Skelettmuskelzellen liegt bei etwa −80 mV. Der Höchststand des Muskelaktionspotenzials hat eine Dauer von etwa 1 ms, gefolgt von kurzer Hyperpolarisation und anschließenden Nachdepolarisation. Das Aktionspotenzial breitet sich mit einer Geschwindigkeit von etwa 6 m/s entlang der Faser aus. Die Erregung der Skelettmuskelfasern wird durch das Öffnen und Schließen von spannungsgesteuerten Na^+-, K^+-, und Cl^--Kanälen kontrolliert, und eine Membrandepolarisation ist das Auslösesignal für die Kontraktion.

Ein praktisches Anwendungsbeispiel ist die Funktion der Skelettmuskulatur im menschlichen Körper. Der Mensch besitzt über 400 Skelettmuskeln. Diese entwickeln Kräfte und übertragen diese über Sehnen auf das Skelett. Ein Nebenprodukt dieses Mechanismus ist Wärme.

Jeder Muskel besitzt zumindest eine Arterie für die Zufuhr von Sauerstoff und Nährstoffen und eine Vene für den Abtransport von Metaboliten und Wärme sowie einen Nerv mit den efferenten motorischen Fasern, den afferenten Fasern aus den Muskel- und Sehnenspindeln und anderen Sensoren. Außerdem besitzt er Fasern des autonomen Nervensystems. Muskeln können nur ziehen, nicht schieben. Für die Bewegung eines Körperteils in mehrere Richtungen müssen daher mehrere Muskeln vorhanden sein. Diese wirken teils als Synergisten miteinander, teils als Antagonisten gegeneinander (Koolman 2003).

3.5.6 Agonist – Antagonist

Ein Muskel kann sich von selbst nicht strecken und braucht deshalb einen Gegenspieler (Antagonisten). Bei allen Bewegungen arbeiten verschiedene Muskeln zusammen. Wenn z. B. der Bizeps den Unterarm im EIIbogengelenk beugt, muss der Trizeps gedehnt werden. Streckt der Trizeps den Arm, muss der Bizeps gedehnt werden. Ein Muskelpaar, das an einem Gelenk gegensätzliche Arbeit leistet, nennt man Antagonisten (Koolman 2003; ◘ Abb. 3.2).

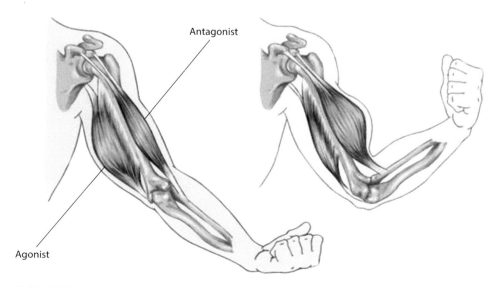

◘ **Abb. 3.2** Antagonist und Agonist bei Muskelarbeiten, www.body-attack.de (Zugriff: 23.01.2015)

3.5.7   Formen der Muskelkontraktion (Muskelmechanik)

Die isotone Kontraktion findet statt, wenn der Muskel mit einem Gewicht belastet wird, das er zu heben imstande ist. Der Muskel verkürzt er sich bei gleich bleibender Last (isoton), und Sarkomere der Muskelfasern werden verkürzt.

Die isometrische Kontraktion erfolgt, wenn beide Sehnenenden fest eingespannt sind. Der Muskel erzeugt nur Kraft ohne eine Verkürzung. Er behält eine konstante Länge (isometrisch), und auch die Sarkomere bleiben konstant (Ceballos-Baumann und Conrad 2005).

3.6   Neuroanatomie

Unser Gehirn kann sich in seinem Aufbau verändern. Eine Synapse wird als plastisch bezeichnet, wenn sie die Stärke verändern kann, mit der sie den postsynaptischen Target beeinflussen kann (als Anpassung an die Umwelt/Lernen). Ein wichtiger Begriff in diesem Zusammenhang ist die synaptische Plastizität.

3.6.1   Langzeitpotenzierung

Die Langzeitpotenzierung (LTP) ist ein Mechanismus der synaptischen Plastizität und die Grundlage der Gedächtniskonsolidierung. Die postsynaptische Zelle ist stärker erregbar durch die gleiche präsynaptische Reizung. Dieser Zustand kann über Stunden, Tage, Monate etc. reichen. Die LTP wurde zuerst beim Hippocampus beschrieben, kommt aber auch in Amygdala, Cortex, Kleinhirn vor.

- **Ablauf der Langzeitpotenzierung**

Das Glutamat (exzitatorisch) wird von der Präsynapse in den synaptischen Spalt entlassen. Für das Glutamat gibt es auf der Postsynapse 3 Rezeptoren: NMDA, AMPA und Kainat. Die AMPA-Rezeptoren der Postsynapse öffnen sich, und eine Depolarisation der Postsynapse (Na^+-Einstrom) ist die Folge. Der NMDA-Rezeptor reagiert nicht, weil sein Kanal durch einen $Mg2^+$-Pfropfen blockiert wird. Bei der Depolarisation auf $-35\,mV$ wird der $Mg2^+$-Pfropfen abgestoßen, und der spannungsgesteuerte NMDA-Rezeptor ist ebenfalls geöffnet. Der NMDA-Rezeptor lässt eine große Menge an Kalzium($Ca2^+$)-Ionen in das Neuron einströmen, was eine schnelle Depolarisation auslöst.

Daraufhin aktiviert das $Ca2^+$ intrazelluläre Proteinkinasen (Enzyme). Die Proteinkinasen (z. B. CaM-Kinase) beeinflussen den AMPA-Rezeptor auf zwei Arten. Die AMPA-Rezeptoren wandern vom Zellinneren an die Membran, wo sie eingebaut werden, sodass mehr AMPA-Rezeptoren in der Postsynapse zur Verfügung stehen.

Der Anbau von Phosphaten an bereits bestehende AMPA-RT führt zu besserer Leitfähigkeit dieser Rezeptoren für Na^+ und K^+ (Moyes und Schulte 2008).

3.6.2   Die Anatomie des Gehirns

Wichtige Lappen sind der Frontallappen (Stirnlappen), Parietallappen (Scheitellappen), Okzipitallappen (Hinterhauptslappen) und der Temporallappen (Schläfenlappen).

Der zentrale Sulcus (Sulcus centralis) trennt Frontal- und Parietallappen. Der postzentrale Gyrus (dort liegt u. a. der somatosensorische Cortex) trennt Frontal- und Temporallappen.

Der Frontallappen ist verantwortlich für die Sprache, motorische Kontrolle, Planung, Urteilsfindung und Verarbeitung somatosensorischer Reize. Außerdem liegt hier der Homunculus. Der Temporallappen verarbeitet auditorische Signale, und im Parietallappen werden integrationssensorischer Signale wie Berührungen, Körperpositionen, Aufmerksamkeit und räumliches Denken verarbeitet. Der Occipitallappen wird auch visueller Cortex genannt.

Furchen im Gehirn zwischen den Lappen sind z. B. die Fissura sylvii (Sulcus lateralis) als Grenze zwischen Temporal- und Parietallappen und der Centralsulcus, welcher Frontal- und Parietallappen trennt.

Die Verbindung zwischen beiden Hemisphären wird Corpus calossum oder Balken genannt und besteht aus Nervenfasern.

- **Mittelhirn**

Hier sind wichtige motorische und sensorische Zentren lokalisiert. Motorische Zentren sind u. a. Substantia nigra (Bedeutung: z. B. bei Morbus Parkinson), der Nucleus ruber (Kommunikation mit Motoneuronen im Rückenmark) sowie Nuclei, deren Axone Hirnnerven bilden, und die Retikulärformation, die verantwortlich ist für Schlaf, Arousal, Temperatur etc.

- **Kleinhirn**

Dieses Hirnareal ist besonders bedeutend für die Bewegungskoordination und -kontrolle. Es weist eine starke Faltung und eine relativ einfache Cytoarchitektur (dreischichtiger Aufbau mit zwei Hauptzelltypen (Purkinje-Zellen und Granulazellen) auf.

- **Brücke (Pons)**

Lokalisiert sind hier verschiedene wichtige motorische und sensorische Nuclei (u. a. Hirnnerven-Nuclei). Informationen aus dem Innenohr treten in der Pons ins Gehirn ein.

- **Medulla oblongata**

Hier sind die Nuclei für die Hirnnerven XI und XII vorhanden. Außerdem enthält sie Nuclei, die Herzfrequenz und Atmung steuern (lebenswichtig).

- **Cerebraler Cortex**

Lokalisiert sind hier etwa 50–100 Milliarden Neuronen. Die Oberfläche ist charakterisiert durch Gyri (Windungen, Erhebungen) und Sulci (Furchen). Würde man den cerebralen Cortex entfalten, würde dies ca. 2000 qcm ergeben. Der Cortex hat eine fundamentale Bedeutung für komplexere mentale Funktionen und Leistungen. Die Neuronen werden in sechs Schichten angeordnet (I–VI) (Karnath 2006).

- **Hirnventrikel**

Die vier Hirnventrikel sind untereinander durch flüssigkeitsgefüllte Kammern verbunden. Sie gelten als Medium zum Austausch von Material zwischen verschiedenen Hirnabschnitten (u. a. von Nährstoffen). Die Kammern sind gefüllt mit einer Cerebrospinalflüssigkeit (CSF). Dies sind ca. 120–150 ml bei Erwachsenen. Die dreifache Menge wird täglich produziert (0,35 ml/min). Produziert wird die CSF wird im Plexus choroideus durch eine Filtration von Blut. Bei gestörtem Abfluss oder Überproduktion der Cerebrospinalflüssigkeit entsteht ein „Hydrocephalus" (Liem 2013).

Anatomische Lagebezeichnungen (Wilmanns und Schmitt 2002)
- Anterior: vorn liegend
- Distal: vom Körperzentrum entfernt gelegen
- Dorsal: zum Rücken liegend
- Inferior: unten liegend
- Ipsilateral: auf der gleichen Seite
- Kontralateral: auf der gegenüberliegenden Seite
- Kranial: zum Schädel hin
- Lateral: zur Seite hin
- Medial: zur Mitte hin
- Proximal: zum Körper hin gelegen
- Posterior: hinten liegend
- Rostral: zum Schnabel liegend
- Superior: oben liegend
- Ventral: zum Bauch liegend

3.6.3 Verschiedene Teile des Hirns

Die Amygdala ist ein Teil des limbischen Systems (emotionale Regulation). Der Hippocampus bzw. die Fornix ist verantwortlich für das Lernen und der cinguläre Kortex für die Aufmerksamkeit. Das Diencephalon besteht aus Thalamus und Hypothalamus. Beherbergt wird hier der Rest des limbischen Systems. Der Thalamus gilt als „Tor zum Gedächtnis", und der Hypothalamus reguliert alle vitalen Funktionen wie Hunger, Durst, Hormone, Fortpflanzung und Temperatur. Die Hypophyse kontrolliert die Hormonsekretion. Die Substantia nigra ist ein Teil dxxer Basalganglien und des Mittelhirns.

Im Hirnstamm (Pons und Medulla) ist die Formatio reticularis lokalisiert. Er gestaltet den Übergang vom Rückenmark ins zentrale Nervensystem und reguliert lebenswichtige Funktionen.

- **Die Basalganglien**

Verschiedene Strukturen/Kerne oberhalb des Hirnstammes werden zu den Basalganglien zusammengefasst. Zu diesen Strukturen gehören: der Caudate nucleus, der Lentiform nucleus (bestehend aus Globus pallidus und Putamen) und die Substantia nigra.Neben dem Kleinhirn steuern die Basalganglien einen wesentlichen Anteil an der motorischen Kontrolle bei wie z. B. die Bewegungskoordination und -ausführung. Die Parkinson-Krankheit entsteht bei einem Niedergang der Dopamin produzierenden Zellen in der Substantia nigra. Dies führt zu Akinese, Rigor und Tremor. Eine Schizophrenie geht mit einer Überaktivität der Dopamin produzierenden Zellen der Substantia nigra (lokalisiert Belohnungsstrukturen des Gehirns) einher.

- **Schutz des Gehirns**

Das Gehirn ist neben den Schädelknochen vielfach geschützt. Die 3 Meningen (Hirnhäute) umgeben das ganze ZNS: Die Dura mater (harte Hirnhaut), die Arachnoidea (Spinnengewebshaut) und die Pia mater (dünne Hirnhaut). Die Cerebrospinalflüssigkeit (CSF; Liquor cerebrospinales) ist die Hirnflüssigkeit, die als Schockabsorber und zum Materialaustausch dient. Die CSF wird im Plexus choroidus aus der Blutfilterung produziert. Der Plexus choroidus ist ein Membransystem, das die zwei lateralen Ventrikel des Gehirns säumt. Eine Entzündung der Meningen wird Meningitis genannt (Hüter-Becker und Barth 2005).

3.7 Reflexe, zentrales Nervensystem, peripheres Nervensystem

3.7.1 Reflexe

Ein Reflex ist eine unwillkürliche, stereotyp ablaufende Reaktion auf einen spezifischen Reiz. Ebenfalls sind Reflexe Bewegungsfolgen ohne das Zutun äußerer Reize und zweckmäßige Antworten auf Reize aus der Umwelt. Viele Reflexe sind phasenabhängig, d. h. funktionieren nur innerhalb eines bestimmten Arbeitsbereichs. Meist werden Reflexe über das Rückenmark initiiert. Reflexe können unterdrückt werden und erreichen in der Regel nicht unser Bewusstsein. Reflexe sind programmgesteuert (Bewegungsfolge, die vom ZNS ohne äußeres Zutun unterhalten wird, z. B. die Atmung) oder angeboren oder erlernt, z. B. wenn wir die Hand zurückziehen von einem heißen Gegenstand, noch bevor uns der Hitzeschmerz bewusst wird. Das Berühren der Hornhaut des Auges führt zu einem Lidschlag, und der Kontakt von Speisen mit der hinteren Rachenwand löst Schlucken aus.

- **Arten von Reflexen**

Reflexe kann man unterscheiden nach der Zahl der Synapsen bzw. Interneurone in den betroffenen Verschaltungen. Monosynaptische Reflexe sind die unmittelbare Verbindung zwischen Afferenz und Motoneuron (z. B. Muskeldehnungsreflex), polysynaptische Reflexe sind Reflexbögen mit mehreren Synapsen (z. B. Beugereflex). Sie durchlaufen sensorische, neuronale und effektorische Stationen, die beim Ablauf eines Reflexes nacheinander aktiviert werden. Ein jeder Reflexbogen besteht aus den gleichen fünf Anteilen: Sensor, Afferenz, zentrale Neurone, Efferenz und Effektor (Zervos-Kopp 2013).

- **Monosynaptische Reflexe**

Ausgelöst werden monosynaptische Reflexe durch einen Eigenreflex. Die Reizverarbeitung und motorische Antwort des Organismus erfolgen im selben Organ (Muskel). Monosynaptische Reflexe sind Teil eines Regelmechanismus zur Kontrolle der Muskellänge und bedeutsam für die Aufrechterhaltung des Haltetonus in der Stützmotorik. Beispiele für monosynaptische Reflexe sind Patellarsehnenreflex, Achillessehnenreflex und Zehenbeugereflex.

- **Polysynaptische Reflexe**

Polysynaptische Reflexe werden durch Fremdreflexe freigesetzt. Der Reflexbogen verläuft vom Rezeptor zum Effektor über mehrere Synapsen. Sensor und Effektor sind nicht im selben Organ, denn der Ort, an dem ein Reiz den Reflex auslöst, ist räumlich getrennt von dem Ort, an dem die Reflexantwort erfolgt. Beispiele sind u. a. Schutzreflexe über Bewegungsprogramme, Nutritionsreflex, Schluckakt- und Lokomotionsreflex (Zervos-Kopp 2013).

- **Schutzreflex**

Ein Beispiel für den Schutzreflex ist der Blinzelreflex (Kornealreflex). Ausgelöst wird dieser bei einer Reizung der Kornea mit einem Fremdkörper, z. B. bei der Berührung eines Q-Tips erfolgt reflexhaft der Lidschluss oder starkes Blinzeln. Der Effekt ist ein Schutzreflex gegen Außenreize (mechanische, chemische, thermische oder Lichtreize zu starker Intensität; Wirhed 2001).

3.7.2   Zentrales und peripheres Nervensystem

Das zentrale Nervensystem (ZNS) besteht aus Gehirn und Rückenmark. Das periphere Nervensystem (PNS) aus den Nerven außerhalb von Gehirn und Rückenmark.

Aufgaben des ZNS sind die Integration aller Reize, die dem Organismus zugeleitet werden, die Koordination sämtlicher motorischer Eigenleistungen und die Regulation aller dabei ablaufenden innerorganischen Abstimmungsvorgänge.

Das PNS umfasst zwar Nervenzellen, die nicht zum ZNS gehören, eine starre Abgrenzung ist aber nicht sinnvoll, denn motorische und vegetative Neuronen haben ihre Zellkörper im ZNS, die Fortsätze reichen aber ins PNS. Andere Neurone dagegen haben ihre Zellkörper fast ausnahmslos in Ganglien (Nervenknoten) außerhalb des ZNS, ihre Fortsätze ziehen aber fast alle ins ZNS. Nerven des peripheren Nervensystems senden efferente Befehle an Muskeln oder Drüsen (motorische Bahnen) oder afferente Sinnesinformationen ins ZNS (sensorische Bahnen).

Das PNS setzt sich zusammen aus den Hirnnerven (direkt mit dem Gehirn verbunden), Spinalnerven (mit dem Rückenmark verbunden), dem autonomen Nervensystem und dem Darmnervensystem.

Das PNS wird in das somatische und das autonome Nervensystem weiter unterteilt. Das somatische Nervensystem regelt die Funktionen, die der Beziehung zur Außenwelt dienen wie der willkürlichen und reflektorischen Motorik, und das autonome (auch: vegetative) Nervensystem kontrolliert die „Vitalfunktionen" wie Herzschlag, Atmung, Blutdruck, Verdauung und Stoffwechsel. Außerdem ist das somatische Nervensystem ein Teil des Nervensystems, der die Motorik der Skelettmuskulatur und somit alle willkürlichen und reflexiven Körperaktionen steuert. Es setzt sich aus Neuronen zusammen, die mit den Skelettmuskeln, der Haut und den Sinnesorganen verbunden sind.

Das somatische Nervensystem wird dem vegetativen Nervensystem gegenübergestellt. Es ist verantwortlich für die bewusste Kontaktaufnahme mit der Umwelt über die Sinnesorgane und die dem Willen unterworfene Motorik (Willkürmotorik) und die bewusste Wahrnehmung von Umweltreizen und Reizen aus dem Körperinneren und für die bewusste Nachrichtenverarbeitung (Integration). Aber: Viele viszeroafferente Signale haben durchaus eine bewusstwerdende Komponente, so wie beispielsweise Geruch und Geschmack oder der „Eingeweideschmerz".

Das vegetative Nervensystem ist neben dem endokrinen System das zweite Kommunikationssystem für den Informationsaustausch zwischen den einzelnen Organen des Körpers. Es unterliegt nicht im gleichen Ausmaß der direkten, willkürlichen Kontrolle wie das somatische Nervensystem. Aus dem wird Parasympathikus, dem Sympathikus und einem eigenständigen Darmnervensystem gebildet. Es steuert die inneren Organe, die Nährstoff- und Sauerstoffversorgung wie auch die Stoffwechselendprodukte des Körpers und erfüllt seine Aufgaben selbstständig und ohne einen bewussten Impuls.

Sympathikus und Parasympathikus spielen gegensätzliche Rollen bei der Regulation vieler Vorgänge. An vielen Organen enden sympathische und parasympathische Nerven. Beide Systeme haben meistens eine entgegengesetzte Wirkung bei der Regulation dieser Organe. Der Parasympathikus entspringt aus dem Gehirn und Rückenmark. Und ein wesentlicher Teil besteht aus einem Gehirnnerv und seinen Verzweigungen. Der Parasympathikus reicht an sämtliche Eingeweideorganen und dient der Regeneration, z. B. durch Förderung der Verdauung und Nierentätigkeit.

Der Sympathikus besteht aus zwei Reihen knotenförmiger Anhäufungen von Nervenzellen (Ganglien) zu beiden Seiten der Wirbelsäule/Grenzstränge. Die Nervenzellen sind untereinander durch Nervenstränge verbunden. Von diesen Grenzsträngen aus führen Nervenbahnen zu den Eingeweiden der Brusthöhle und des Bauches. Über das Rückenmark ist der Sympathikus mit dem Gehirn verbunden und fördert die Atmung und den Kreislauf. Der Sympathikus dient der körperlichen Aktivität und hemmt die Verdauung. Es existiert eine wechselnde Dominanz zwischen dem Sympathikus und dem Parasympathikus. Bei Alarmsituationen wird der Sympathikus aktiv, wodurch der Mensch dann rasch in den Zustand höchster Leistungsfähigkeit versetzt wird (Gertz und Liebman 2003).

3.7.3 Eigenständiges Darmnervensystem

Das eigenständige Darmnervensystem enthält etwa so viele Nervenzellen wie das Rückenmark. Es steuert die Funktion des Magen-Darm-Traktes einschließlich der Speiseröhre. Die wichtigste Aufgabe des Darmnervensystems ist die Steuerung der Bewegungen, die den Transport und die Vermengung des Inhaltes des Magen-Darm-Traktes gewährleisten. Das Darmnervensystem wird von Sympathikus und Parasympathikus beeinflusst (Gertz und Liebman 2003).

3.8 Endokrinologie

Die Endokrinologie ist die Hormonlehre und ein Teil der inneren Medizin. Sie beschäftigt sich mit Krankheiten, die durch hormonelle Fehlfunktionen entstehen, z. B. Diabetes mellitus oder Schilddrüsenerkrankungen.

Die Hormondrüsen teilen sich in endokrine und exokrine Drüsen. Endokrine Hormondrüsen geben ihre Produkte innerhalb des Körpers direkt ins Blut (bzw. Lymphe oder Gewebe) ab und wirken z. B. in der Schilddrüse, Nebenschilddrüse, Eierstöcke oder Hoden. Exokrine Drüse entlassen ihre Produkte in Hohlräume des Körpers oder außerhalb des Körpers, z. B. Schweiß-, Speichel-, oder Talgdrüsen.

Hormone sind chemische Botenstoffe, welche in spezialisierten Hormondrüsen gebildet werden und in die Blutbahn freigesetzt werden. Sie binden an spezifische Rezeptoren, die in der Zellmembran oder im Inneren der Zelle liegen. Hormone stellen Verhalten nicht einfach „an oder aus", sondern verändern die Intensität und Auftretenswahrscheinlichkeit eines Verhaltens. Es besteht ein reziproker Zusammenhang zwischen Hormonen und Verhalten/Umwelt sowie Genen.

Ein Hormon beeinflusst mehrere Organe. Verhaltensweisen bzw. ein Verhalten kann auch durch mehrere Hormone verursacht werden, dies nennt man das Prinzip der multiplen Hormonwirkungen. Eine Ausschüttung erfolgt in Pulsen, in kleinen Mengen (Milligramm) mehrmals täglich. Die Hormonausschüttung verändert sich rhythmisch über den Tag und wird kontrolliert durch unseren circadianen Rhythmus. Hormone interagieren miteinander und verändern gegenseitig ihre Wirkung, außerdem wirken sie nur an den Zielzellen, die die spezifischen Rezeptoren haben. Die chemische Struktur eines Hormons ist bei allen Wirbeltieren gleich, lediglich die Funktionen variieren (Balletshofer et al. 2009).

3.8.1 Die drei Hormonklassen

Die wichtigsten drei Hormonklassen werden in der folgenden Tabelle erläutert. Verdeutlicht in ihrer Diversität werden sie anhand ihres Vergleichs zwischen der chemischen Struktur und Wirkungsweise (◘ Tab. 3.3).

◻ Tab. 3.3 Endokrine Hormonklassen (siehe Silverthorn 2009)			
	Proteinhormone	**Aminhormone**	**Steroidhormone**
Chemische Struktur	Kette von Aminosäuren (AS) (kurze Kette: Peptidhormon)	Nur eine AS und eine Modifikation durch ein Molekül	Vier Ringe von Kohlenstoffatomen und eine Anheftung verschiedener Atome
Wirkungsweise	Binden an Rezeptor in der Zellmembran und aktivieren das 2nd-Messenger-System	Binden an Rezeptor in der Zellmembran und aktivieren das 2nd-Messenger-System	Passieren die Zellmembran und binden an intrazellulären Rezeptor (binden an DNA)
Beispiele	ACTH, OX, FSH, LH, TSH, GH, VP, CRH, GnRH, Insulin, Glukagon	Adrenalin, Noradrenalin, Schilddrüsenhormone, Melatonin	Gonaden (Östrogene, Androgene), Nebenniere (Gluco- und Mineralocorticoide)

- **Protein-/Peptidhormone**

Proteinhormone wirken schnell, d. h. binnen Sekunden oder Minuten. Sie binden an spezifische Proteinhormonrezeptoren außen auf der Zellmembran und bewirken die Ausschüttung eines 2nd Messengers, z. B. cAMP, cGMP. Dies führt zu einer Veränderung intrazellulärer Prozesse und kann verschiedenste Effekte hervorrufen. Welche konkrete Auswirkung cAMP hat, ist abhängig von a) der Zelle und dem RT, an der Hormon bindet, b) Teil der Zelle, an der cAMP wirkt, c) vorherige biochemische Aktivität in der Zelle.

- **Aminhormone**

Aminhormone leiten sich von den Aminosäuren Tyrosin oder Tryptophan ab. Wasserlöslich und nicht imstande, die Zellmembran zu passieren, sind u. a. Adrenalin, Noradrenalin und Melatonin. Fettlöslich und in der Lage, die Zellmembran zu durchstoßen, sind die Schilddrüsenhormone.

- **Steroidhormone (genomischer Effekt)**

Steroidhormone haben eine langsame, aber langfristige Wirkung nach einigen Stunden. Sie diffundieren passiv durch Zellmembran und binden innerhalb der Zelle an spezifischen Steroidhormonrezeptoren. Ein Rezeptor-Hormon-Komplex bindet im Zellkern an DNA und beeinflusst die Genexpression. Die Veränderung der Produktion von Proteinen wird ausgelöst, und es entstehen multiple Effekte (Silverthorn 2009).

3.8.2 Formen der chemischen Kommunikation

Die synaptische Transmission (neurokrine Übertragung) nennt man die Signalübertragung von einer Nervenzelle zu einem anderen Neuron oder einer anderen Zelle. Als Botenstoffe fungieren Neurotransmitter oder Peptide. Diese Kommunikation folgt dem Alles-oder-Nichts-Prinzip.

Die autokrine Kommunikation lässt die Chemikalie an der sie entlassenden Zelle wirken und regelt so ihre Funktionen. Die parakrine Kommunikation-Chemikalie wirkt an den Nachbarzellen der Zelle, die sie produziert. Eine pheromone Kommunikation nennt man die Kommunikation zwischen Individuen derselben Art. Eine allomone Kommunikation hingegen ist die zwischen Individuen verschiedener Arten.

Die endokrine Kommunikation postuliert die Hormonabgabe einer endokrinen Zelle an den Blutstrom, über den die Hormone zu ihren Zielzellen gelangen. Zielzellen sind alle, die Re-

Tab. 3.4 Drüsen und ihre Funktionen (siehe Zervos-Kopp 2013)	
Drüse	**Wichtigste Funktionen**
Epiphyse (Zirbeldrüse)	Geschlechtsreifung, Körperrhythmen
Hypophyse Adenohypophyse (Hypophysenvorderlappen) Neurohypophyse (Hypophysenhinterlappen)	Hormonsekretion durch die Schilddrüse, Nebennierenrinde, Gonaden; Wachstum Flüssigkeitshaushalt; Elektrolythaushalt
Schilddrüse	Wachstum; Entwicklung; Stoffwechselrate
Nebenniere Nebennierenrinde Nebennierenmark	Salz- und Kohlenhydratstoffwechsel; Entzündungsreaktionen Emotionale Erregung
Pankreas (Bauchspeicheldrüse), Langerhans'sche Inseln	Glucosestoffwechsel
Gonaden (Hoden/Eierstöcke)	Körperentwicklung; Aufrechterhaltung oder Funktion reproduktiver Organe im Erwachsenenalter

zeptoren für das entsprechende Hormon besitzen. Ein Hormon wird in alle Regionen verbreitet und ist nicht willkürlich steuerbar.

Bei der neuroendokrinen Kommunikation erhalten die neuroendokrinen Zellen, welche als Bindeglieder zwischen Neuronen und endokrinen Drüsen fungieren, neuronale Signale von anderen Neuronen (über den synaptischen Spalt) und geben direkt Hormone in den Blutstrom ab. So werden elektrische Signale in hormonelle Signale umgewandelt (Silverthorn 2009).

Im Folgenden werden die menschlichen Drüsen und die dazugehörenden Funktionen aufgezeigt (■ Tab. 3.4).

3.8.3 Die Rolle des Hypothalamus

Im Hypothalamus produzieren der paraventriculäre Nucleus und der supraoptische Nucleus die Hormone Oxytocin und Vasopressin. Die Axone der beiden Nuclei reichen durch den Hypophysenstengel in den Hypophysenhinterlappen. Es findet ein axonaler Transport von Oxytocin und Vasopressin am Hypophysenhinterlappen statt. Diese werden abgegeben in die Kapillaren und somit in den Blutkreislauf zu ihren Zielorganen. Im Hypophysenhinterlappen werden also keine Hormone produziert, sondern nur ans Blut abgegeben. Die Releasinghormone führen im Hypophysenvorderlappen zur Produktion von trophen Hormonen. Trophe Hormone hemmen oder fördern im Körper die Hormonproduktion bestimmter Drüsen. Die trophen Hormone werden nun an den Blutstrom abgegeben und wandern so zu ihren Zielzellen in den einzelnen Drüsen. Zielorgane sind unter anderem die Nebenniere, Schilddrüse, Gonaden, Milchdrüsen und Knochen (Balletshofer et al. 2009; ■ Tab. 3.5).

- **Hypothalamus-Hypophysen-Schilddrüsen-Achse**

Die Hypophyse schüttet das Steuerhormon Thyreotropin (TSH) aus, das in der Schilddrüse die Sekretion von Thyroxin und Trijodthyronin anregt und in anschließend in den Zielzellen wirkt. Entgegengesetzt hemmen die Schilddrüsenhormone die Ausschüttung von TSH, sodass sich ein Gleichgewicht der beteiligten Hormone einstellt. Darüber hinaus hängt die Absonderung von TSH von dem Spiegel des Releasing-Hormons TRH ab, das vom Hypothalamus ausgeschüttet wird (Kuhl 2010).

◻ Tab. 3.5 Hypothalamus-Hypophysenachsen und andere Zielorgane (siehe Peter, Penzel, Peter 2007)

Releasinghormon des Hypothalamus	Trophes Hormon des Hypophysenvorderlappens	Zielorgan	Hormone des Zielorgans	Achse
CRH	ACTH	Nebennierenrinde	Corticosteroide (Gluco- und Mineralocorticoide)	Hypothalamus-Hypophysen-Nebennierenachse
TRH	TSH	Schilddrüse	Schilddrüsenhormone (Thyroxin, Trijodthyronin, Calcitocin)	Hypothalamus-Hypophysen-Schilddrüsenachse
GnRH	LH/FSH	Gonaden, Hoden, Eierstöcke	Testosteron (Androgene) Östrogene, Progesterone	Gonadenachse
Prolactin – Releasing Peptid – Hemmender Faktor	Prolactin (Ausschüttung gefördert oder gehemmt)	Milchdrüsen (Milchproduktion)	–	–
Somatropin – Fördernder Faktor – Hemmender Faktor	GH	Knochen (Knochenwachstum)	–	–

■ **Hypothalamus-Hypophysen-Nebennierenrinden-Achse**

Dieses Hormonsystem wird durch Zellen des Hypothalamus gesteuert, die Corticotropin-Releasing-Hormone (CRH) produzieren, welche die Sekretion in der Hypophyse von adrenocorticotropem Hormon (ACTH) anregt. Das ACTH wirkt wiederum stimulierend auf die Herstellung von Glukokortikoiden in der Nebennierenrinde. Die Glukokortikoide, wie z. B. Cortisol, spielen eine bedeutsame Rolle im Glukosestoffwechsel und hemmen im Umkehrschluss die Bildung von CRH im Hypothalamus (Kuhl 2010).

■ **Diabetes und die Blutzuckerregulation**

In der Bauchspeicheldrüse produzieren die Langerhans'schen Inseln endokrine Zellen. Es werden zwei Hormone in zwei Teilen hergestellt. Zum einen Alpha-Zellen (Glukagon) und zum anderen Beta-Zellen (Insulin). Beide Hormone wirken antagonistisch, d. h. sie kümmern sich um einen gleichbleibenden Blutzuckerspiegel. Sowohl bei Insulin als auch bei Glukagon entsteht eine autokrine Feedbackschleife. Die Hormone inhibieren endokrine Zellen, die sie bildeten. Glukagon erhöht den Blutzuckerspiegel, indem es zur Freisetzung von gebundener Glukose führt. Insulin senkt den Blutzuckerspiegel, indem es freie Glukose in Glykogen umwandelt und dafür sorgt, dass noch freie Glukose von den Zellen aufgenommen wird (Balletshofer et al. 2009).

3.9 Herz- und Kreislaufphysiologie

Das menschliche Herz ist ein Hohlorgan und ein großer Muskel. Es besteht aus einer linken und rechten Hälfte, jede Hälfte hat einen Vorhof und eine Herzkammer. Getrennt wird das Herz durch die Herzscheidewand. Die Kammer und der Vorhof sind getrennt durch Ventilklappen. Der linke Brustraum ist faustgroß und fasst ca. 300 g. Das Herz ist eine doppelte Pumpe mit muskulären Hohlkammern.

Die Arterien sind dreischichtig. Die innere Schicht kleidet die Gefäße aus, die mittlere Schicht enthält eine Muskulatur und elastische Fasern. Die äußere Schicht besteht aus Bindegewebe. Die größte menschliche Arterie ist die Aorta mit einem Durchmesser von drei Zentimetern. Arterien haben die Aufgabe, das Blut vom Herzen wegzuführen.

Venen haben einen identischen Bau wie Arterien, jedoch lediglich dünnere Wände, da weniger Muskulatur vorhanden ist. In den Venen befinden sich Venenklappen, damit das Blut nicht zurückfließen kann. Venen führen das Blut zum Herzen (Silverthorn 2009).

3.9.1 Das Herzkreislaufsystem

Das Herzkreislaufsystem ist das Transportsystem des Körpers, das mit dem Blut Sauerstoff und Nährstoffe in jede Körperzelle transportiert. Innerhalb von 60 Sekunden durchfließt das gesamte Blut des Menschen (ca. 5–6 Liter) einmal den Organismus. Das Kreislaufsystem wird in den großen Körperkreislauf und kleinen Lungenkreislauf unterteilt. Der Großteil der Körperzellen wird über Blutkapillaren versorgt und entsorgt. Über das Arteriensystem des großen Kreislaufs wird aus dem linken Herzen sauerstoff- und nährstoffreiches Blut den Kapillaren zugeführt, aus dem frische Gewebsflüssigkeit (interstitielle Flüssigkeit) abfiltriert wird. Die verbrauchte, sauerstoff- und nährstoffarme, aber mit Metaboliten angereicherte Gewebsflüssigkeit gelangt in den venösen Schenkel der Kapillaren und wird über das Venensystem zum rechten Herzen zurückgeführt. Ein Teil der interstitiellen Flüssigkeit gelangt über das Lymphgefäßsystem wieder ins Blut. Vom rechten Herzen fließt das Blut über den Lungenkreislauf (Sauerstoffaufnahme und Kohlenstoffdioxidabgabe) wieder zum linken Herzen.

Nur 15 % des Blutvolumens im systematischen Kreislauf findet sich vor den Kapillaren. Nur 5 % des Blutvolumens im systemischen Kreislauf findet sich in den Kapillaren. Der Großteil des Blutes im systematischen Kreislauf (80 %) findet sich im Bereich nach den Kapillaren, d. h. in den Venolen und Venen. Venolen und Venen werden deshalb als Kapazitätsgefäße bezeichnet und haben große Bedeutung bei der Kreislaufregulation (Silverthorn 2009).

3.9.2 Der Blutkreislauf

In der ersten Phase der Kammerfüllung strömt das Blut in den Vorhof und lässt diesen kontrahieren. Die Vorhof-Kammer-Klappen sind geöffnet, sodass das Blut in die Kammer fließen kann. Die Arterienklappen sind noch geschlossen.

In der zweiten Phase der Anspannungsphase spannen sich die Muskelfasern an und verkürzen sich. Die Kammer kontrahiert, und es findet ein kurzzeitiger Verschluss aller vier Klappen statt. Die tertiäre und sog. Austreibungsphase lässt den Druck in den Kammern, den Druck in die Arterien übersteigen. Deshalb öffnen sich alle Arterienklappen, und die Arterien werfen das Blut aus.

In der finalen Phase erschlafft die Kammermuskulatur. Die Arterienklappen schlagen zu, und ein Blutstau in den Vorhöfen entsteht. Der Herzzyklus beginnt von vorn.

> **Zusammenfassung der Blutkreislaufphasen (Silverthorn 2009)**
> - Systole: Anspannungs- und Austreibungsphase → maximaler Blutdruck
> - Diastole: Öffnung der Aortenklappen → minimaler Blutdruck
> - 1. Herzton: Beginn Systole → Schwingung des Herzens durch Anspannungskontraktion
> - 2. Herzton: Erschlaffung der Ventrikel, ruckartiger Verschluss der Herzklappen
> - Herzzeitvolumen: 70 Schläge/min × 70 ml Blut = 4900 ml Blutumwälzung/min

3.10 Zusammenfassung

▪ Stress und Emotionen

Wir trennen zwischen der alten Definition, die einerseits lebensnotwendig und gesunderhaltend (Eustress) und andererseits krankmachend (Distress) ist. Die physiologische Stressreaktion ist die zweckmäßige Antwort des Organismus im „Kampf" gegenüber inneren und äußeren Reizen. Eine Stressreaktion ist die Veränderung psychischer oder biologischer Funktionen. Zum einen die Bereitstellung von Energie und Aktivierung und zum anderen die Aktivierung zweier gleichzeitig agierenden Reaktionsketten: Hypothalamus-Hypophyse-Nebennierenrinde (GC) und Sympathikus – Nebennierenmark (AD und NA). Es kommt eine Bedrohung und Gefahr auf uns zu, und eine Stresssituation entsteht. Einerseits entsteht ein autonomes System (SAM: sympatho-adrenomedullär), und die Hormone Noradrenalin und Adrenalin werden ausgeschüttet. Zum anderen wird die Hypothalamus-Hypophysen-Nebennierenrindenachse (HHNA) als endokrines System aktiviert. Die Hormone CRH, ACTH und Cortisol werden ausgeschüttet.

▪ Neurotransmission

Im und außerhalb des Neurons befinden sich gelöste Salze, also positiv und negativ geladene „Teilchen": Natriumionen (Na^+), Kaliumionen (K^+), Chloridionen (Cl^-) und Proteinionen (x^+). Die Differenz der Ladung (intra- vs. extrazellulär) beträgt -70 mV. Um das Gleichgewicht zu bewahren, bedarf es der sog. Natrium-Kalium-Pumpe. Neurotransmitter wirken exzitatorisch, d. h. sie depolarisieren postsynaptische Nervenzellen. Auch wirken sie inhibitorisch, d. h. sie hyperpolarisieren postsynaptische Nervenzellen, indem deren Ruhepotenzial heraufgesetzt wird. Die Transmitter Dopamin, Noradrenalin und Adrenalin werden zur Gruppe der Katecholamine zusammengefasst, da sie alle aus der Aminosäure Tyrosin gebildet werden. Abgesehen von generell erregendem Glutamat und hemmendem GABA lässt sich für Transmitter nicht generell sagen, welchen Effekt sie haben.

▪ Synapsen

Eine Synapse ist die Verbindungsstelle zwischen dem Ende eines Axons und der Membran der nächsten Zelle. Ort der Informationsübermittlung von Zelle zu Zelle. Sie besteht aus dem präsynaptischen Element/Endknöpfchen, dem synaptischen Spalt (20–40 nm breit) und der postsynaptischen Membran. Erregende Synapsen lösen ein exzitatorisches postsynaptisches Potenzial (EPSP) aus. Die häufigsten Transmitter sind Acetylcholin, Glutamat, Adrenalin und Noradrenalin. Hemmende Synapsen lösen postsynaptisch ein inhibitorisches postsynaptisches Potenzial (IPSP) aus. Häufigste Transmitter sind die Gamma-Amino-Buttersäure (GABA) und Glycin. Ein Neuron erhält über den Soma und die Dendriten mehre IPSPs und EPSPs gleichzeitig. Summation bedeutet, dass am Axonhügel alle ankommenden positiven und negativen Inputs verrechnet werden. Dabei löschen sich positive und negative Inputs einander aus. Es gibt die zeitliche und räumliche Summation.

- **Muskelphysiologie**

Muskeln sind aktive Elemente des Bewegungsapparats und kontraktile Proteine, die wie im Falle der Skelettmuskulatur eine hochgeordnete Struktur aufweisen. Sie bestehen aus Fasern (Zellen) im Zellplasma (Sarkoplasma) und den eingelagerten Myofibrillen. Es gibt folgende Muskelgewebsarten: glatte Muskelzellen, quergestreifte Herzmuskelzellen und quergestreifte Skelettmuskelzellen. Im ruhenden Muskel überlappen die Enden der dicken Myosinfilamente und der dünnen Aktinfilamente nur wenig. Die Theorie postuliert, dass bei einer Längenänderung des Muskels beide Sätze von Filamenten aneinander vorbei gleiten.

- **Neuroanatomie**

Wichtige Lappen sind Frontallappen (Stirnlappen), Parietallappen (Scheitellappen), Okzipitallappen (Hinterhauptslappen) und Temporallappen (Schläfenlappen). Der zentrale Sulcus trennt Frontal- und Parietallappen, und der postzentrale Gyrus trennt Frontal- und Temporallappen. Die vier Hirnventrikel sind untereinander durch flüssigkeitsgefüllte Kammern verbunden. Sie gelten als Medium zum Austausch von Material zwischen verschiedenen Hirnabschnitten (u. a. von Nährstoffen). Verschiedene Strukturen/Kerne oberhalb des Hirnstammes werden zu den Basalganglien zusammengefasst. Das Gehirn ist neben den Schädelknochen vielfach geschützt. Die 3 Meningen (Hirnhäute) umgeben das ganze ZNS. Die Langzeitpotenzierung ist ein Mechanismus der synaptischen Plastizität und die Grundlage der Gedächtniskonsolidierung.

- **Muskeln, Reflexe, zentrales Nervensystem, peripheres Nervensystem**

Ein Reflex ist eine unwillkürliche, stereotyp ablaufende Reaktion auf einen spezifischen Reiz. Monosynaptische Reflexe sind die unmittelbare Verbindung zwischen Afferenz und Motoneuron (z. B. Muskeldehnungsreflex), polysynaptische Reflexe sind Reflexbögen mit mehreren Synapsen (z. B. Beugereflex). Das zentrale Nervensystem (ZNS) besteht aus dem Gehirn und Rückenmark. Das periphere Nervensystem (PNS) aus den Nerven außerhalb des Gehirns und Rückenmarks. Das PNS wird in das somatische und das autonome Nervensystem weiter unterteilt. Das vegetative Nervensystem ist neben dem endokrinen System das zweite Kommunikationssystem für den Informationsaustausch zwischen den einzelnen Organen des Körpers. Das eigenständige Darmnervensystem enthält etwa so viele Nervenzellen wie das Rückenmark. Es steuert die Funktion des Magen-Darm-Traktes einschließlich der Speiseröhre.

- **Endokrinologie**

Hormone sind chemische Botenstoffe, welche in spezialisierten Hormondrüsen gebildet werden und in die Blutbahn freigesetzt werden. Die Hormondrüsen teilen sich in endokrine und exokrine Drüsen. Endokrine Hormondrüsen geben ihre Produkte innerhalb des Körpers direkt ins Blut. Exokrine Drüse entlassen ihre Produkte in Hohlräume des Körpers oder außerhalb des Körpers. Ein Hormon beeinflusst mehrere Organe. Verhaltensweisen bzw. ein Verhalten kann auch durch mehrere Hormone verursacht werden, dies nennt man das Prinzip der multiplen Hormonwirkungen. Die drei Hormonklassen nennen sich Amin-, Steroid- und Proteinhormone. Die Formen der chemischen Kommunikation gliedern sich in die endokrine, neuroendokrine, autokrine und neurokrine Übertragung. Die neurokrine Übertragung wird auch synaptische Transmission genannt. Eine wichtige Rolle spielen die Hypothalamus-Hypophysen-Schilddrüsen-Achse und die Hypothalamus-Hypophysen-Nebennierenrinden-Achse.

- **Herz- und Kreislaufphysiologie**

Das menschliche Herz ist ein Hohlorgan und ein großer Muskel. Es besteht aus einer linken und rechten Hälfte, jede Hälfte hat einen Vorhof und eine Herzkammer. Getrennt wird das

Herz durch die Herzscheidewand. Die Arterien sind dreischichtig. Die innere Schicht kleidet die Gefäße aus, die mittlere Schicht enthält eine Muskulatur und elastische Fasern. Venen haben einen identischen Bau wie Arterien.

Das Herzkreislaufsystem ist das Transportsystem des Körpers, das mit dem Blut Sauerstoff und Nährstoffe in jede Körperzelle transportiert. Innerhalb von 60 Sekunden durchfließt das gesamte Blut des Menschen (ca. 5–6 Liter) einmal den Organismus. Das Kreislaufsystem wird in den großen Körperkreislauf und kleinen Lungenkreislauf unterteilt.

3.11   Fragen

1. Welche Aufgaben haben die vier verschiedenen Hirnlappen?
2. Was ist das Schlüssel-Schloss-Prinzip?
3. Welche Hormone stößt der Körper unter Stress aus?
4. Was ist die neuromuskuläre Endplatte?
5. Was versteht man unter Langzeitoptimierung?

Literatur

Verwendete Literatur

Bährle-Rapp, M. (2007). *Springer-Lexikon Kosmetik und Körperpflege* (3. Aufl.). Heidelberg: Springer.
Balletshofer, B., Gallwitz, B., & Müssig, K. (2009). *Endokrinologie und Diabetes*. Stuttgart: Thieme.
Beier, M. (2012). *PRISMA Biologie*. Stuttgart: Ernst Klett Verlag.
Ceballos-Baumann, A. O., & Conrad, B. (2005). *Bewegungsstörungen* (2. Aufl.). Stuttgart: Thieme.
Gerrig, R. J., & Zimbardo, P. G. (2008). *Psychologie* (18. Aufl.). München: Pearson.
Gertz, S. D., & Liebman, M. (2003). *Basiswissen Neuroanatomie: Leicht verständlich, knapp, klinikbezogen* (4. Aufl.). Stuttgart: Thieme.
Hüter-Becker, A., & Barth, C. A. (2005). *Das neue Denkmodell in der Physiotherapie*. Stuttgart: Thieme.
Karnath, H.-O. (2006). *Kognitive Neurologie*. Stuttgart: Thieme.
Koolman, J. (2003). *Taschenatlas der Biochemie* (3. Aufl.). Stuttgart: Thieme.
Kuhl, J. (2010). *Lehrbuch der Persönlichkeitspsychologie: Motivation, Emotion und Selbststeuerung*. Göttingen: Hogrefe.
Liem, T. (2013). *Kraniosakrale Osteopathie: Ein praktisches Lehrbuch* (6. Aufl.). Stuttgart: Haug.
Moyes, C., & Schulte, P. (2008). *Tierphysiologie*. München: Pearson.
Pape, H.-C., Kurtz, A., & Silbernagl, S. (2014). *Physiologie* (7. Aufl.). Stuttgart: Thieme.
Randall, D. J., Burggren, W., & French, K. (2002). *Tierphysiologie* (4. Aufl.). Stuttgart: Thieme.
Riederer, P., & Laux, G. (2010). *Grundlagen der Neuropsychopharmakologie: Ein Therapiehandbuch*. Berlin: Springer.
Rüegg, J. C. (2007). *Gehirn, Psyche und Körper: Neurobiologie von Psychosomatik und Psychotherapie* (4. Aufl.). Stuttgart: Schattauer.
Schneider, F. (2012). *Positionen der Psychiatrie*. Heidelberg: Springer.
Siegenthaler, W., & Blum, H. E. (2006). *Klinische Pathophysiologie* (9. Aufl.). Stuttgart: Thieme.
Silverthorn, D. U. (2009). *Physiologie*. München: Pearson.
Van Aken, H. (2001). *Intensivmedizin*. Stuttgart: Thieme.
Von Engelhardt, W. (2010). *Physiologie der Haustiere* (3. Aufl.). Stuttgart: Enke.
Wellhöfer, P. R. (1990). *Grundstudium allgemeine Psychologie*. Stuttgart: Enke.
Wilmanns, J. C., & Schmitt, G. (2002). *Die Medizin und ihre Sprache*. Landsberg/Lech: Ecomed.
Wirhed, R. (2001). *Sportanatomie und Bewegungslehre* (3. Aufl.). Stuttgart: Schattauer.
Zervos-Kopp, J. (2013). *Anatomie, Biologie und Physiologie: Ergotherapie Prüfungswissen* (3. Aufl.). Stuttgart: Thieme.

Weiterführende Literatur

Marlock, G. (2006). *Handbuch der Körperpsychotherapie*. Stuttgart: Schattauer.
Wippert, P., & Beckmann, J. (2009). *Stress- und Schmerzursachen verstehen*. Stuttgart: Thieme.
Wolowski, A. (2010). *Psychosomatische Medizin und Psychologie für Zahnmediziner*. Stuttgart: Schattauer.

Sozialpsychologie

Christina von der Assen

4.1 Einführung – 90

4.2 Soziale Kognition – 90

4.3 Soziale Wahrnehmung – 91

4.4 Das Selbst und die soziale Identität – 92

4.5 Einstellungen und Messen von Einstellungen – 93

4.6 Einstellungs- und Verhaltensänderung – 93

4.7 Stereotype, Vorurteile, Diskriminierung – 94

4.8 Autoritarismus – 96

4.9 Aggression – 96
4.9.1 Biologische Ansätze – 96
4.9.2 Psychologische Ansätze – 97

4.10 Affiliation – 99

4.11 Gruppenpsychologie, Gruppenleistung und Führung – 99
4.11.1 Gruppenleistung – 100
4.11.2 Führung – 101

4.12 Zusammenfassung – 101

4.13 Fragen – 104

Literatur – 105

C. von der Assen, *Crash-Kurs Psychologie*,
DOI 10.1007/978-3-662-43359-1_4, © Springer-Verlag Berlin Heidelberg 2016

Die Sozialpsychologie erforscht den Einfluss sozialer Interaktionen auf das Verhalten und Erleben von Individuen. Zentrale Forschungsinteressen liegen in den Bereichen Einstellungen und Werte, soziale Kognition und Wahrnehmung, Stereotype, Vorurteile und Diskriminierung sowie soziale Identität, prosoziales Verhalten und Affiliation.

4.1   Einführung

Die Sozialpsychologie ist die empirische Wissenschaft vom individuellen und kollektiven Erleben in einer sozialen Situation. In der Sozialpsychologie ist es wichtig, wie Gedanken, Gefühle und Verhalten im sozialen Kontext und in der sozialen Interaktion zwischen Individuen sowie innerhalb und zwischen Gruppen stattfinden. Dies geschieht auf der Grundlage mehrerer Theorien und Hypothesen.

4.2   Soziale Kognition

Soziale Kognition ist die Art und Weise, wie Menschen Informationen aus ihrer sozialen Welt aufnehmen und weiter verarbeiten.

Es werden automatische und kontrollierte Prozesse unterschieden. Automatisches Denken geschieht ohne Absicht oder Anstrengung und ohne Bewusstsein. Das kontrollierte Denken findet absichtlich und mit hohem Aufwand statt. Automatisches Denken erfolgt wie ein innerer Autopilot. Kategorisierungen, Schemata, Stereotypen und Heuristiken vereinfachen das automatische Denken.

Bei einer Kategorisierung teilen wir Objekte und Menschen aufgrund gemeinsamer charakteristischer Merkmale in Gruppen ein.

Schemata sind mentale Strukturen, die Menschen benutzen, um ihr Wissen in Themenbereiche oder Kategorien bezüglich der sozialen Umwelt zu organisieren.

Stereotypen sind meist starre Muster, die unser Wissen sowie Überzeugungen und Erwartungen über eine soziale Gruppe von Menschen enthalten.

Heuristiken sind kognitive Faustregeln, um zu einem Urteil zu gelangen.

Eine Beispielstudie von Kelley (1950) besagt: Je mehrdeutiger und zweifelhafter eine Information ist, desto eher werden Schemata herangezogen, um Wissenslücken zu schließen. So wurde der Dozent der Gruppe 1 als warmherzige Persönlichkeit, als fleißig, kritisch, pragmatisch und resolut beschrieben. Der zweiten Gruppe wurde er ebenso als fleißig, kritisch, pragmatisch und resolut beschrieben, jedoch als kühle und nicht-warmherzige Persönlichkeit. Die Studierenden griffen auf Schemata zurück und bestätigten die Hypothese, dass die erste Gruppe den Dozenten positiver einschätzte.

Studien über kontrollierte Prozesse haben ergeben, dass eine egalitäre Weltsicht befürwortet wurde (Moskowitz et al. 1999; s. Moskowitz 2004). Das bedeutet, dass Menschen, die absichtlich gegen ein stereotypisches Denken und Erinnern agieren, gerade bei einer kognitiven Überladung auf genau diese Stereotype zurückgreifen, da sie nur diese erinnern können.

Wir unterscheiden zwei Verarbeitungsmodelle: das Dissonanzmodell von Devine (1989) und das Kontinuummodell von Fiske und Neuberg (Fiske et al. 2010). Das Dissonanzmodell besagt, dass automatische und kontrollierte Prozesse voneinander entkoppelt ablaufen können. Das bedeutet, dass eine automatische Reaktion nicht zwangsläufig zu stereotypischem Denken führt. Das Kontinuummodell postuliert zwei Abläufe, wobei der sekundäre Prozess nur bedingt stattfindet. Der erste Prozess beschreibt eine automatische Kategorisierung. Eine systematische Informationsverarbeitung erfolgt nur bei hoher Motivation dem Zielobjekt gegenüber.

Sobald wir uns über einen möglichen Einfluss von Stereotypen bewusst werden sowie motiviert werden oder ausreichend kognitive Ressourcen vorhanden sind, unterdrücken wir unsere Stereotypen. Gänzlich verändern können wir Schemata und Stereotype nur sehr schwer. Durch eine Widerlegung der Fakten, die Herstellung alternativer Schemata sowie die individuelle Betrachtung von Fällen und der eigenen Rolle in der Gesellschaft ist dies jedoch annähernd möglich.

4.3   Soziale Wahrnehmung

Die soziale Wahrnehmung beschreibt den Umstand, wie Menschen sich einen Eindruck von anderen Menschen bilden und wie daraus Schlussfolgerungen gezogen werden.

Die kausale Attribution postuliert Erklärungen für eigenes und fremdes Verhalten, um sich seiner selbst und weitere Merkmalsträger bzw. Zustände zu verdeutlichen.

Ein zentrales Persönlichkeitsmerkmal ist eine dispositionale hervorstechende Eigenschaft, die als integraler Bestandteil der Persönlichkeit wahrgenommen wird. Ein peripheres Persönlichkeitsmerkmal ist ein wahrgenommenes Merkmal der Persönlichkeit, das sich nicht fundamental auf die Gesamtinterpretation der Persönlichkeit auswirkt.

Der Primacy-Effekt beschreibt die Tendenz, dass die zuerst dargebotenen Informationen einen stärkeren Einfluss auf die Interpretation haben.

Weitere Modelle sind u. a. die impliziten Persönlichkeitstheorien, die kognitive Algebra oder die nonverbale Informationsübermittlung:

- Eine implizite Persönlichkeitstheorie ist ein persönliches System von Überzeugungen, das bei der Wahrnehmung und Beurteilung einer anderen Person wirksam wird.
- Die kognitive Algebra ist ein hypothetischer Prozess der Durchschnittsbildung oder Aufsummierung der bestehenden Informationen.
- Eine nonverbale Informationsübermittlung ist die Art und Weise, wie Menschen absichtlich oder unabsichtlich kommunizieren aufgrund von Gesichtsausdruck, Tonfall, Gesten, Körperhaltung, Körperbewegungen sowie durch den Einsatz von Berührungen und Blicken (Aronson et al. 2008).
- Eine Attribution ist die Ursache und Wirkung für das Erleben und Verhalten des Menschen.

Eine Attributionstheorie hegt Annahmen darüber, wie Laien zu Erklärungen für ihre eigenes Verhalten und das Verhalten anderer Menschen gelangen.

Die Attributionstheorie nach Heider (1958) besagt, dass Menschen analysieren und intuitiv wie ein Psychologe erforschen. Sie suchen nach stabilen Entitäten (z. B. Persönlichkeitseigenschaften) und nach internalen vs. externalen Handlungsursachen.

Die Attributionstheorie nach Jones und Davis (Moskowitz 2004) nennt sich auch die Theorie der korrespondierenden Schlussfolgerungen. Das Verhalten einer Person korrespondiert mit der jeweiligen Persönlichkeitseigenschaft, und die Auswirkungen von Handlungen werden analysiert.

Die Attributionstheorie nach Kelley (1967) ist ein sog. Kovariationsmodell. Mehrere Informationen werden verwendet, um das Verhalten von Menschen zu erklären. Die Arten von Informationen für Kausalattributionen sind Distinktheit (Gegenstandsbereich), Konsistenz (Zeitraum) und Konsens (sozialer Bereich). Wie gelangen wir zu Kovariationsinformationen? Wenn Informationen fehlen, greifen wir auf vorhandene Vorstellungen zurück.

Kausale Schemata dienen als eine Wissensstruktur. Das Abwertungsprinzip ist das Wissen über mögliche Ursachen, wenn man Faktoren kennt, die diesen Effekt beeinflussen. Das Gegenteil ist das Aufwertungsprinzip.

4

Die Attribution kann durch eine Korrespondenzverzerrung, die Verzerrung aufgrund eines fehlerhaften Konsens und die Wirkung automatischer Prozesse sowie durch die Rolle der Motivation, den fundamentalen Attributionsfehler und selbstwertdienliche Attributionsverzerrungen stattfinden.

Bei einer Korrespondenzverzerrung wird das Verhalten von anderen Personen oft als Ausdruck einer inneren Disposition verstanden.

Die Verzerrung aufgrund eines fehlerhaften Konsenses ist die Annahme, dass andere Menschen im Allgemeinen die eigenen persönlichen Einstellungen und Überzeugungen teilen.

Der fundamentale Attributionsfehler ist die Tendenz, das Verhalten anderer eher auf grundlegende Veranlagungen (Charakterzüge, Einstellungen) zurückzuführen. Für eigenes Verhalten wird die Situation verantwortlich gemacht.

4.4   Das Selbst und die soziale Identität

Das Selbstkonzept ist ein stabiles Muster wiederkehrender kognitiver Aktivitäten. Inhaltlich werden Selbstschemata und -aspekte unterschieden.

Man unterscheidet zwischen dependenten und independenten Selbstschemata.

Schemata können einen bedeutsamen Einfluss haben, wie Informationen über das Selbst verarbeitet werden.

Dem Selbstschema wiedersprechende Informationen finden keine Akzeptanz. Quellen sind Introspektion, andere Menschen und soziale Vergleiche.

Die Selbstaufmerksamkeit läuft ab über den Feedback-Mechanismus. Wir nehmen innere und äußere Stimuli wahr, sensibilisieren uns für soziale Standards und Normen und erfragen eine Übereinstimmung zwischen Verhalten und Standard. Ist dies der Fall, setzen wir dieses Verhalten fort. Wenn nicht, entsteht ein unbehagliches Gefühl, und wir ziehen uns zurück (Fluchtverhalten) oder passen uns an (Anpassungsverhalten).

Die Selbstregulation ist der Prozess der Kontrolle und der Lenkung des eigenen Verhaltens, um angestrebte Ziele zu erreichen.

Die Diskrepanztheorie nach Higgins (Zumkley-Münkel 1994) stellt Ideal-Leitvorstellungen (Hoffnungen, Wünsche, Ziele) den Soll-Leitvorstellungen (Aufgaben, Verpflichtungen, Verantwortlichkeiten) gegenüber.

Für die Selbstregulation ist die Selbstwirksamkeit ein wichtiger Faktor. Eine Erschöpfung beginnt dann, wenn die inneren Ressourcen einen begrenzten Speicher aufweisen.

Die Selbstbewertung bezieht sich auf eigenes Verhalten, das körperliche Erscheinungsbild, eigene Fähigkeiten und andere Persönlichkeitsmerkmale mittels internalisierter Standards oder sozialer Normen.

Das Selbstwertgefühl ist die Einstellung gegenüber der eigenen Person. Die Bewertungsdimension reicht von positiv bis negativ. Das Selbstwerterhaltungsmodell von Tesser (Aronson et al. 2008) stellt diesen Zustand sehr gut dar.

Die Theorie der sozialen Identität von Tajfel (Arnscheid 1999) und Tajfel und Turner (Arnscheid 1999) postuliert die sozialen Kategorisierungen in Eigengruppe (Wir: Ich gehöre dazu) und Fremdgruppen (Ihr: Die Anderen) und das Bedürfnis nach positiver sozialer Identität. Diese Kategorisierungen bilden die Grundlage für die soziale Identität.

Intergruppales Verhalten beruht auf der Existenz von Eigen- und Fremdgruppe und äußert sich darin, dass sich Mitglieder nicht mehr als Individuen (interpersonales Verhalten), sondern vielmehr als Mitglieder der jeweiligen Gruppe zueinander verhalten.

Die Selbstkategorisierungstheorie von Turner (Jonas et al. 2014) beschreibt die persönliche Identität als einzigartiges Individuum (Ich) und die soziale Identität als austauschbares Mitglied einer Gruppe. Sobald von der persönlichen zur sozialen Identität gewechselt wird, findet eine Depersonalisation statt. Die Selbstkategorisierungstheorie erklärt, wie der Prozess der Kategorisierung der eigenen Person als Gruppenmitglied die soziale Identität beeinflusst und zu verschiedenen Formen des Verhaltens zwischen Gruppen und innerhalb einer Gruppe führt.

4.5 Einstellungen und Messen von Einstellungen

Einstellungen definiert man als eine psychologische Tendenz, die dadurch zum Ausdruck kommt, dass man einem bestimmten Objekt mit einem gewissen Grad an Zuneigung oder Abneigung begegnet. Die Valenz von Einstellungen reicht von positiv über neutral bis negativ. Einstellungen können stark oder schwach ausgeprägt sein. Es gibt drei Komponenten: affektiv (A), Verhalten/behavioral (B) und kognitiv (C). Die affektive Komponente sind Gefühle oder Emotionen, die mit einem Einstellungsgegenstand verbunden sind. Beispiele sind die operante oder klassische Konditionierung.

Die Verhaltenskomponente sind frühere Verhaltensweisen, die mit dem Einstellungsgegenstand vereint sind. Eine wichtige Rolle spielt hier die Theorie der Selbstwahrnehmung.

Verhaltensweisen können fest verankerte Einstellungen verändern (Festinger 1954). Das Verhalten kann Einstellungen direkt beeinflussen.

Bei der kognitiven Komponente sind Gedanken, Überzeugungen und Eigenschaften mit einem Einstellungsgegenstand verbunden. Hier ist der Erwartungs-mal-Wert-Ansatz von Fishbein und Ajzen (1975) bedeutend sowie die Salienz als aktuelle Zugänglichkeit von Kognitionen.

Die Einstellungsfunktion ist das psychologische Bedürfnis, das von einer Einstellung befriedigt wird. Die Funktionen von Einstellungen sind weiterhin die Bewertung eines Gegenstandes, eine soziale Anpassung und Externalisierung. Je stärker die Einstellung, desto resistenter ist sie gegen Veränderungen, desto eher beeinflusst sie die Informationsverarbeitung und desto eher steuert sie das Verhalten.

Explizite Einstellungsmaße werden auch direkte Erfassung von Einstellungen genannt. Befragte werden gebeten, sich zu Einstellungen zu äußern. Explizite Einstellungsmaße sind Likert-Skalen, semantische Differenzialbögen und die Guttman-Skala. Kritik der expliziten Messung: soziale Erwünschtheit, Itemformulierung und die Reihenfolge der Präsentation von Items.

Implizite Einstellungsmaße dienen als indirekte Erfassung von Einstellungen. Befragte werden nicht direkt zur Äußerung ihrer Einstellungen gebeten (z. B. Implicit-Association-Test). Als Kritik an der impliziten Testung sind niedrige Korrelationen zwischen impliziten und expliziten Einstellungsmaßen zu nennen sowie die Erfassung von außerhalb der Person liegenden Assoziationen des Implicit-Association-Tests.

Die Theorie des geplanten Verhaltens (Ajzen 1985) postuliert als beste Prädiktoren für ein geplantes, überlegtes Verhalten die Verhaltensabsichten, welche wiederum durch drei Faktoren bestimmt werden. Primär die Einstellung gegenüber dem Verhalten. Sekundär die subjektive Norm als Annahme der Menschen darüber, wie andere Menschen, die ihnen etwas bedeuten, das fragliche Verhalten beurteilen. Tertiär die wahrgenommene Verhaltenskontrolle, definiert als Einschätzung, wie einfach das Verhalten auszuführen wäre.

4.6 Einstellungs- und Verhaltensänderung

Zu der Einstellungs- und Verhaltensänderung gehört die Persuasion (Überredung). Hierzu gehört der Einsatz von Botschaften, um die Meinungen und Einstellungen sowie das Verhalten anderer Menschen zu ändern (Jonas et al. 2007).

Es existieren diverse Theorien zur systematischen Verarbeitung. Das Informationsverarbeitungsmodell von McGuire (1969, 1985) (s. McGuire 1985) geht davon aus, dass zu dem Verständnis von persuasiver Interaktion mindestens fünf Bedingungen erfüllt sein müssen: Aufmerksamkeit, Verstehen, Akzeptieren, Beibehalten und Verhalten.

Das Modell der kognitiven Reaktionen setzt genannte Argumente (sog. Botschaften) mit eigenem Wissen in Relation und verändert das Verhalten durch selbst hervorgebrachte Gedanken als kognitive Reaktion auf die vorangegangenen Gedankengänge.

Eine Einstellungs- oder Verhaltensänderung hängt davon ab, inwieweit Personen zustimmende oder ablehnende Gedanken in Bezug auf die Botschaft generieren. Starke und aus guten Argumenten bestehende Botschaften rufen zustimmende Gedanken hervor und verstärken den Überredungseffekt.

Die Zwei-Prozess-Theorien der Persuasion nennt man das Modell der Elaborationswahrscheinlichkeit (ELM) nach Petty et al. (Frey und Bierhoff 2011) und das Heuristisch-systematische Modell (HSM) nach Chaiken et al. (Chaiken und Trope 1999). Die systematische und oberflächliche Verarbeitung haben Einfluss auf den Verarbeitungsprozess und damit auf die Übernahme bzw. Ablehnung von Argumenten.

Das ELM beschreibt zentrale und periphere Wege der Informationsverarbeitung. Elaboration bezieht sich auf das Ausmaß, in dem eine Person über eine persuasive Botschaft nachdenkt.

Die zentrale Verarbeitung postuliert sorgfältiges und kritisches Abwägen der Argumente bzgl. der persuasiven Botschaft. Die peripheren Wege der Informationsverarbeitung sind verbunden mit wenig aufwändigem Denken und klassischer Konditionierung sowie heuristischer Informationsverarbeitung.

Die Wege der Informationsverarbeitung sind abhängig von der zur Verfügung stehenden Zeit, dem Wissen und der Motivation der Person. Sind Zeit und Motivation vorhanden, wird die Information gründlich verarbeitet, sollten Zeit und/oder Motivation nicht vorhanden sein, gestaltet sich die Informationsverarbeitung sehr oberflächlich.

Manchmal ist es schwierig, sich zu konzentrieren (z. B. durch äußere Bedingungen wie Lärm und die Komplexität der Thematik). Wenn Menschen den Argumenten keine Aufmerksamkeit schenken können, lassen sie sich leichter von peripheren Hinweisreizen beeinflussen. Daraus folgt: Wenn man lediglich schwache Argumente vertritt, sollte man die Zuhörer von etwas anderem ablenken, bei starken Argumenten sollte man sich die Aufmerksamkeit des Publikums sichern.

Das Heuristisch-systematische Modell (HSM) verfolgt grundsätzlich die gleichen Grundannahmen wie das ELM bezüglich der beiden grundlegenden Informationsverarbeitungen: heuristische und systematische Verarbeitung und Motivation.

Unterschiede im Bezug auf das ELM sind die Eindimensionalität des Verarbeitungskontinuums, das Zusammenspiel der Verarbeitungsmodi, das Suffizienzprinzip und die mehrfachen Motive im HSM.

Die Dissonanztheorie von Festinger (Raab et al. 2010) postuliert, dass Änderungen von Einstellungen und Verhalten Folge einer kognitiven Dissonanz sein können. Eine kognitive Dissonanz, z. B. durch mehrere Wahrnehmungen, Gedanken, Meinungen, die nicht miteinander vereinbar sind. Ein Störgefühl resultiert aus zwei sich widersprechenden Kognitionen und wird generell als ein unangenehmer emotionaler Zustand erlebt.

4.7   Stereotype, Vorurteile, Diskriminierung

Jonas et al. (2007) definiert ein Vorurteil als eine abwertende Einstellung oder Antipathie gegenüber bestimmten sozialen Gruppen oder ihren Mitgliedern. Aber: Vorurteile können auch positiv sein.

Eine soziale Diskriminierung ist ein negatives, benachteiligendes oder abwertendes Verhalten gegenüber bestimmten sozialen Gruppen oder ihren Mitgliedern.

Ein Stereotyp (z. B. XY ist doof und faul) ist die kognitive Repräsentation unseres Wissens und unserer Überzeugungen gegenüber sozialen Gruppen.

Ein Vorurteil (XY mag ich einfach nicht) ist die affektive Bewertung der sozialen Gruppe oder ihrer Mitglieder.

Diskriminierung (Mit XY möchte ich nichts zu tun haben) ist das Verhalten gegenüber bestimmten sozialen Gruppen oder ihren Mitgliedern.

Erklärungen für Individuen sind unter anderem die Vorurteilsneigung einer Person. Die Vorurteilsneigung ist nicht nur eine Facette eines Syndroms, sondern mit den einzelnen Facetten psychologisch funktional verwoben.

Die vorurteilsvolle Persönlichkeit nach Allport (1974) reagiert mit Ambivalenz gegenüber den Eltern, Moralismus, Dichotomie, Bedürfnis nach Entschiedenheit, Veräußerlichung von Konflikten, Institutionalismus und Autoritarismus.

Das Theorie des realistischen Gruppenkonflikts (Sherif et al. 1961; s. Avci-Werning 2004) erklärt die Beziehungen zwischen Gruppen und basiert auf dem Adler-Klapperschlangen-Experiment von Sherif (1954) in einem Ferienlager. Gemessen wurden die Spannungen zwischen Gruppen vor und nach gemeinsamen Aktivitäten. Die Theorie des realistischen Gruppenkonflikts stützt sich auf die intergruppale Dependenz und bringt die strukturellen Bedingungen der Gruppe zum Ausdruck sowie die Art der Zielerreichung. Eine negative Interdependenz stellt sich dar, sobald ein Hindernis im Bezug auf die Zielerreichung auftritt und Abwehr- und Abwertungsprozesse entstehen. Für eine positive Interdependenz wird eine weitere Gruppe zur Zielerreichung gebraucht. Dies führt zu einer positiven Bewertung und Akzeptanz.

Die Theorie der sozialen Identität nach Tajfel (Tajfel und Turner 1986) ist ein Paradigma der minimalen Gruppen. Im Fokus steht das Individuum, jedoch ist das Ziel, die Konfliktlösung zwischen Gruppen erklären zu können. Sie polarisiert die Bedeutsamkeit der Gruppenmitgliedschaft und die Bedeutsamkeit der sozialen Kategorisierung in einer bestimmten Situation.

Zentrale Prozesse sind die soziale Kategorisierung, soziale Vergleiche, die soziale Identität und eine positive Distinktheit.

Es werden drei Arten des Rassismus unterschieden: aversiv, ambivalent, modern.

Aversiver Rassismus bedeutet, egalitäre Werte, Fairness und Gerechtigkeit für alle sozialen Gruppen zu unterstützen. Dazu gehört ein ausgeprägtes Selbstbild und nicht vorurteilsbehaftet zu sein. Trotzdem entstehen negative Gefühle gegenüber Minderheitengruppen. Im Vordergrund steht hier keine offene Diskriminierung (gegen das Selbstbild), jedoch ist eine Diskriminierung bei vagen Situationen zu erkennen.

Ambivalenter Rassismus zeichnet sich durch starke positive wie auch starke negative Gefühle gegenüber Minderheiten aus. Erfolge zu positiven Bewertungen (umgekehrter Rassismus) und Misserfolge zu extrem negativen Bewertungen.

Moderner Rassismus ersetzt die altmodische rassistische Art bezüglich ethnischer Herkunft. Sie beschäftigt sich mit neuen Fragen wie z. B. Quoten im Beruf. Offiziell wird eine Abneigung gegen Minderheiten geleugnet.

Im Zusammenhang mit dem Abbau von Vorurteilen wird die Kontakthypothese nach Allport (1954) erwähnt. Diese Hypothese besagt, dass ein gleicher Status der Gruppenmitglieder, übergeordnete Ziele, kein Wettbewerb und die Unterstützung durch Normen und leitende Personen für den Abbau von Vorurteilen hilfreich sind.

Neue Studien bezüglich der Kontakthypothese wurden u. a. von Pettigrew und Tropp (2006) durchgeführt. Eine Metaanalyse hat hier ergeben, dass ein intensiver Kontakt Vorurteile verringert. Allports Bedingungen sind nicht notwendig, aber förderlich. Negative

Kontaktbedingungen und Auslöser sind z. B. zu wenige Kontakte und eine Bedrohung sowie Angst.

Neue Modelle für den Abbau von Vorurteilen sind z. B. eine Dekategorisierung, eine gemeinsame Eigengruppenidentität und wechselseitige Distinktheit (attributionstheoretische Beschreibungsdimension, mit deren Hilfe sich neben Konsensus und Konsistenz die Attributionsrichtung vorhersagen lässt).

4.8   Autoritarismus

Im sozialpsychologischen Teil der Studien über Autorität und Familie leistet Erich Fromm (1936, s. Fromm 1993) einen der wesentlichsten Beiträge zur Theorie des autoritären Charakters. Die Charakterstruktur wird als sadomasochistisch beschrieben und durch die bestimmenden ökonomischen und gesellschaftlichen Bedingungen geformt. Die Familie gilt als psychologische Agentur der Gesellschaft.

Herbert Marcuse sagte bereits 1936, die Anerkennung der Autorität als eine Grundkraft der gesellschaftlichen Praxis greife an die Wurzeln der menschlichen Freiheit: sie bedeutet (in einem jeweils verschiedenen Sinne) die Selbstaufgabe der Autonomie …, die Bindung der eigenen Vernunft und des eigenen Willens an vorgegebene Inhalte … als verbindliche Normen.

Der Autoritarismus versteht sich auch als philosophisches, historisches und dialektisches Konstrukt. Phänomen und Genese müssen miteinander verknüpft sein.

Das autoritäre Syndrom von Adorno (1986) zeichnet sich durch verschiedene Eigenschaften aus: Konventionalismus, autoritäre Unterwürfigkeit und Aggression, Anti-Intrazeption, Aberglaube und Stereotypie, Machtdenken und Robustheit, Destruktivität und Zynismus, Projektivität und Sexualität. Als kognitive Wende gilt der Dogmatismus als Fokus auf die Struktur des Denkens, Fühlens und Handelns.

Die autoritäre Persönlichkeit wird hervorgerufen durch eine hierarchische und ausbeuterische Eltern-Kind-Beziehung.

Neben der Bezeichnung für eine generalisierte Einstellung gilt das autoritäre Syndrom ebenfalls für das von Adorno et al. (1950) (s. Adorno 1986) über Interviews und projektive Verfahren ermittelte und mit der Faschismusskala definierte Einstellungssyndrom des Antisemitismus, Ethnozentrismus, Faschismus und politischen Konservatismus.

4.9   Aggression

Aggressives Verhalten ist jede Form von Verhalten, das darauf abzielt, einem anderen Lebewesen zu schaden oder es zu verletzen, wobei dieses Lebewesen motiviert ist, eine solche Behandlung zu vermeiden (Baron und Richardson 1994; s. Jonas et al. 2014).

Eine instrumentelle Aggression wird als Mittel eingesetzt, um ein bestimmtes Ziel zu erreichen, und eine feindselige (affektive) Aggression ist durch das Bedürfnis motiviert, Ärger und feindselige Gefühle auszudrücken.

Warum Menschen aggressiv werden, hat biologische und psychologische Ansätze.

4.9.1   Biologische Ansätze

Die vergleichende Verhaltensforschung (Ethologie) beschäftigt sich mit dem Dampfkesselmodell nach Lorenz (1974). Im Organismus wird ständig eine aggressive Energie produziert, die sich spontan entlädt, wenn sie nicht zuvor durch einen Reiz freigesetzt wird. Jedoch wird bezweifelt, dass sich die Tieruntersuchungen von Lorenz auf den Menschen übertragen lassen. Auch wurden Lernprozesse und der Kontext außer Acht gelassen.

Studien der Verhaltensgenetik zeigen, dass aggressives Verhalten sowohl durch genetische Disposition als auch durch Sozialisationserfahrungen im Laufe der individuellen Entwicklung beeinflusst wird.

Hormonelle Erklärungen gibt es wenige. Studien zeigen, dass ein Korrelat von aggressivem Verhalten Testosteron ist. Bei Cortisol gab es uneindeutige Ergebnisse. Mal korrelierte ein niedriger, mal ein hoher Cortisolspiegel mit Aggression (Ramirez 2003).

4.9.2 Psychologische Ansätze

Auftretende Frustration, sobald eine Zielerreichung blockiert wird, erhöht die Wahrscheinlichkeit von aggressivem Verhalten. Frust führt bei Beachtung der Person und Situation zu Aggression. Dies besagt die Frustrations-Aggressionshypothese von Miller und Dollard (1941).

Kognitiver Neoassoziationismus und Erregungsübertragung postulieren aggressives Verhalten, welches als Ergebnis eines negativen Affekts erklärt und anschließend kognitiv verarbeitet wird. Dabei wird ein Netzwerk aggressiver Gedanken und Gefühle aktiviert.

Zillmann (1978) erforschte die Erregungsübertragung als eine Übertragung einer neutralen physiologischen Erregung auf eine Erregung, die sich aus einer Frustration ergibt. Die Ärger-erregung wird verstärkt, und die Stärke der aggressiven Reaktion erhöht sich.

Lernen und Aggression wurden u.a. von Bandura (1991) untersucht.

Modelllernen gilt als ein Prozess, in dem ein Individuum die Kompetenz zur Ausführung von Handlungen durch die Beobachtung des Verhaltens anderer erwirbt. Wenn das beobachtende Individuum das Verhalten bereits beherrscht, kann durch die Modellbeobachtung das eigene Verhalten angeregt (Modell wird für Verhalten verstärkt) oder gehemmt (Modell erfährt durch sein Verhalten Nachteile) werden. Eine Studie von Bandura zeigt Kinder, die an einem Fernsehgerät Erwachsene beobachteten, welche mit einem Boxsack agierten. Dabei wurde die Aggression der Erwachsenen von den Kindern übernommen.

Bedingungen aggressiven Verhaltens sind zum einen Persönlichkeitseigenschaften und zum anderen situative Faktoren.

Aggressivität als Persönlichkeitsmerkmal meint eine interindividuell variierende Neigung, aggressives Verhalten zu zeigen. Aggressivität ist über die Zeit stabil (Olweus 1977). Aggressivität als mehrdimensionales Konstrukt kann körperliche und verbale Aggression sein sowie Ärger und Feindseligkeit.

Der feindselige Attributionsstil ist die Tendenz, mehrdeutiges Verhalten einer anderen Person als Ausdruck einer feindseligen Absicht zu interpretieren. Studien mit Erwachsenen zeigen, dass Personen mit einem feindseligen Attributionsstil stärker zu aggressivem Verhalten neigen (Dill et al. 1997).

Situative Faktoren, die ein aggressives Verhalten oft vervielfachen, sind u.a. Alkohol, hohe Temperaturen oder Gewalt in den Medien. Studien bestätigen, dass Alkoholkonsum die Wahrscheinlichkeit aggressiven Verhaltens signifikant erhöht (u.a. Ito et al. 1996; s. Jonas et al. 2007). Ebenfalls existiert die Hypothese, dass die Gewalt mit steigender Temperatur zunimmt. Darüber hinaus belegen Forschungen den Einfluss des kurz- und langfristigen Konsums von Mediengewalt auf aggressives Verhalten (Anderson et al. 2003).

Was gegen Gewalt getan werden kann, sind primär Bestrafungen oder Trainings. Als Bestrafung muss etwas gewählt werden, dass hinreichend Bedingungen für eine aggressionshem-

◻ Abb. 4.1 Prosoziales Verhalten

4

mende Wirkung (Berkowitz 1993; s. Lohaus und Domsch 2009) schafft. Sie muss angemessen unangenehm sein, eine hohe Auftretenswahrscheinlichkeit vorweisen, Verhaltensalternativen aufzeigen und unmittelbar nach der Gewalttat erfolgen.

In diesen drei Phasen lernen aggressive Menschen u. a. die situativen Auslöser einer Är-gerreaktion kennen sowie Entspannungstechniken und kognitive (Entspannungs-)Techniken.

Prosoziales Verhalten lokalisiert sich zwischen Helfen und dem Altruismus (◻ Abb. 4.1).

Prosozial verhalten Menschen sich für die Herstellung eines guten Gewissens. So entsteht Erleichterung und ein höheres Selbstwertgefühl. Die soziale Anerkennung ist ein polarisie-render Faktor. Gegen ein prosoziales Verhalten spricht die Gefahr, selbst verletzt zu werden, sich zu blamieren, keine wirksame Hilfe leisten zu können, die Sorge vor einer Überforderung, materielle Verluste oder anstehende Termine zu verpassen.

Warum Menschen nicht helfen, wird durch diverse Modelle erklärt:

- Das Modell der Verantwortungsdiffusion erklärt: Je mehr Menschen bei einer Straftat zuschauen, desto seltener eilt jemand zur Hilfe (Darley und Latané 1969).
- Die Theorie des nicht-reagierenden Zuschauers beinhaltet neben der Verantwortungs-diffusion auch die implizite Modellierung, nichts ist geschehen, sowie die Furcht, sich zu blamieren (Darley und Latané 1969).

Warum Menschen helfen, erklären diverse Ansätze:

- Evolutionär wird eine natürliche Selektion bevorzugt. Die Gene, die das Überleben des Individuums sicherstellen, aber auch Gene, die unsere Überlebenschancen verringern, werden nicht weitervererbt.
- Der individualistische Ansatz gliedert sich in Emotionen und die prosoziale Persönlich-keit. Eine positive Stimmung fördert hilfreiches Verhalten. Bei negativen Stimmungen sind die Befunde diesbezüglich widersprüchlich. Prosoziales Verhalten kann auch durch negative Gefühle gefördert (Schuld) und auch verringert werden (Traurigkeit). Die proso-ziale Persönlichkeit besteht aus fünf Facetten: Empathie (Davis 1994), soziale Verantwor-tung (Staub 1974), internale Kontrollüberzeugungen, der Glaube an eine gerechte Welt und ein positives Selbstwertgefühl.
- Der empathiebasierte Altruismus von Batson (2011) beschreibt die empathische Emo-tion, Motivation, die Möglichkeit einer Fluchtalternative und Reaktion.
- Der interpersonelle Ansatz postuliert verschiedene Hypothesen: Hilfe ist abhängig von den Beziehungen, es spielt eine große Rolle, ob diese oberflächlich oder sehr persönlich ist. In sozial motivierten Beziehungen sind Menschen generell hilfsbereiter (Clark et al. 1987, s. Jonas et al. 2007).
- Außerdem helfen Menschen aufgrund ihrer Gesellschaft und ihres kulturellen Hintergrunds. Eine Gesellschaft setzt ein adäquates Sozialverhalten und soziale Regeln voraus sowie ethische Prinzipien. Die Existenz von Menschenrechten ist darüber hinaus ein verstärkender Faktor.

4.10 Affiliation

Affiliation beschreibt die Neigung, die Gesellschaft anderer Menschen zu suchen, unabhängig von unseren Gefühlen gegenüber diesen Personen. Ursächlich für dieses Bedürfnis ist größtenteils unsere evolutionäre Vergangenheit. Warum suchen Menschen in belastenden Situationen die Gesellschaft anderer?

- Die Theorie des sozialen Vergleichs (Festinger 1954) dient der Orientierung mit anderen. Ein sozialer Vergleich schafft eine Angstreduktion und den Erhalt sozialer Unterstützung.
- Laut der Bindungstheorie von Bowlby (Tücke 2007) verschafft uns die Gesellschaft anderer Menschen Beruhigung, Trost und emotionale Unterstützung (Angstreduktion). Das Bedürfnis nach sozialen Kontakten basiert auf folgenden Facetten der Unterstützung: sozial, emotional, informationell, instrumentell sowie die der Einschätzung.

Als zwischenmenschliche Anziehung werden Gefühle gegenüber der anderen Person gemeint sowie das Suchen gegenseitiger Emotionen. Eine Studie von Festinger et al. (Raab et al. 2010) über die räumliche Umwelt ergab, dass Menschen im selben Stockwerk zu 40 % und Menschen in unterschiedlich wohnenden Stockwerken lediglich zu 20 % befreundet waren. Dabei spielte auch eine Rolle, wie weit die Apartments auf dem Flur voneinander entfernt waren. Je weiter sie auseinander wohnten, desto seltener war von einer Freundschaft die Rede. Darüber hinaus wirken ähnliche Einstellungen anziehend. Das Attraktionsparadigma postuliert zusätzlich, dass physisch attraktiven Menschen eher positive Eigenschaften zugeschrieben werden.

Eine Freundschaft ist die gegenseitige Zuneigung und freiwillige Interdependenz. Sie zeichnet sich vor allem aus durch Reziprozität (Gegenseitigkeit der Achtung und Hilfe) und Gerechtigkeit (Equity-Theorie). Die Theorie des sozialen Austauschs (Kosten/Nutzen) wird auch hier angewandt.

Die Liebe definiert, wie auch Freundschaft jeder Mensch für sich eigens, jedoch ist auch hier eine starke Zuneigung mit bedeutenden Gefühlen gemeint. Das Liebes-Modell nach Sternberg (von Kirchbach 2014) zeigt anhand der drei Säulen Vertrautheit, Leidenschaft und Festlegung die verschiedenen Arten der Liebe auf. Nur Vertrautheit: Mögen, nur Leidenschaft: Vernarrtheit, nur Festlegung: Leere Liebe, Vertrautheit und Leidenschaft: Romantische Liebe, Vertrautheit und Festlegung: Kumpelhafte Liebe, Leidenschaft und Festlegung: Alberne Liebe. Die vollkommene Liebe wird erreicht bei einer Vertrautheit, Leidenschaft und Festlegung.

Glückliche Paare weisen ein Vertrauen auf, eine kooperative Konfliktlösung, offene Kommunikation und sichere Bindungsstile. Unglückliche Paare haben ein Problem mit Vertrauen, vermeiden Konflikte und kommunizieren häufig destruktiv. Auch zeichnen sich diese Partner durch unsichere und ambivalente Bindungen aus. Die Festlegung auf einen Partner haben Rusbult und Buunk (Aronson et al. 2008) erforscht und in einem Modell bezüglich der Festlegung und Trennung von Paaren dargestellt.

4.11 Gruppenpsychologie, Gruppenleistung und Führung

Eine Gruppe besteht aus mindestens zwei Personen, die sich als Mitglieder einer Gruppe definieren (Tajfel 1981). Gruppen unterscheiden sich in Bezug auf das Ausmaß, in dem sie als eine miteinander verbundene und kohärente Einheit wahrgenommen werden (Entitativität). Warum brauchen Menschen Gruppen? Die Soziobiologie erklärt dies mit der Evolution. Das Zugehörigkeitsbedürfnis als angeborene Motivation des Menschen, positive, starke und stabile Bindungen zu anderen Menschen zu knüpfen (Baumeister und Leary 1995). Kognitive

Psychologen erklären dies mit der Theorie des sozialen Vergleichs (Festinger 1954), und die instrumentelle Position wird mit der Austauschtheorie von Thibaut und Kelley (1959) vertreten.

Ein Individuum durchläuft fünf Phasen, sobald sie einer neuen Gruppe beitreten möchte. Das Modell der Gruppensozialisation von Moreland und Levine (Aronson et al. 2008) erklärt, dass ein Individuum zuerst erkundet, d. h. die Ziele und Bedürfnisse der Gruppe eruiert. In der zweiten Phase, der Sozialisation, lernt das neue Mitglied die Normen und Verhaltensweisen der Gruppe kennen sowie die eigene Rolle in der Formation. In der Phase der Aufrechterhaltung ist das neue Mitglied endlich ein Vollmitglied und konzentriert sich auf das Aushandeln der eigenen Rolle. In der vierten Phase findet die Resozialisierung statt, und im fünften und letzten Abschnitt tritt das Mitglied aus, und es erfolgt eine Erinnerung an die Zeit in der Gruppe.

Die Entwicklung und Struktur der Gruppe wird nach dem Entwicklungsmodell nach Tuckman und Jensen (Jonas et al. 2014) erklärt: forming, storming, norming, performing, adjourning: Forming bedeutet, dass sich die Gruppenmitglieder gegenseitig kennenlernen und noch eine hohe Unsicherheit interpersonell besteht. In der zweiten Phase, dem Storming, wehren sich die Gruppenmitglieder bereits gegen die Einflussnahme anderer, und es herrscht eine Uneinigkeit und starker Konflikt. Im Norming verbindet die Gruppenmitglieder ein gemeinsames Ziel, und es resultieren intensive Freundschaften und Kohäsionen. In der vierten Stufe, dem Performing, arbeiten die Gruppenmitglieder gemeinsam auf ihr Ziel hin, und es entstehen leistungsorientierte Beziehungen. Das finale Adjourning deutet auf einen Abschluss hin. Gruppenmitglieder verlassen die Gruppe, es polarisieren Gefühle, etwas erreicht oder versagt zu haben, und manchmal eine Enttäuschung oder eben Erleichterung.

Podsakoff et al. (Nerdinger et al. 2011) erforschten eine starke Korrelation zwischen der Gruppenkohäsion und erbrachten Leistung.

Gruppenaufgaben unterscheiden sich darin, ob sie unterteilbar oder nicht unterteilbar sind und eine Maximierung oder Optimierung erreicht werden soll. Bei der additiven Aufgabe zählt die Gesamtleistung (z. B. Tauziehen, Brainstorming), der disjunktive Aufgabentyp zeigt die Einzelleistung des besten Mitglieds (z. B. Problemlösen) und die konjunktive Aufgabe die Einzelleistung des schlechtesten Mitglieds (z. B. etwas vertraulich behandeln, Bergsteigen). Die tatsächliche Gruppenleistung setzt sich zusammen aus dem Gruppenpotenzial, davon abgezogen die Prozessverluste und addiert die Prozessgewinne.

4.11.1 Gruppenleistung

Eine verringerte Gruppenleistung wird u. a. hervorgerufen durch Koordinierungsverluste. Der Ringelmann-Effekt (Ringelmann 1913) zeigte die Abnahme der durchschnittlichen Leistungen der Gruppenmitglieder mit zunehmender Gruppengröße. Die nominale Gruppe bestimmt die potenzielle Leistung einer Gruppe. Die Gruppenmitglieder führen die Aufgaben einzeln und individuell durch.

Auch Motivationsverluste spielen eine große Rolle.

- Als soziales Faulenzen wird der Motivationsverlust in Gruppen benannt. Dies tritt auf, weil die individuelle Leistung innerhalb der Gruppenleistung nicht identifizierbar ist.
- Das Trittbrettfahren erklärt die Verringerung der Anstrengungen einzelner Gruppenmitglieder, weil die individuelle Leistung nur einen geringen Beitrag für die Gruppenleistung darstellt.
- Der Trotteleffekt verdeutlicht den Motivationsverlust in Gruppen, welcher auftritt, weil ein Mitglied nicht ausgenutzt werden will.

Eine Motivationszunahme kann z. B. hervorgerufen werden durch einen sozialen Wettbewerb, denn wenn Leistungen individuell identifizierbar sind, sind einzelne Mitglieder stärker motiviert. Stärkere Gruppenmitglieder arbeiten außerdem mehr, um Leistungsdefizite schwächerer Mitglieder auszugleichen. Dies nennt man soziale Kompensation. Der Köhler-Effekt (Wegge 2004; s. Bierhoff 2006) erklärt die erhöhte Anstrengung der schwächeren Mitglieder, um nicht für eine schwache Gruppenleistung verantwortlich gemacht zu werden.

4.11.2 Führung

Führung ist die Beeinflussung und Leitung anderer Personen.

Die Forschungen zum Thema Führung (Führungseffektivität) beziehen sich auf die Leistung der Gruppe, das Ausmaß des Einfluss auf die Mitarbeiter/innen, die Wahrnehmung und die Herausbildung als Führungskraft. Außerdem zeigen Forschungen konsistente Korrelationen zwischen effektiven Führungskräften und den Big Five Neurotizismus (r = −.24, Verträglichkeit r = .08 und Extraversion, Offenheit und Gewissenhaftigkeit zwischen .2 und .3. Die Korrelation von Führung und Intelligenz wurde bei .27 erhoben.

Führungsverhalten sind beobachtbare Handlungen, die andere beeinflussen und motivieren sollen. Eine Forschergruppe aus Ohio (z. B. Hemphill und Stogdill 1959; s. Schettgen 1991) fand zwei Dimensionen heraus: aufgaben- und mitarbeiterorientiertes Führungsverhalten. Korrelationen zwischen Führungserfolg und Aufgabenorientierung (r = .29) und Mitarbeiterorientierung (r = .49) wurden erhoben. Eine Gruppe in Michigan (Likert und Katz 1961; s. Pieper 1988) erforschte vier Dimensionen: Erleichterung der Interaktionen, Erleichterung der Arbeit, Ziel- und Mitarbeiterorientierung.

Die Weg-Ziel-Theorie (u. a. House 1971,1996; s. Jonas et al. 2007) befasst sich damit, wie eine Führungskraft die Wahrnehmungen der Mitarbeiter in Bezug auf ihre Arbeitsziele, ihre persönlichen Ziele und deren Erreichung beeinflusst. Die Weg-Ziel-Theorie unterscheidet fünf Klassen von Führungsverhalten: klärendes Verhalten, Verhaltung zur Erleichterung der Arbeit, partizipatives Verhalten, unterstützendes Verhalten und leistungsorientiertes Verhalten.

Im Jahr 1939 erforschte Lewin (s. Lewin 2012) die bis heute sehr populären Führungsstile. Eine Führungspersönlichkeit, handelnd durch den autokratischen Führungsstil, ist direktiv, nichtpartizipativ und dominant. Der demokratische Führungsstil zeichnet sich aus durch Partizipation aller Mitglieder, Kommunikation und Egalität. Die Laissez-faire-Führung geschieht ohne Einmischung.

4.12 Zusammenfassung

- **Soziale Kognition**

Soziale Kognition ist die Art und Weise, wie Menschen Informationen aus ihrer sozialen Welt aufnehmen und weiter verarbeiten. Es werden automatische und kontrollierte Prozesse unterschieden. Kategorisierungen, Schemata, Stereotypen und Heuristiken vereinfachen das automatische Denken. Automatisches Denken geschieht ohne Absicht oder Anstrengung und Bewusstsein. Das kontrollierte Denken findet absichtlich und mit hohem Aufwand statt. Automatisches Denken erfolgt wie ein innerer Autopilot. Wir unterscheiden zwei Verarbeitungsmodelle: das Dissonanzmodell von Devine (1989) und das Kontinuummodell von Fiske und Neuberg (1990).

4

■ **Soziale Wahrnehmung**

Die soziale Wahrnehmung beschreibt den Umstand, wie Menschen sich einen Eindruck von anderen Menschen bilden und wie daraus Schlussfolgerungen gezogen werden. Ein zentrales Persönlichkeitsmerkmal ist eine dispositionale hervorstechende Eigenschaft, die als integraler Bestandteil der Persönlichkeit wahrgenommen wird. Ein peripheres Persönlichkeitsmerkmal ist ein wahrgenommenes Merkmal der Persönlichkeit, das sich nicht fundamental auf die Gesamtinterpretation der Persönlichkeit auswirkt. Eine nonverbale Informationsübermittlung ist die Art und Weise, wie Menschen absichtlich oder unabsichtlich kommunizieren, aufgrund von Gesichtsausdruck, Tonfall, Gesten, Körperhaltung, Körperbewegungen sowie durch den Einsatz von Berührungen und Blicken (Aronson et al. 2008). Eine Attribution ist die Ursache und Wirkung für das Erleben und Verhalten des Menschen. Eine Attributionstheorie hegt Annahmen darüber, wie Laien zu Erklärungen für ihr eigenes Verhalten und das Verhalten anderer Menschen gelangen. Die Attribution kann durch eine Korrespondenzverzerrung, Verzerrung aufgrund eines fehlerhaften Konsens und die Wirkung automatischer Prozesse sowie durch die Rolle der Motivation, den fundamentalen Attributionsfehler und selbstwertdienliche Attributionsverzerrungen stattfinden.

■ **Das Selbst und die soziale Identität**

Das Selbstkonzept ist ein stabiles Muster wiederkehrender kognitiver Aktivitäten. Inhaltlich werden Selbstschemata und -aspekte unterschieden. Man unterscheidet zwischen dependenten und independenten Selbstschemata. Die Selbstregulation ist der Prozess der Kontrolle und der Lenkung des eigenen Verhaltens, um angestrebte Ziele zu erreichen. Die Selbstbewertung bezieht sich auf eigenes Verhalten, das körperliche Erscheinungsbild, eigene Fähigkeiten und andere Persönlichkeitsmerkmale mittels internalisierter Standards oder sozialer Normen. Das Selbstwertgefühl ist die Einstellung gegenüber der eigenen Person. Die Theorie der sozialen Identität von Tajfel (1978, 1981) (s. Tajfel 1982) und Tajfel und Turner (1979, 1986) (s. Tajfel und Turner 1986) postuliert die sozialen Kategorisierungen in Eigengruppe (Wir: Ich gehöre dazu) und Fremdgruppen (Ihr: Die Anderen) und das Bedürfnis nach positiver sozialer Identität. Die Selbstkategorisierungstheorie von Turner (1982, 1987) beschreibt die persönliche Identität als einzigartiges Individuum (Ich) und die soziale Identität als austauschbares Mitglied einer Gruppe.

■ **Einstellungen und Messen von Einstellungen**

Einstellungen definiert man als eine psychologische Tendenz, die dadurch zum Ausdruck kommt, dass man ein bestimmtes Objekt mit einem gewissen Grad an Zuneigung oder Abneigung begegnet. Es gibt drei Komponenten: affektiv (A), Verhalten/behavioral (B) und kognitiv (C). Das Verhalten kann Einstellungen direkt beeinflussen. Die Einstellungsfunktion ist das psychologische Bedürfnis, das von einer Einstellung befriedigt wird. Die Funktionen von Einstellungen sind weiterhin die Bewertung eines Gegenstandes, eine soziale Anpassung und Externalisierung. Explizite Einstellungsmaße werden auch direkte Erfassung von Einstellungen genannt. Implizite Einstellungsmaße dienen als indirekte Erfassung von Einstellungen.

■ **Einstellungs- und Verhaltensänderung**

Zu der Einstellungs- und Verhaltensänderung gehört die Persuasion (Überredung). Das Informationsverarbeitungsmodell von McGuire (1969, 1985) (s. McGuire 1985) geht davon aus, dass zu dem Verständnis von persuasiver Interaktion mindestens fünf Bedingungen erfüllt sein müssen: Aufmerksamkeit, Verstehen, Akzeptieren, Beibehalten und Verhalten. Eine Einstellungs- oder Verhaltensänderung hängt davon ab, inwieweit Personen zustimmende oder ablehnende Gedanken in Bezug auf die Botschaft generieren. Die Zwei-Prozess-Theorien der

Persuasion nennt man das Modell der Elaborationswahrscheinlichkeit (ELM) und das Heuristisch-systematische Modell (HSM). Die Wege der Informationsverarbeitung sind abhängig von der zur Verfügung stehenden Zeit, dem Wissen und der Motivation der Person. Sind Zeit und Motivation vorhanden, wird die Information gründlich verarbeitet, sollten Zeit und/oder Motivation nicht vorhanden sein, gestaltet sich die Informationsverarbeitung sehr oberflächlich. Die Dissonanztheorie von Festinger (1954) postuliert, dass Änderungen von Einstellungen und Verhalten Folge einer kognitiven Dissonanz sein können.

- **Stereotype, Vorurteile, Diskriminierung**

Ein Stereotyp ist die kognitive Repräsentation unseres Wissens und unserer Überzeugungen gegenüber sozialen Gruppen. Ein Vorurteil ist die affektive Bewertung der sozialen Gruppe oder ihrer Mitglieder. Diskriminierung ist das Verhalten gegenüber bestimmten sozialen Gruppen oder ihren Mitgliedern. Die vorurteilsvolle Persönlichkeit nach Allport (1954, 1971)(s. Allport 1974) reagiert mit Ambivalenz gegenüber den Eltern, Moralismus, Dichotomie, Bedürfnis nach Entschiedenheit, Veräußerlichung von Konflikten, Institutionalismus und Autoritarismus. Die Theorie der sozialen Identität nach Tajfel und Turner (1986) ist ein Paradigma der minimalen Gruppen. Im Fokus steht das Individuum, jedoch ist das Ziel, die Konfliktlösung zwischen Gruppen erklären zu können. Es werden drei Arten des Rassismus unterschieden: aversiv, ambivalent, modern. Im Zusammenhang mit dem Abbau von Vorurteilen wird die Kontakthypothese nach Allport (1954) (s. Allport 1974) erwähnt. Diese Hypothese besagt, dass ein gleicher Status der Gruppenmitglieder, übergeordnete Ziele, kein Wettbewerb und die Unterstützung durch Normen und leitende Personen für den Abbau von Vorurteilen hilfreich sind.

- **Autoritarismus**

Das autoritäre Syndrom von Adorno et al. (1950) (s. Adorno 1996) zeichnet sich durch verschiedene Eigenschaften aus: Konventionalismus, autoritäre Unterwürfigkeit und Aggression, Anti-Intrazeption, Aberglaube und Stereotypie, Machtdenken und Robustheit, Destruktivität und Zynismus, Projektivität und Sexualität. Die autoritäre Persönlichkeit wird hervorgerufen durch eine hierarchische und ausbeuterische Eltern-Kind-Beziehung. Die Charakterstruktur wird als sadomasochistisch beschrieben und durch die bestimmenden ökonomischen und gesellschaftlichen Bedingungen geformt.

- **Aggression**

Aggressives Verhalten (Baron und Richardson 1994) ist jede Form von Verhalten, das darauf abzielt, einem anderen Lebewesen zu schaden oder es zu verletzen, wobei dieses Lebewesen motiviert ist, eine solche Behandlung zu vermeiden. Warum Menschen aggressiv werden, hat biologische und psychologische Ansätze. Was gegen Gewalt getan werden kann, sind primär Bestrafungen oder Trainings. Anti-Aggressions-Trainings haben z. B. Beck und Fernandez (1998) erstellt.

- **Prosoziales Verhalten**

Prosozial verhalten Menschen sich für die Herstellung eines guten Gewissens. So entsteht Erleichterung und ein höheres Selbstwertgefühl. Warum Menschen nicht helfen, erklärt u. a. das Modell der Verantwortungsdiffusion und die Theorie des nicht-reagierenden Zuschauers. Warum Menschen helfen, erklären diverse Ansätze. Evolutionär wird eine natürliche Selektion bevorzugt, und der individualistische Ansatz beschäftigt sich mit Emotionen und der prosozialen Persönlichkeit. Die prosoziale Persönlichkeit besteht aus fünf Facetten: Empathie (Davis 1994), soziale Verantwortung (Staub 1974), internale Kontrollüberzeugungen, der Glaube an eine gerechte Welt und ein positives Selbstwertgefühl. Der empathiebasierte Altruismus von Batson (1991) (s. Batson

2011) beschreibt die empathische Emotion, Motivation, die Möglichkeit einer Fluchtalternative und Reaktion. Außerdem helfen Menschen aufgrund ihrer Gesellschaft und ihres kulturellen Hintergrunds.

▪ Affiliation

Affiliation beschreibt die Neigung, die Gesellschaft anderer Menschen zu suchen, unabhängig von unseren Gefühlen gegenüber diesen Personen. Die Theorie des sozialen Vergleichs (Festinger 1954) dient der Orientierung mit anderen. Laut der Bindungstheorie von Bowlby (1969) verschafft uns die Gesellschaft anderer Menschen Beruhigung, Trost und emotionale Unterstützung (Angstreduktion). Als zwischenmenschliche Anziehung werden Gefühle gegenüber der anderen Person gemeint sowie das Suchen gegenseitiger Emotionen. Eine Freundschaft ist die gegenseitige Zuneigung und freiwillige Interdependenz. Die Liebe ist allgemein definiert als eine starke Zuneigung mit bedeutenden Gefühlen. Glückliche Paare weisen ein Vertrauen auf, eine kooperative Konfliktlösung, offene Kommunikation und sichere Bindungsstile. Unglückliche Paare haben ein Problem mit Vertrauen, vermeiden Konflikte und kommunizieren häufig destruktiv.

▪ Gruppenpsychologie, Gruppenleistung und Führung

Eine Gruppe besteht aus mindestens zwei Personen, die sich als Mitglieder einer Gruppe definieren (Tajfel 1982). Die Soziobiologie erklärt dies mit der Evolution. Das Zugehörigkeitsbedürfnis als angeborene Motivation des Menschen, positive, starke und stabile Bindungen zu anderen Menschen zu knüpfen (Baumeister und Leary 1995). Ein Individuum durchläuft fünf Phasen, sobald es einer neuen Gruppe beitreten möchte. Das Modell der Gruppensozialisation von Moreland und Levine (1982) erklärt die fünf Phasen der Erkundung, Sozialisation, Aufrechterhaltung, Resozialisierung und Erinnerung. Die Entwicklung und Struktur der Gruppe wird in nach dem Entwicklungsmodell nach Tuckman und Jensen (1977) erklärt: forming, storming, norming, performing, adjourning. Gruppenaufgaben unterscheiden sich darin, ob sie unterteilbar oder nicht unterteilbar sind und eine Maximierung oder Optimierung erreicht werden soll. Eine verringerte Gruppenleistung wird u. a. hervorgerufen durch Koordinierungsverluste. Der Ringelmann-Effekt, die nominale Gruppe und auch Motivationsverluste spielen eine große Rolle. Führung ist die Beeinflussung und Leitung anderer Personen. Führungsverhalten sind beobachtbare Handlungen, die andere beeinflussen und motivieren sollen. Die Weg-Ziel-Theorie unterscheidet fünf Klassen von Führungsverhalten: klärendes Verhalten, Verhaltung zur Erleichterung der Arbeit, partizipatives Verhalten, unterstützendes Verhalten und leistungsorientiertes Verhalten. Im Jahr 1939 erforschte Lewin die bis heute sehr populären Führungsstile: autokratisch, demokratisch und laissez-faire.

4.13   Fragen

1. Was ist der Primacy-Effekt?
2. Erkläre die Theorie der sozialen Identität nach Tajfel.
3. Welche Zwei-Prozess-Theorien der Persuasion sind bekannt? Beschreibe eine.
4. Warum sind Menschen aggressiv?
5. Erkläre die prosoziale Persönlichkeit.

Literatur

Verwendete Literatur

Adorno, T. W. (1986). *Philosophie und Gesellschaft*. Ditzingen: Reclam.

Ajzen, I. (1985). From intentions to actions: A theory of planned behavior. In J. Kuhl, & J. Beckman (Hrsg.), *Action control: From cognition to behavior*. Heidelberg: Springer.

Allport, G. W. (1974). *Werden der Persönlichkeit, Gedanken zur Grundlegung einer Psychologie der Persönlichkeit*. München: Kindler.

Anderson, C. A., Berkowitz, L., Donnerstrein, E., Huesmann, L. R., Johnson, J. D., Linz, D., Malamuth, N. M., & Wartella, E. (2003). The influence of media violence on youth. *Psychological Science, 4*.

Arnscheid, R. (1999). *Gemeinsam sind wir stark?* Münster: Waxmann.

Aronson, E., Wilson, T. D., & Akert, R. M. (2008). *Sozialpsychologie* (6. Aufl.). München: Pearson.

Avci-Werning, M. (2004). *Prävention ethnischer Konflikte in der Schule*. Münster: Waxmann.

Bandura, A. (1991). *Sozial-kognitive Lerntheorie*. Stuttgart: Klett-Cotta.

Baron, RA. & Richardson, DR., (1994). *Human Aggression*, 2nd edn. New York: Plenum Press.

Batson, C. D. (2011). *Altruism in Humans*. New York: Oxford University Press.

Baumeister, R. F., & Leary, M. R. (1995). The need to belong: Desire for interpersonal attachments as a fundamental human motivation. *Psychological Bulletin, 117*.

Beck, R., & Fernandez, E. (1998). *Cognitive-behavioral therapy in the treatment of anger: a metaanalys Evid Mental Health* 22, 63. London: BMJ Publishing Group Ltd, Royal College of Psychiatrists & Britisch Psychological Society.

Bierhoff, H. W. (2006). *Sozialpsychologie: Ein Lehrbuch*. Stuttgart: Kohlhammer.

Bolwby, J. (1969). Attachment. Attachment and lossLoss: 1. New York: Basic Books.

Chaiken, S., & Trope, Y. (1999). *Dual-Process theories in Social Psychology*. New York: Guilford Press.

Darley, J. B., & Latane, B. (1969). Apathy. *American Scientist, 57*.

Davis, M. H. (1994). *Empathy*. Boulder: Westview Press.

Devine, P. G. (1989). Stereotypes and prejudice: Their automatic and controlled components. *Journal of Personality and Social Psychology, 56*, 5–18.

Dill, K. E., Anderson, C. A., Anderson, K. B., & Deuser, W. E. (1997). Effects of aggressive personality on social expectations and social perceptions. *Journal of Research in Personality, 31*.

Festinger, L. (1954). A theory of Social Comparison Processes. *Human Relations, 7*.

Fishbein, M., & Ajzen, I. (1975). *Belief, attitude, intention and behavior: An introduction to theory and research*. Boston: Addison Wesley.

Fiske, S., Gilbert, D., & Gardner, L. (Hrsg.). (2010). *Handbook of Social Psychology* (5. Aufl.). New York: John Wiley & Sons.

Fiske, S. T., & Neuberg, S. L. (1990). *A continuum of impression formation, from category-based to individuating processes: Influences of information and motivation on attention and interpretation*. In Zanna, M. P. (Hrsg.), *Advances in experimental social psychology*, 23:1–74. New York: Academic Press.

Frey, D., & Bierhoff, H.-W. (2011). *Sozialpsychologie – Interaktion und Gruppe*. Göttingen: Hogrefe.

Fromm, E. (1993). *Die Furcht vor der Freiheit*. München: Deutscher Taschenbuch Verlag.

Heider, F. (1958). *The psychology of interpersonal relations*. New York: Wiley.

Jonas, K., Stroebe, W., & Hewstone, M. (2007). *Sozialpsychologie* (5. Aufl.). Heidelberg: Springer.

Jonas, K., Stroebe, W., & Hewstone, M. (2014). *Sozialpsychologie* (6. Aufl.). Heidelberg: Springer.

Kelley, H. (1950). The warm-cold variable in first impressions of persons. *Journal of Personality, 18*(4).

Kelley, H. (1967). Attribution theory in social psychology. In D. Levine (Hrsg.), *Nebraska symposium on motivation*. Lincoln: University of Nebraska Press.

Miller, N. E., & Dollard, J. (1941). *Social learning and imitation*. New Haven: Yale University Press.

Moreland, R. L., Levine, J. M. (1982). *Personal construct psychology: Psychotheraphy and personality*. In L. Berkowitz (Ed.), *Advances in experimental social psychology*, 15:137–192. New York: Academic Press.

Lewin, K. (2012). *Feldtheorie in den Sozialwissenschaften: Ausgewählte theoretische Schriften* (2. Aufl.). Bern: Huber.

Lohaus, A., & Domsch, H. (2009). *Psychologische Förder- und Interventionsprogramme für das Kindes- und Jugendalter. Prosoziales Verhalten*. Heidelberg: Springer.

Lorenz, K. Z. (1974). Analogy as a source of knowledge. *Science, 185*.

McGuire, W. (1985). Attitudes and attitude change. In G. Lindzey, & E. Aronson (Hrsg.), *Handbook of Social Psychology* 3. Aufl. New York: Random House.

Moskowitz, G. (2004). *Social Cognition: Understanding Self and Others*. New York: Guilford Press.

Nerdinger, F. W., Blickle, G., & Schaper, N. (2011). *Arbeits- Und Organisationspsychologie* (2. Aufl.). Heidelberg: Springer.

Olweus, D. (1977). Aggression and peer acceptance in adolescent boys: Two shortterm longitudinal studies of ratings. *Child Development, 48.*

Pettigrew, T. F., & Tropp, L. R. (2006). A meta-analytic test of intergroup contact theory. *Journal of Personality and Social Psychology, 90.*

Pieper, R. (1988). *Diskursive Organisationsentwicklung: Ansätze einer sozialen Kontrolle von Wandel.* Berlin: de Gruyter.

Raab, G., Unger, A., & Unger, F. (2010). *Marktpsychologie: Grundlagen und Anwendung.* Wiesbaden: Gabler.

Ramirez, J. M. (2003). *Hormones and aggression in childhood and adolescence.* Amsterdam: Elsevier.

Ringelmann, M. (1913). Recherches sur le moteurs animés: Travail de l'homme. *Annales de l'Institut National Agronomique, 12.*

Schettgen, P. (1991). *Führungspsychologie im Wandel: Neue Ansätze in der Organisations-, Interaktions- und Attributionsforschung.* Wiesbaden: Deutscher Universitätsverlag.

Staub, E. (1974). Helping a distressed person: social, personality and stimulus determinants. *Advances in Experimental Social Psychology, 7.*

Tajfel, H. (1982). *Gruppenkonflikt und Vorurteil: Entstehung und Funktion sozialer Stereotypen.* Bern: Huber.

Tajfel, H., & Turner, J. C. (1986). The Social Identity Theory of Intergroup Behaviour. In S. Worchel, & W. G. Austin (Hrsg.), *Psychology of Intergroup relations* 2. Aufl. Chicago: Nelson-Hall.

Thibaut, N., & Kelley, H. (1959). *The social psychology of groups.* New York: Wiley Press.

Tücke, M. (2007). *Entwicklungspsychologie des Kindes- und Jugendalters für (zukünftige) Lehrer* (3. Aufl.). Berlin: Lit.

Tuckmann, B. W., & Levine, J. M. (1977). Stages in small group development revisited. *Group and Organization Studies, 2:*39–48. Oxford: Oxford University Press

Turner, J. C., Hogg, M. A., Oakes, P. J., Reicher, S. D., & Wetherell, M. S. (1987). *Rediscovering the social group. A Self-Categorization Theory.* New York: Basil Blackwell.

Von Kirchbach, G. (2014). *Liebesmodell nach Sternberg.* Münster/New York: Waxmann.

Zillmann, D. (1978). Attribution and misattribution of excitatory reactions. In J. H. Harvey, W. J. Ickes, & R. F. Kidd (Hrsg.), *New directions in attribution research* Bd. 2 Hillsdale: Erlbaum.

Zumkley-Münkel, C. (1994). *Erziehung aus der Sicht des Kindes.* Münster: Waxmann.

Weiterführende Literatur

Fischer, P., Asal, K., & Krueger, J. (2013). *Sozialpsychologie.* Heidelberg: Springer.

Irle, M., & Möntmann, V. (Hrsg.). (2012). *Theorie der kognitiven Dissonanz.* Bern: Huber.

Sternberg, R., & Sternberg, K. (2011). *Cognitive Psychology.* New York: Wadsworth.

Surma, S. (2011). *Selbstwertmanagement: Psychische Belastung im Umgang mit schwierigen Kunden.* Wiesbaden: Gabler.

Winter, K. (2009). *Wirkung von Limited Editions für Marken: Theoretische Überlegungen und Empirische Überprüfung (Marken- und Produktmanagement).* Wiesbaden: Gabler.

Entwicklungspsychologie

Christina von der Assen

5.1   **Einführung** – 109

5.2   **Physische Entwicklung (prä- und postnatal)** – 109
5.2.1   Entwicklungsstadien – 109
5.2.2   Pränatale Einflussfaktoren – 109
5.2.3   Frühgeburten – 110
5.2.4   Prüfung der physischen Funktionsfähigkeit – 110
5.2.5   Entwicklung circadianer Rhythmen – 111
5.2.6   Gehirnentwicklung – 111
5.2.7   Körperwachstum – 111

5.3   **Motorik- und Sensorikentwicklung** – 112
5.3.1   Motorikentwicklung – 112
5.3.2   Sensorikentwicklung – 112
5.3.3   Auditive Wahrnehmung – 113
5.3.4   Intermodale Wahrnehmung – 114

5.4   **Eltern-Kind-Interaktion und Bindung** – 114
5.4.1   Frühe Eltern-Kind-Interaktion – 114
5.4.2   Bindung – 114

5.5   **Kognition** – 115

5.6   **Intelligenz** – 116

5.7   **Emotion** – 117

5.8   **Sprache** – 118

5.9   **Selbstkonzept** – 119

5.10   **Geschlechtstypisierung** – 119

5.11   **Soziale Beziehungen** – 120
5.11.1   Erziehungsstile – 122
5.11.2   Scheidung – 123
5.11.3   Geschwisterbeziehungen – 123

C. von der Assen, *Crash-Kurs Psychologie*,
DOI 10.1007/978-3-662-43359-1_5, © Springer-Verlag Berlin Heidelberg 2016

5.12   Moral – 124

5.13   Entwicklungsabweichungen – 125

5.14   Zusammenfassung – 126

5.15   Fragen – 128

        Literatur – 129

Gegenstand der Entwicklungspsychologie sind intraindividuelle Veränderungen des Erlebens und Verhaltens der Menschen sowie dabei auftretende interindividuelle Unterschiede.

5.1 Einführung

Die Entwicklung des Menschen bezieht sich auf die Veränderung, die wir jeden Tag erleben. Dies kann intra- sowie interpersonell geschehen.

Dieses Kapitel beschäftigt sich also mit dem Kindes- und Jugendalter. In dem nächsten Buch wird es um die Entwicklungspsychologie des Erwachsenenalters gehen.

In der Entwicklungspsychologie gehen wir die Geschichte des psychischen Wesens eines Menschen chronologisch durch. Wir beschäftigen uns mit der physischen Entwicklung, natürlich mit der Eltern-Kind-Beziehung sowie mit der Entwicklung der Intelligenz, Sprache, Moral. Auch soziale Aspekte der Entwicklung werden detailliert angesprochen.

Ein weiterer wichtiger Punkt sind die Entwicklungsabweichungen, welche festzustellen sind, sobald die Veränderung der Kinder und Jugendlichen nicht „normgerecht" vonstatten geht. Auch wie wir „normgerecht" definieren und was uns davon abhält, uns so zu entwickeln, wie wir es eigentlich sollten, wird in diesem Kapitel besprochen.

5.2 Physische Entwicklung (prä- und postnatal)

5.2.1 Entwicklungsstadien

- **Zygotenstadium**
Die pränatale Entwicklung beginnt mit der Verschmelzung von Ei- und Samenzelle. Es folgt das Zygotenstadium, womit der Zeitraum von Befruchtung bis zur Einnistung der befruchteten Eizelle (Zygote) gemeint ist (ersten zwei Lebenswochen; s. Lohaus et al. 2010, S. 70).

- **Embryonalstadium**
Im Alter von 3–8 Lebenswochen finden folgende entscheidende Entwicklungsmechanismen statt: Zellteilung, Zellspezialisierung, Zellmigration, Zellsterben. Letzteres meint ein gezieltes Absterben von „überflüssigen" Zellen bzw. den sog. „programmierten Zelltod". Durch das Zusammenspiel der o. g. vier Entwicklungsmechanismen bildet sich der individuelle Organismus. Das Unterstützungssystem für den Embryo entwickelt sich jetzt. Dazu gehören Plazenta, Nabelschnur und Fruchtblase (s. Lohaus et al. 2010, S. 71).

- **Fötalstadium**
Daraufhin folgt das Fötalstadium, das von der 9. Schwangerschaftswoche bis zur Geburt reicht. Dies dauert an bis zu der Geburt des Kindes (s. Lohaus et al. 2010).

5.2.2 Pränatale Einflussfaktoren

Bei Teratogenen handelt es sich um schädigende Faktoren, die bereits pränatal die Entwicklung des Kindes negativ beeinflussen. Es gibt einige negative Einflussfaktoren. Dazu zählen z. B. Alkohol, Drogen (darunter auch das Rauchen), bestimmte Medikamente, Umweltgifte (Blei, Quecksilber, Pestizide), Strahlenschäden oder Infektionskrankheiten der Mutter (HIV-Infektion).

Ein gutes Beispiel dafür ist der Contergan-Skandal in Deutschland Anfang der 1960er-Jahre (s. Lohaus et al. 2010, S. 72).

5.2.3 Frühgeburten

Die Schwangerschaft dauert im Schnitt ca. 38 Wochen, wobei eine Überlebensfähigkeit mit medizinischer Unterstützung schon etwa mit 23 Wochen gegeben ist. Das Risiko medizinischer Komplikationen steigt, je früher ein Kind zur Welt gebracht wird. Hierzu gehören z. B. Hirnblutungen beim Säugling. Vor allem bei Frühgeburten mit medizinischen Komplikationen finden sich nicht selten Spätfolgen bei den betroffenen Kindern (s. Lohaus et al. 2010, S. 73).

5.2.4 Prüfung der physischen Funktionsfähigkeit

Nach der Geburt findet eine Überprüfung der Säuglingsvitalität und physischen Funktionsfähigkeit statt. Dies wird erhoben nach dem Apgar-Score (benannt nach der Anästhesistin Virginia Apgar), welcher die Überlebensfähigkeit des Säuglings feststellt. Dieser sagt, ob der Säugling unmittelbar allein überleben kann oder ob ein dringendes medizinisches Eingreifen erforderlich ist. Es wird anhand von fünf Parametern erhoben: Herzfrequenz, Atmungsaktivität, Reflexauslösbarkeit, Muskeltonus, Hautfärbung.

Je nach Zustand werden dabei entweder 0, 1 oder 2 Punkte vergeben (0 P. schlecht, 1 P. ok, 2 P. sehr gut). Die Erhebung des Apgar-Score erfolgt dreimal: eine Minute, fünf und zehn Minuten nach der Geburt.

Im 1. Lebensjahr gehört der plötzliche Säuglingstod (SIDS) zu den von Eltern am meisten gefürchteten Gefahren. Während des Schlafes führt eine plötzliche und anhaltende Atemunterbrechung zu dem unerklärlichen Tod. Bedingungen, die den plötzlichen Säuglingstod erhöhen, sind folgende:

- ein bereits aufgetretener lebensbedrohlicher Zustand,
- ein an SIDS verstorbenes Geschwisterkind,
- eine Frühgeburt (vor der 33. Schwangerschaftswoche) bzw. ein sehr niedriges Geburtsgewicht,
- Drogenkonsum der Mutter.

Das Risiko wird außerdem erhöht durch:

- Schlafen in Bauchlage,
- Rauchen der Mutter während der Schwangerschaft,
- Rauchen in Gegenwart des Säuglings,
- Verzicht auf das Stillen des Kindes und
- Überwärmung des Kindes.

Interveniert werden kann hier beispielsweise mit Atmungsmonitoren, welche allerdings gelegentlich zu Fehlalarmen führen können und somit zu einer extremen Stressbelastung der Eltern.

Die Häufigkeit von SIDS konnte in den letzten Jahren deutlich gesenkt werden (s. Lohaus et al. 2010, S. 74–75).

5.2.5 Entwicklung circadianer Rhythmen

Circadiane Rhythmen sind innere Rhythmen unseres Organismus, die der Anpassung an die zeitlichen Abläufe in der Umgebung dienen und die typischerweise auf eine Tagesperiode abgestimmt sind. In der Entwicklung des Säuglings gehört die Entwicklung dieser Rhythmen dazu. Der Schlaf-Wach-Rhythmus und die Ernährungsbedürfnisse sind eingespielt.

Der Säugling verbringt ca. 16 Stunden mit schlafen, wobei es deutliche Unterschiede zwischen den verschiedenen Säuglingen gibt. Bei dem Schlaf des Säuglings unterscheidet man zwischen tiefem und ruhigem sowie dem aktiven, unruhigen Schlaf. Mit der Zeit verlängern sich die Schlafintervalle, sodass es zu einer Abnahme des Nachtschlafes und Zunahme des Tagesschlafes kommt. Während der ersten 3–4 Lebensjahre benötigen viele Kinder jedoch weiterhin einen Mittagsschlaf.

Neben den Schlafstadien gibt es weitere Aktivierungszustände. Dazu gehört die Schläfrigkeit, die Phase der wachen Aufmerksamkeit und die des aufmerksamen, aber quengeligen Zustands. Auch hier gibt es wieder deutliche Unterschiede. Wenn das Kind schreit, möchte es vermutlich eine der vier folgenden Zustände signalisieren: Schmerzen, Hunger, Müdigkeit und/oder Langeweile. In den folgenden Jahren nimmt das Weinen in regulären Fällen ab (s. Lohaus et al. 2010, S. 75–76).

5.2.6 Gehirnentwicklung

- **Synapsenbildung und -eliminierung**

Die Nervenzellen entwickeln sich bereits pränatal durch die Zellteilung und anschließende Migration. Zum Zeitpunkt der Geburt sind schon ca. 100 Milliarden Neuronen (wie bei einem Erwachsenen) vorhanden. Früh beginnt bei dem Embryo eine erfahrungsabhängige Eliminierung von überschüssigen Synapsenverbindungen. Die Entwicklung der Synapsenverbindungen in den Hirnarealen, die für die visuelle Wahrnehmung zuständig sind, erreicht bereits im Laufe des 1. Lebensjahres ihren Höhepunkt. Auch im Laufe der Pubertät finden Umstrukturierungsprozesse statt, sodass man davon ausgehen kann, dass erst im Erwachsenenalter schließlich eine Stabilisierung erreicht ist.

- **Plastizität des Gehirns**

Die erfahrungsabhängige Plastizität als Fähigkeit, Synapsen auszubilden und zu entfernen, bildet eine wesentliche Grundlage für die lebenslange Plastizität des Gehirns. Das Gehirn kann damit auf neue Erfahrungen reagieren und die Verarbeitungsmöglichkeiten auf die jeweiligen Umweltbedingungen einstellen. Die erfahrungserwartende Plastizität bedeutet, dass sich für verschiedene Hirnfunktionen (z. B. visueller Cortex) sensible Phasen bestimmen, innerhalb derer bestimmte Erfahrungen notwendig sind, um eine ungestörte Entwicklung zu gewährleisten. Es nennt sich erfahrungserwartende Plastizität, da das Gehirn zur optimalen Entfaltung in bestimmten Phasen einen spezifischen Input erwartet (s. Berk 2011, S. 77–79).

5.2.7 Körperwachstum

Die Geburtsgröße liegt ca. bei 48–53 cm. Der Körper wächst im ersten Jahr etwa 18–25 cm und im zweiten 10–13 cm. In den nächsten Jahren wird ein weiterer Zuwachs von ca. 5–6 cm beobachtet, und in der Pubertät folgt der letzte Wachstumsschub.

Insgesamt und über die letzten Generationen hinweg hat die finale Körpergröße zugenommen, und auch die Pubertät findet bereits früher statt. Gründe für eine Zunahme der Körpergröße könnten die Ernährung, Sport oder auch die Hormone im Grundwasser sein.

Die Größe des Kopfes beträgt im zweiten (pränatalen) Monat noch ca. 50 % der Körpergröße und reduziert sich im Laufe der Schwangerschaft auf 25 % der Gesamtkörperlänge, welches auch der Stand der Geburt ist. Im Erwachsenenalter beträgt die Relation dann ca. 12 % (Fogel 2001; Lohaus et al. 2010, S. 79).

5.3   Motorik- und Sensorikentwicklung

5.3.1   Motorikentwicklung

Es geht hier um die angeborenen Reflexe des Säuglings. Reflexe dienen der automatischen Überlebenssicherung eines Menschen. Folgende Reflexe sind wichtig zu kennen:
- Saugreflex (sobald sich die Brust oder Flasche nähert bzw. den Mund des Säuglings berührt),
- Rooting-Reflex (wenn man den Säugling an der Wange berührt, wendet sich dieser reflektorisch entgegen der Berührung),
- Schreitreflex (wird ausgelöst, wenn der Säugling leicht nach vorn gebeugt gehalten wird und die Füße den Boden berühren),
- Greifreflex (gibt man dem Säugling etwas in die Hand, schließt sich diese automatisch, z. B. bei einem Finger),
- Moro- oder Schreckreflex (sobald der Säugling sich erschrickt, z. B. bei ruckartigen Bewegungen oder lauten Geräuschen).

Reflexe kommen und gehen in dem Entwicklungsverlauf eines Menschen. Erhalten bleibt uns z. B. der Rückziehreflex (z. B. sobald sich etwas sehr Heißes nähert) oder die Blinzelreaktion bei sehr hellem Licht. Nicht erhalten bleiben uns der Mororeflex und der Schreitreflex.

Um die Motorik in einem Ablauf zu beschreiben, gilt es zunächst, einzelne Bewegungsabfolgen zu erlernen, welche daraufhin mit weiteren verknüpft werden. Eine Verkettung dieser führt zu einem gesamten Bewegungsablauf (z. B. nach einem Glas greifen). Aufgrund des erhöhten Vorkommens dieses Ablaufs automatisiert das Kind dieses Geschehen und ist in der Lage, dies zu verfeinern und gegebenenfalls zu optimieren (z. B. schnell nach dem Glas greifen oder nach einem rutschigen Glas greifen).

Zusammenfassend lässt sich sagen, dass die Motorikentwicklung ein Zusammenspiel zwischen Reifung und Lernen ist. Zum einen müssen die neurologischen Grundlagen gegeben sein (z. B. Reifung der Hirnareale), auf der anderen Seite sind aber auch Lernerfahrungen von Nöten. Bei blind geborenen Kindern beispielsweise ist zu beobachten, dass sich die Motorikleistungen verzögern, welches aber durch Training kompensiert werden kann (s. Berk 2011; s. Lohaus et al. 2010, S. 80–83).

5.3.2   Sensorikentwicklung

Grundsätzlich wird die Sensorik durch bestimmte Verfahren evaluiert, welche von Nöten sind, da es sich als sehr diffizil herausstellt, bei Säuglingen die Sensorik zu prüfen aufgrund der fehlenden verbalen Verständigungsmöglichkeiten.

Um dies zu prüfen, gibt es das Habituation-Dishabituations-Paradigma (HDP) und das Präferenz-Paradigma (PP):
- Das HDP verläuft wie folgt: Dem Säugling werden stetig und konstant zwei graue Flächen so lange präsentiert, bis das Kind habituiert ist. Anschließend wird eine der grauen Flächen durch ein Streifenmuster ersetzt. Nun wird erwartet, dass der Säugling dishabituiert

und die Streifenfläche von der schlichtgrauen Fläche unterscheidet und erstere länger anschaut. Um die genaue visuelle Wahrnehmung des Kindes zu testen, können die Streifen in ihrer Dicke variiert werden, und eine genaue Reaktion wird hervorgerufen.

– Das PP besitzt folgendes Vorgehen: Dem Säugling werden in einem gewissen zeitlichen Abstand zwei Flächen präsentiert: eine grauschlichte und eine graugestreifte. Da ein Streifenmuster gegenüber einem schlichten Muster präferiert wird, wird er das zweite länger fixieren, andernfalls schaut er beide Flächen gleich lang an (s. Lohaus et al. 2010, S. 84).

> **Folgende Muster werden am Anfang der Entwicklung präferiert (s. Lohaus et al. 2010, S. 85):**
> – einfache vor komplexen Mustern,
> – symmetrische vor unsymmetrischen Mustern,
> – die äußeren vor den inneren Konturen,
> – kurvenartige vor geradlinigen Mustern und
> – bewegte vor unbewegten Mustern.

Weiterhin wichtig ist die Tiefenwahrnehmung (▶ Abschn. 1.3). Einige grundlegende Bestandteile, wie die Größenkonstanz, sind schon bei der Geburt vorhanden. So aber nicht bei dem Verständnis von Tiefencues (cue = Zeitpunkt). Dies lässt sich mit dem Experiment der „visuellen Klippe" (◼ Abb. 5.1) von Gibson und Walk (1960) erforschen. Das Kind befindet sich auf einer schachbrettgemusterten Fläche auf einem Tisch. Die andere Hälfte besteht aus Glas und erscheint so für das Kind durchsichtig und wie ein Abgrund. Da unter dem Tisch das gleiche Schachbrettmuster als Bodenplatte verlegt wurde, wirken die im Abgrund abgebildeten Quadrate als Tiefenpunkte. Die Mutter steht hinter der Glasplatte und lockt das Kind. Erforscht wird nun, ob das Kind die Tiefe wahrnimmt und sich weigert, die Glasplatte zu betreten, oder auf die Mutter zukrabbelt (s. Lohaus et al. 2010, S. 87–88).

5.3.3 Auditive Wahrnehmung

Schon vor der Geburt sind Kinder in der Lage, auf Geräusche zu reagieren. Das leiseste Geräusch, auf das Säuglinge reagieren, ist etwa viermal lauter als das leiseste Geräusch, das ein

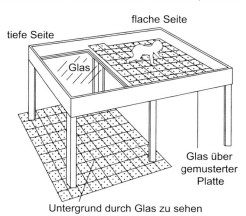

◼ **Abb. 5.1** Die visuelle Klippe (Gibson und Walk 1960) (siehe Gushi 1996)

Erwachsener identifizieren kann (Maurer und Maurer 1988). Die komplette akustische Leistungsfähigkeit erreicht das Kind erst im Laufe der ersten Lebensjahre.

Säuglinge können bereits kurze Zeit nach der Geburt die Stimme ihrer Mutter identifizieren, allerdings nicht die Stimme des Vaters (s. Lohaus et al. 2010, S. 88–89).

5.3.4   Intermodale Wahrnehmung

Intermodale oder auch crossmodale Wahrnehmung meint die Verknüpfung von Informationen aus den verschiedenen Sinnesmodalitäten. Ein Beispiel dafür ist, dass Säuglinge sich bereits bei der Geburt einer auditiven Quelle zuweisen und versuchen, danach zu greifen (s. Lohaus et al. 2010, S. 89).

5.4   Eltern-Kind-Interaktion und Bindung

5.4.1   Frühe Eltern-Kind-Interaktion

Die Bindungstheorie nach John Bowlby (1958) besagt, dass es zwei Fürsorgesysteme gibt: eines seitens der Bezugsperson und eines seitens des Kindes.

Das Bindungssystem des Säuglings hat zum Ziel, Nähe, Sicherheit und Wärme seitens der Bezugsperson zu bekommen. Das Kind setzt dann Verhaltensweisen wie z. B. Weinen ein, um diese Nähe von der Bezugsperson zu erhalten. Dieses Bindungssystem wird vom Säugling aktiviert, wenn er die eigenen Sicherheitsbedürfnisse bedroht sieht.

Das Fürsorgesystem der Bezugsperson hat zum Ziel, die Bedürfnisse des Säuglings zu befriedigen und diesem z. B. Nähe zu geben. Die Bezugspersonen greifen dazu auf frühere Fürsorgeerfahrungen zurück und wählen ein adäquates Fürsorgeverhalten aus. Ziel ist es, Nähe herzustellen.

Der Säugling setzt verschiedene Bindungsverhaltensweisen ein, z. B. Weinen, Lächeln, Blickkontakt und frühkindliche Imitation.

Die Reaktionen der Eltern werden intuitiv eingesetzt und entstehen spontan in der Interaktion mit dem Säugling. Dies nennt sich das intuitive Elternprogramm. Dazu gehören laut Lohaus et al. (2010, S. 93–95) z. B.

- Einhalten eines optimalen Reaktionszeitfensters,
- verbales und präverbales Verhalten der Eltern,
- Herstellen und Aufrechterhalten von Blickkontakt und
- Regulation des Wachheits- und Erregungszustandes.

5.4.2   Bindung

Wichtig ist hier die Objektpermanenz, da der Säugling erkennen muss, dass Personen selbst dann noch vorhanden sind, auch wenn der Säugling die Person nicht mehr sehen kann. Wichtig ist, dass man den Begriff der Objektpermanenz abgrenzt gegenüber dem Begriff des Bindungsverhaltens. Die Bindung beschreibt das „emotionale Band" zwischen Kind und dessen Bezugspersonen (s. Lohaus et al. 2010, S. 96).

Bowlby (1982) unterscheidet vier Bindungsphasen (◘ Tab. 5.1):

Zur Erhebung der Bindungsqualität gibt es den Fremde-Situations-Test von Ainsworth et al. (Grossmann und Grossmann 2011). Der Test besteht aus mehreren Zeitpunkten, welche die Trennung und anschließende Zusammenführung der Eltern und des Kindes darstellen. Dabei

◻ **Tab. 5.1** Bindungsphasen nach Bowlby (Lohaus et al. 2010, S. 96)		
Bindungsphase	**Alter**	**Beschreibung**
Vorphase der Bindung	Zwischen Geburt und 6 Wochen	Bindungsverhalten bei jeder Person, angeborene Signale, um Bedürfnis-befriedigung zu erreichen
Phase der entstehenden Bindung	Zwischen 6 Wochen und 6–8 Monaten	Zunehmend spezifische Reaktionen auf vertraute Personen; Entwicklung spezifischer Erwartungen an das Verhalten der Bezugsperson
Phase der ausgeprägten Bindung	Zwischen 6–8 Monaten und 1,5–2 Jahren	Entstehen der spezifischen Bindung (aktive Kontaktaufnahme zur Bezugsperson, Protest bei Trennungen, Spannung in Anwesenheit von Fremden)
Phase reziproker Beziehungen	Ab 1,5 bis 2 Jahren	Entstehen eines inneren Arbeitsmodells zur Bindungsrepräsentation, Akzeptieren von Trennungssituationen

lassen sich vier charakteristische Bindungsmuster voneinander differenzieren (s. Lohaus et al. 2010, S. 97):

- sichere Bindung (Bezugsperson wird als sichere Basis wahrgenommen, bei der Trennung kann Weinen auftreten, und bei der Wiedervereinigung freut sich das Kind),
- unsicher-vermeidende Bindung (Kinder zeigen kaum Kummer und meiden bei der Zusammenführung Nähe und Interaktion mit der Bezugsperson),
- unsicher-ambivalente Bindung (vor der Trennung wird seitens der Kinder Nähe gesucht, und bei der Rückkehr sind die Kinder häufig wütend und aggressiv) und
- desorganisiert-desorientierte Bindung (diese Kinder zeigen widersprüchliche und bizarre Verhaltensmuster; s. Grossmann und Grossmann 2011).

Aus der Qualität der Bindung und den frühen Bildungserfahrungen können sich langfristige Folgen für die soziale Entwicklung des Kindes ergeben. Etwa zwei Drittel aller Kinder entwickeln eine sichere Bindung. Diese Kinder sind später selbstsicherer, sozialer kompetenter und legen sehr viel mehr prosoziales Verhalten an den Tag als die, die keine sichere Bindung herstellen können (Schneider und Lockl 2006; Schneider et al. 2001).

Zu den Langzeitfolgen eines unsicheren Bindungsstils liegen uneinheitliche Ergebnisse vor. Eine Ausnahme scheint hier allerdings der desorganisiert-desorientierte Bindungsstil zu sein. Diese Kinder sind häufig aggressiver und weisen antisoziale Verhaltensweisen auf. Auch Korrelationen zu delinquentem Verhalten, psychischer Belastung und Gewalt liegen hier vor.

5.5 Kognition

Kognitive Prozesse sind in der Entwicklung des Menschen unabdingbar. Kognitionen sind mentale Prozesse, die häufig ganz allgemein mit dem Oberbegriff „Denken" bezeichnet werden. Zu den kognitiven Fähigkeiten gehören unter anderem Lern- und Gedächtnisprozesse, Informationsverarbeitungs- und Problemlösekompetenzen, Handlungsplanung und -steuerung sowie Wissenserwerb und komplexere Denkprozesse (s. Schiepek 2004). Entwicklungsstufen,

◘ Tab. 5.2 Entwicklungsstufen nach Piaget (aus Lohaus et al. 2010, S. 24)

Entwicklungsstufe	Alter	Stufenbezeichnung
1	0–2 Jahre	Sensumotorische Phase
2	2–6 Jahre	Präoperationale Phase
3	7–11 Jahre	Konkret-operationale Phase
4	Ab 12 Jahren	Formal-operationale Phase

◘ Tab. 5.3 Kategorisierungsbeispiele (aus Lohaus et al. 2010, S. 111)

Hierarchieebene	Beispiel
Ontologische Ebene	Unbelebtes Objekt
Übergeordnete Ebene	Fahrzeug
Basisebene	Schiff
Untergeordnete Ebene	Ruderboot, Segelboot, Tretboot, etc.

von denen Piaget (Astington 2000) ausgeht, dass nach diesen die kognitive Entwicklung eines Kindes verläuft (◘ Tab. 5.2).

Darüber hinaus gibt es noch stadienübergreifende Prozesse wie die Assimilation und Akkomodation, die das kindliche Denken vorantreiben. Piaget sieht Kinder nämlich als Individuen, die gegenüber der Wissensaneignung stets eigens motiviert sind. Die extrinsische Rolle und somit die soziale Umwelt spielen hierbei eine weniger wichtige Rolle. Kinder zeigen sehr früh eine Intuition in Bezug auf physikalische Phänomene wie z. B. die Schwerkraft. Weiterhin können sie früh zwischen lebendigen und unbelebten Dingen unterscheiden. An einem menschlichen Körper bevorzugen Kinder unsere Gesichter (s. Lohaus et al. 2010, S. 109).

Kinder beginnen sehr früh, ihr Wissen zu kategorisieren (bezüglich äußerer Eigenschaften, die Funktion des Objektes wird erst später berücksichtigt). Dies ist somit kognitiv leichter abrufbar und kann mit neu gemachten Erfahrungen verknüpft werden (s. Lohaus et al. 2010, S. 110–111; ◘ Tab. 5.3).

Schlussfolgerndes Denken kann induktiv oder deduktiv erfolgen. Erfolgreiches Schlussfolgern erfordert logisches Denken. Bereits Zweijährige sind dazu in der Lage, induktive Schlussfolgerungen zu ziehen. Im Kindergartenalter können Kinder ebenfalls deduktiv schlussfolgern. Die Fähigkeit, richtig zu schlussfolgern, verbessert sich mit fortschreitendem Alter (s. Lohaus et al. 2010, S. 114–115).

5.6   Intelligenz

Das Wort „Intelligenz" stammt ab von den lateinischen Begriffen „intellegere" (erkennen, begreifen, verstehen) bzw. „intelligentia" (Einsicht, Verständnis) ab. Es gibt keine einheitliche Definition, was die Intelligenz betrifft. Es gibt allerdings diverse Intelligenzmodelle (s. Lohaus et al. 2010, S. 119).

Es gibt die fluide (angeborene) und kristalline (erworbene) Intelligenz. Diese Theorie von Cattell (1963) ist somit stark kultur- und bildungsabhängig, meint aber auch, dass sich ein Mensch mit einer hohen fluiden Intelligenz kristalline Intelligenz schneller aneignen kann. Die fluide Intelligenz nimmt im Alter ab, wobei die kristalline bestehen bleibt und sogar ansteigt (s. Maltby et al. 2011).

Die Spearman-Theorie beschreibt einen Generalfaktor „g" und spezifische Begabungsfaktoren „s". Die s-Faktoren werden jedoch stark vom g-Faktor beeinflusst (s. Maltby et al. 2011).

Die Theorie der multiplen Intelligenzen geht davon aus, dass die Intelligenz in verschiedenen Sparten ausgeprägt sein kann. Nach Gardner (1983) sollten Kinder Unterricht in dem Bereich bekommen, der ihren Fähigkeiten entspricht. So gibt es bisher acht Intelligenzen, u. a. die naturalistische, körperliche, linguistische oder musikalische Intelligenz. Gardner arbeitet derzeit an der neunten Intelligenz, der „existenziellen bzw. spirituellen Intelligenz" (s. Rammsayer und Weber 2010).

Die frühe Intelligenzmessung wurde von Alfred Binet im Jahr 1905 erschaffen. Zusammen mit seinem Kollegen Théodore Simon entwickelte Binet den ersten Test, um Intelligenz zu messen. Die Grundidee war es, die intellektuellen Leistungen von Kindern zu quantifizieren. Binet prägte so auch den Begriff des Intelligenzalters (IA). Um das IA zu bestimmen, lösten bestimmte Kinder die gleichen Aufgaben wie der Durchschnitt der gleichaltrigen Kinder. Sollte das Kind ebenso viele Aufgaben lösen wie der Rest der Kinder, entspricht sein IA seinem LA (Lebensalter). Der Intelligenzquotient (IQ) wurde anschließend anhand der Formel (IA/LA) × 100 berechnet. Dieser beschreibt, wie die intellektuellen Fähigkeiten einer Person in Relation zu einer Vergleichsgruppe ausgeprägt sind (s. Lohaus et al. 2010, S. 125–126).

Gängige Intelligenztests bei Kindern sind heutzutage der HAWIK, das K-ABC und die Grundintelligenztests CFT1 und CFT 20-R (s. Maltby et al. 2011).

Das Thema „Intelligenz" wird in der Persönlichkeitspsychologie im zweiten Band ausführlicher behandelt. Hier geht es dann u. a. auch um emotionale Intelligenz.

5.7 Emotion

Die entwicklungspsychologische Emotionsforschung befasst sich mit der Konzeptualisierung von Emotionen, der Entwicklung spezifischer Emotionen und der Emotionsregulation sowie mit der Entwicklung von Emotionswissen (s. Lohaus et al. 2010, S. 134). Nach Holodynski und Friedlmeier (2006) bestehen drei unterschiedliche Ansätze in der Emotionsforschung:
- der strukturalistische Ansatz,
- der funktionalistische Ansatz,
- der soziokulturelle Ansatz.

Der strukturalistische Ansatz geht davon aus, dass der Mensch von Geburt an mit bestimmten Basisemotionen ausgestattet ist. Der Ansatz besteht aus einer Mischung der sieben Basisemotionen: Freude, Wut, Interesse, Ekel, Überraschung, Traurigkeit, Angst (s. Lohaus et al. 2010, S. 134–135).

Der funktionalistische Ansatz geht davon aus, dass einzelne Emotionen die Funktion erfüllen, Handlungsbereitschaften zu ändern, um Motive zu verfolgen und Bedürfnisse zu befriedigen sowie Ziele zu verfolgen. Die Bewertung (appraisal) eines bestimmten Umweltreizes als motiv- oder zielrelevant löst die eigentliche Emotion aus, die sich als (veränderte) Handlungsbereitschaft (action readiness) niederschlägt, die wiederum mit Handlungskonsequenzen verbunden ist (s. Lohaus et al. 2010, S. 136).

Der soziokulturelle Ansatz besagt, dass Emotionen und deren Regulation durch die soziale Interaktion bestimmt werden. Normen, Einstellungen und Verhaltensweisen der jeweiligen Kultur spielen hierbei eine entscheidende Rolle. Das Kind lernt so, soziale Situationen zu assoziieren, indem es bestimmte Emotionen durchlebt. Positive und negative Emotionen unterliegen einer Entwicklung in den ersten Lebensjahren. Selbstbewusste Emotionen wie Stolz, Scham oder aber auch Eifersucht, treten erst ab einem fortschreitenden Alter auf (s. Lohaus et al. 2010, S. 136–137).

Die Entwicklung der Emotionsregulation vollzieht sich auf den beiden Dimensionen der intrapsychischen und der interpsychischen Regulation. Erste Formen der intrapsychischen Regulation sind die Blickabwendung oder das Saugen an den Fingern sowie das Kuscheln mit dem jeweiligen Kuscheltier. Im Vorschulalter geschieht ein Wechsel von der inter- zur intrapsychischen Regulation. Kinder können nun die emotionale Regulation selbstständig ausführen und emotionales Erleben für Handlungen einsetzen. Hier geschieht ebenfalls die Kompetenz, negative emotionale Folgen für sich und andere vorherzusehen sowie dass sich das innere Erleben und das Ausdruckverhalten voneinander entfernen (s. Lohaus et al. 2010, S. 146; Maltby et al. 2011).

5.8   Sprache

Als zentrale Teilkomponenten der Sprache gibt es die Syntax, Semantik, Pragmatik und Phonologie (s. Lohaus et al. 2010, S. 152; ◘ Abb. 5.2).

Das Wernicke-Areal ist dabei im Wesentlichen für das Sprachverständnis und das Broca-Areal für die Sprachproduktion verantwortlich.

Vor allem in den ersten Jahren zeigt das Gehirn eine sehr hohe Plastizität, um Funktionsausfälle zu kompensieren. Diese hohe neuronale Plastizität wird auch als besondere Grundlage für die außergewöhnlichen sprachlichen Lernfähigkeiten von Kindern verantwortlich gemacht. Es wird davon ausgegangen, dass die Kindheit eine sehr sensible Phase für den Spracherwerb ist.

Die Phase der Einwortsätze nennt sich holophrasische Phase, hier kann schon viel mit einem Wort gesagt werden.

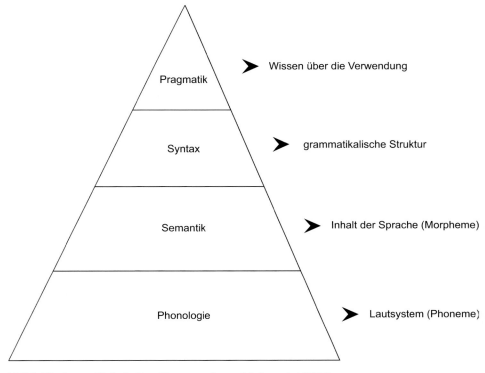

◘ **Abb. 5.2** Grammatikalische Sprachkomponenten nach Lohaus et al. (2010)

Wenn Kinder Wörter zu Sätzen zusammenstellen, lassen sie auf charakteristische Weise Satzelemente aus. Dies nennt man telegrafische Sprache. Wichtig in diesem Zusammenhang sind ebenfalls die Entwicklung der Syntax und der Pragmatik (s. Lohaus et al. 2010, S. 153).

Auch Extreme wie Bilingualismus und Gehörlosigkeit sind wichtige Aspekte bei der kindlichen Sprachausbildung (s. Berk 2011).

5.9   Selbstkonzept

„Das Selbstkonzept ist eine kognitive Struktur, die das selbstbezogene Wissen einer Person enthält. Neben persönlichen Eigenschaften und Fähigkeiten gehören zu diesem Wissen auch Neigungen, Interessen und typische Verhaltensweisen" (s. Lohaus et al. 2010, S. 165).

Der Selbstwert ist das Resultat aus den Bewertungen der eigenen Person oder von bestimmten Aspekten, die die eigene Person ausmachen.

Diesbezüglich gibt es verschiedene Ansätze: Marcia (1980) unterscheidet vier Identitätsstadien, Freud (1930) sagt, dass die Entwicklung des Selbst auf der Grundlage normativer sozialer Konfliktsituationen beruht, und Marsh und Shavelson (1985) unterteilen das globale Selbstkonzept in das schulische und nicht-schulische (soziale, emotionale und körperliche) Selbstkonzept (s. Lohaus et al. 2010, S. 166) (s. Freud, A., Bibring, E. und Kris, E. 2001).

In zahlreichen Versuchen zeigte sich, dass Kinder etwa ab der Mitte des 2. Lebensjahres in der Lage sind, zu erkennen, dass der rote Punkt an der Person im Spiegeln nicht dort, sondern am eigenen Körper zu suchen und zu entfernen ist (Rouge-Test; Amsterdam 1972) (s. Lohaus et al. 2010). Zu diesem Zeitpunkt beginnen auch die Benutzung des eigenen Namens und der Personalpronomina, um über und mit anderen Personen zu sprechen (s. Lohaus et al. 2010, S. 171).

Im Vorschulalter entstehen nun das Soll-Selbst und die Diskrepanz zum Real-Selbst. In der Schule werden zu jeder Zeit soziale und leistungsbezogene Vergleiche getroffen. Schulkinder können nun positive und negative Aspekte des Selbstkonzeptes integrieren und dadurch ein realistisches Selbstbild zu ihrer Person entwickeln. Parallel hierzu entsteht die Bildung eines eigenen Persönlichkeitskonzepts (s. Lohaus et al. 2010, S. 172; Maltby et al. 2011).

5.10   Geschlechtstypisierung

Das Modell der Geschlechtsähnlichkeiten geht davon aus, dass sich Frauen und Männer nur in sehr wenigen psychologischen Variablen bedeutsam unterscheiden. Hierzu gehören vor allem motorische Fähigkeiten und das soziale Verhalten (s. Lohaus et al. 2010, S. 177).

Aber bereits ab dem ersten Lebensjahr gibt es Unterschiede im Aktivitätsniveau. In der Motorik zeigen Jungen Vorteile in der Körpergröße, Muskelkraft oder Ausdauer, wobei die Mädchen in der Feinmotorik ganz klar im Vorteil sind und ebenfalls die Sprachentwicklung auf ihrer Seite haben. Jungs haben allerdings einen deutlichen Vorsprung, wenn es um räumliche Fähigkeiten geht (s. Lohaus et al. 2010, S. 178).

Theorien zur Erklärung von Geschlechtsunterschieden sind biologisch, sozial und auch kognitiv.

- biologisch: chromosomal, hormonell, unterschiedliche Gehirnstrukturen und ein ungleiches Reifungstempo,
- sozial: Konditionierung (klassisch und operant) und Modelllernen (Theorie des sozialen Lernens),
- kognitiv: Entwicklungstheorie der Geschlechtskonstanz (Kohlberg 1966; s. Lohaus et al. 2010, S. 181–186; ◘ Tab. 5.4).

◻ **Tab. 5.4** Stadien der Geschlechtskonstanz (aus Lohaus et al. 2010, S. 186)		
Stadium der Geschlechts-konstanz	**Kognitive Leistung**	**Alter**
Geschlechtsidentität	Bestimmung des eigenen Geschlechts und Differenzierung vom fremden Geschlecht	3
Geschlechtsstabilität	Wissen über die zeitliche Unveränderbarkeit des Geschlechts	4
Geschlechtskonstanz	Wissen über die Unabhängigkeit des Geschlechts von äußeren Einflüssen	5

5.11   Soziale Beziehungen

Der Säugling wird in der neueren Forschung als weitaus kompetenteres soziales Wesen angesehen als in älteren Konzeptionen angenommen wurde. Der Mensch wird laut der Forschung bereits sozial geboren und muss nicht erst sozial „geformt" werden (s. Lohaus et al. 2010, S. 191).

In der sozialen Entwicklung geht es vor allem darum, neue Beziehung aufzunehmen und bereits bestehende Beziehungen aufrechtzuerhalten und bei Bedarf verändern zu können.

In der psychoanalytischen und lerntheoretischen Sicht gelten Eltern als sog „soziale Türsteher", die das Leben des Kindes so einrichten, dass es bestimmte soziale Erfahrungen macht und vor anderen gewarnt bleibt. Durch Verstärkerpläne und Modelllernen werden Kindern stark beeinflusst, wobei die Eltern einen starken Einfluss haben (s. Lohaus et al. 2010, S. 192; Maltby et al. 2011).

Erikson (1981) beschreibt die soziale Entwicklung als Lösung von Krisen der psychosozialen Entwicklung über acht Stufen (s. Lohaus et al. 2010). Den Eltern kommt hier die Aufgabe zu, das Kind bei der Bewältigung dieser Aufgaben in jeder Stufe zu unterstützen (s. Lohaus et al. 2010, S. 193; ◻ Tab. 5.5).

Kognitionspsychologische und systemorientierte Ansätze betonen oder integrieren die Rolle des aktiven Kindes im Rahmen der sozialen Entwicklung. Selman (1984) postuliert als entscheidenden Faktor die sich entwickelnde Fähigkeit des Kindes zur Perspektivenübernahme. Er beschreibt diese Entwicklung anhand von fünf Phasen (s. Lohaus et al. 2010, S. 193; ◻ Tab. 5.6).

◻ **Tab. 5.5** Psychosoziale Krisen im Lebenslauf (aus Lohaus et al. 2010, S. 12)	
Altersabschnitt	**Psychosoziale Krise**
Säuglingsalter (1. Lj.)	Urvertrauen vs. Urmisstrauen
Frühes Kindesalter (1–3 J.)	Autonomie vs. Selbstzweifel
Mittleres Kindesalter (3–5 J.)	Initiative vs. Schuldgefühl
Spätes Kindesalter (bis Pubertät)	Fleiß vs. Minderwertigkeitsgefühl
Adoleszenz (ab Pubertät)	Identitätsfindung vs. Rollendiffusion
Frühes Erwachsenenalter (ab 20 J.)	Intimität vs. Isolation
Mittleres Erwachsenenalter (ab 40 J.)	Generativität vs. Stagnation
Höheres Erwachsenenalter (ab 60 J.)	Ich-Integrität vs. Verzweiflung

◘ Tab. 5.6 Perspektivenübernahme nach Selman (aus Lohaus et al. 2010, S. 194)

Phase	Alter	Verständnis des Kindes
0: Egozentrische Perspektive	3–6 J.	Kein Bewusstsein darüber, dass es eine andere Perspektive als die eigenen und dass es andere Wünsche als die eigene gibt
1: Sozial-informationale Rollenübernahme	6–8 J.	Bewusstsein unterschiedlicher Perspektiven, die aufgrund unterschiedlicher Situationen oder Informationen der Beteiligten entstehen
2: Selbstreflektive Rollenübernahme	8–10 J.	Bewusstsein, dass jeder über die eigene und fremde Perspektiven nachdenken kann und dass dies die gegenseitige Wahrnehmung beeinflusst
3: Wechselseitige Rollenübernahme	10–12 J.	Fähigkeit, aus einer Zwei-Personen-Dyade herauszutreten und deren Perspektiven aus der Sicht einer dritten wahrzunehmen und zu beurteilen
4: Rollenübernahme im Rahmen eines sozialen Systems	Ab 12 J.	Erkenntnis, dass eine gegenseitige Perspektivübernahme nicht immer zu einem völligen Verständnis führt und dass als Konsequenz soziale Konventionen zur Regelung des Zusammenlebens notwendig sind

Auch in der Theory of Mind (Premack und Woodruff 1978) geht man davon aus, dass Kinder lernen, die internen Zustände anderer Personen, deren Gefühle, Gedanken, Wünsche, Absichten und Überzeugungen zu erschließen (s. Lohaus et al. 2010). Diese Fähigkeit entwickelt sich vor allem zwischen dem 3. und 5. Lebensjahr, also deutlich früher als Selman (1984) in seinem Fünf-Phasen-Modell annimmt (s. Lohaus et al. 2010, S. 194).

Die Theory of Mind bezieht sich auf das Verständnis für das Funktionieren des menschlichen Verstandes. In Anlehnung an das Bild eines Wissenschaftlers geht man hierbei davon aus, dass Kinder subjektive Theorien über das Funktionieren des Verstandes und dessen Einfluss auf das Verhalten entwickeln (s. Lohaus et al. 2010, S. 194).

Der feindselige Attributionsfehler als eine Form der verzerrten Kognitionen besagt, dass aggressive Kinder anderen Personen tendenziell feindselige Absichten unterstellen, v. a. dann, wenn sie keine eindeutigen Hinweise auf die Verhaltensintention heranziehen können und friedliche Kinder in diesem Fall sozial sanftmütiger und versöhnlicher sind. Der systemorientierte Ansatz von Bronfenbrenner (Oerter und Montada 2002) stellt die soziale Umwelt des Kindes als ein Mehrebenenmodell dar. Es beschreibt somit die soziale Entwicklung im Kontext sozialer Beziehungen (s. Lohaus et al. 2010, S. 195; ◘ Abb. 5.3).

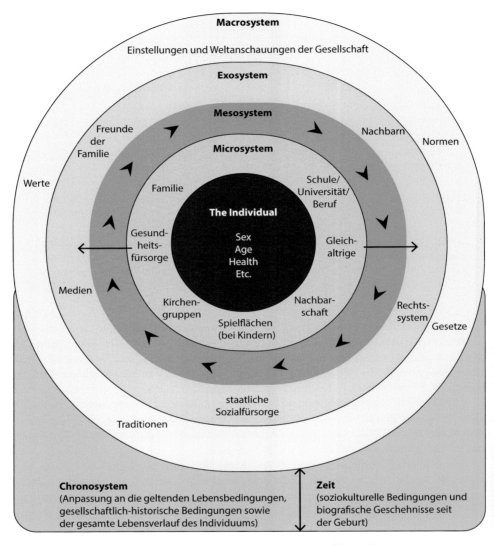

○ **Abb. 5.3** Das Mehrebenenmodell nach Bronfenbrenner (1989) (nach Woolfolk 2008)

5.11.1 Erziehungsstile

Die Gesamtheit der bewussten und unbewussten Verhaltensweisen, die Rahmen der elterlichen Sozialisation auftreten, wird als Erziehungsstil bezeichnet (s. Lohaus et al. 2010, S. 197).

Nach Baumrind (1971) lassen sich vier unterschiedliche Erziehungsstile anhand der Dimensionen Lenkung (Anforderung und Kontrolle) und Responsivität (Wärme und soziale Unterstützung) beschreiben (s. Lohaus et al. 2010, S. 197):

– Ein autoritativer Erziehungsstil wird auch als „demokratischer Erziehungsstil" bezeichnet. Die Eltern verhalten sich äußerst kindzentriert. Zwar haben sie dem Kind gegenüber hohe Erwartungen, setzen Regeln und achten auf deren Einhaltung, allerdings geschieht dies in einem warmherzigen und offen-kommunikativen Kontext.

Tab. 5.7 Erziehungsstile (aus Lohaus et al. 2010, S. 197)	Niedrige Lenkung	Hohe Lenkung
Hohe Responsivität	Permissiv	Autoritativ
Niedrige Responsivität	Vernachlässigend	Autoritär

- Als Gegenpol offenbart sich der vernachlässigende Stil durch ein elterliches Verhalten, welches geprägt ist durch ein geringes Interesse und Engagement in der Eltern-Kind-Interaktion. Zudem besteht ein sehr distanziertes oder gar zurückweisendes emotionales Klima.
- Der permissive Erziehungsstil ist gekennzeichnet durch eine hohe Toleranz bezüglich des kindlichen Verhaltens. Gleichzeitige hält sich der Erziehende bei der Lenkung oder bei Anforderungen an das Kind stark zurück.
- Das Gegenteil ist der autoritäre Erziehungsstil. Hier dürfen die Eltern nicht hinterfragt und Regeln müssen befolgt werden. Geschieht dies nicht, greifen die Eltern zu strafenden Maßnahmen, die mitunter psychische oder physische Gewalt beinhalten.

Es hat sich gezeigt, dass ein autoritativer Erziehungsstil als förderlicher Einflussfaktor im Hinblick auf die intellektuelle und soziale Entwicklung betrachtet werden kann (s. Berk 2011; ■ Tab. 5.7).

5.11.2 Scheidung

Die Folgen einer Scheidung für Kinder können sich in schulischen Leistungen, psychischen Anpassungsleistungen und im Selbstkonzept niederschlagen. Langfristig besitzen Scheidungskinder im Erwachsenenalter selbst ein erhöhtes Scheidungsrisiko und neigen eher zu emotionalen Problemen (Amato 1999; s. Lohaus et al. 2010, S. 199).

5.11.3 Geschwisterbeziehungen

In der mittleren Kindheit verbringen Kinder sehr viel Zeit mit ihren Geschwistern. Geschwisterbeziehungen sind häufig durch eine besonders positive oder negative affektive Tönung gekennzeichnet (s. Lohaus et al. 2010, S. 200). Anfänglich dominierte die psychoanalytische Sichtweise und stellte dabei vor allem die Geburtenfolge (birth order effects) als wesentliche Einflussgröße heraus. Eine andere Möglichkeit ist, dass jüngere Geschwister im Familiensystem besetzte Rollen und Nischen vorfinden und sich einen eigenen Platz erarbeiten oder erkämpfen müssen.

Die Geburt eines Geschwisterchens kann für den Erstgeborenen eine besonders (meist kurzfristige) Belastung darstellen.

Rivalität und Streit zwischen Geschwisterkindern können nicht nur kurz- sondern auch langfristige Folgen für die Entwicklung haben. Stocker et al. (2002) haben in einer Längsschnittstudie Kinder und ihre Eltern befragt und konnten bei Geschwisterkonflikten im Alter von 10 Jahren Ängstlichkeit, depressive Symptome und Delinquenz zwei Jahre später vorhersagen (s. Lohaus et al. 2010, S. 200–201) (s. Lohaus et al. 2010).

Der soziometrische Status (Moreno 1934) definiert fünf Gruppen von Kindern (s. Moreno 1974):
–   beliebte Kinder,
–   aggressiv-abgelehnte Kinder,
–   verschlossen-abgelehnte Kinder,
–   ignorierte Kinder und
–   kontroverse Kinder.

Der soziometrische Status eines Kindes kann den Ergebnissen vieler Studien zufolge eine Reihe von Entwicklungsrisiken mit sich bringen. Abgelehnte Kinder zeigen als Jugendliche häufig ein erhöhtes Ausmaß an extremen Formen der Delinquenz und Substanzmissbrauch. Bei abgelehnten Kindern ist das Risiko, Opfer von Schikanen und Mobbing zu werden, besonders deutlich. Das Vorhandensein eines Freundes kann diese Entwicklung und ihre Folgen abmildern (s. Lohaus et al. 2010, S. 206).

5.12   Moral

Ein Forschungsansatz im Bereich Moralität bezieht sich auf moralische Kognitionen. Er beschreibt und betont die Entwicklung des moralischen Urteils als Grundlage für moralisches Handeln sowie die Faktoren, die hierzu beitragen (s. Lohaus et al. 2010, S. 209).

Ein sehr wichtiger Vertreter ist Lawrence Kohlberg (1927–1987). Kohlberg beabsichtigte von Anfang an, zu belegen, dass individuelle Unterschiede im moralischen Urteil mit Unterschieden im moralischen Handeln in Verbindung stehen (s. Berk 2011; Lohaus et al. 2010, S. 209; ❏ Tab. 5.8).

Jean Piaget (1940er-Jahre) untersuchte anhand der Beobachtung des Murmelspiels das kindliche Verständnis von Gerechtigkeit und Regeln. Er stellte in seinen Beobachtungen fest, dass jüngere Kinder in hohem Maße die Einhaltung von Regeln und damit ein gerechtes Spielen an Kriterien festmachten, die durch Autoritäten vorgegeben waren. Vor allem das Handeln anderer Kinder müsse sich aus Sicht der Kinder an den Vorgaben von Eltern oder Erziehern orientieren. Die aufgestellten Regeln seien in den Augen der Kinder heilig und unantastbar, und die Nichteinhaltung dieser Regeln müsse Konsequenzen nach sich ziehen. Erst mit 7–8 Jahren überwinden Kinder das

❏ **Tab. 5.8** Moralstufen nach Kohlberg (aus Lohaus et al. 2010, S. 211)

Stadium	Stufe	Orientierung des Urteils
Präkonventionell	1	Orientierung an Strafe und Gehorsam
	2	Orientierung am Kosten-Nutzen-Prinzip und Bedürfnisbefriedigung
Konventionell	3	Orientierung an interpersonellen Beziehungen und Gegenseitigkeit
	4	Orientierung am Erhalt der sozialen Ordnung
Postkonventionell	5	Orientierung an den Rechten aller als Prinzip
	6	Orientierung an universellen ethischen Prinzipien

Stadium der sog. „heteronomen Moral". Dieses Stadium ist durch Gehorsam gegenüber Autoritäten und ein starres Festhalten von übernommenen Regeln und Normen gekennzeichnet.

Im Stadium der autonomen Moral realisieren Kinder, dass Regeln unter gleichberechtigten Peers ausgehandelt werden können und veränderbar sind.

Während Kinder im Stadium der heteronomen Moral bei ihrem Urteil eher den entstandenen Schaden beachten, beziehen Kinder im Stadium der autonomen Moral die Absicht des Handelnden in ihr Urteil ein.

Während Piaget den Endpunkt der moralischen Denkvorgänge mit etwa zwölf Jahren sieht, konzipiert Kohlberg diese als ein lebenslanges Geschehen (s. Lohaus et al. 2010, S. 209–212).

Mache hier bitte eine Eigenerfahrung. Lies die unten genannte Geschichte (diese findest du im Internet) und debattiere darüber mit deinen Kommilitonen. Was würdet ihr in dieser Situation machen? → Das „Heinz-Dilemma" (s. Berk 2011).

5.13 Entwicklungsabweichungen

„Eine Entwicklungsabweichung besteht dann, wenn Kinder Verhaltens- oder Erlebensweisen zeigen, die für ihr Alter unangemessen und untypisch sind" (Lohaus et al. 2010, S. 225).

Wenn das Verhalten oder Erleben eines Kindes abnorm ist und/oder zu einer Beeinträchtigung führt, spricht man von einer psychischen Störung (s. Lohaus et al. 2010, S. 225).

> **Kriterien für eine Abnormität (s. Lohaus et al. 2010, S. 225):**
> – Unangemessenheit (bzgl. des Alters und Geschlechts),
> – Persistenz,
> – Lebensumstände (z. B. Schulwechsel, Wohnungswechsel, Tod in der Familie etc.),
> – soziokulturelle Umstände,
> – Ausmaß.

Diagnostiksysteme sind z. B. das DSM-IV, die ICD-10 und zusätzlich das „Multiaxiale Klassifikationsschema für psychische Störungen des Kindes- und Jugendalters" (MAS). Das MAS beinhaltet sechs unterschiedliche inhaltliche Achsen, wodurch eine multiple Diagnose unter Berücksichtigung mehrerer Faktoren gestellt werden kann. Diagnostiziert werden kann u. a. auch durch Interviews, Fragebögen und Tests, Verhaltensbeobachtungen, körperliche Untersuchungen sowie projektive Verfahren (s. Lohaus et al. 2010, S. 225).

> **„Kriterien für eine Beeinträchtigung:**
> – Leiden,
> – soziale Einengung,
> – Interferenz mit der Entwicklung,
> – Auswirkungen auf andere Personen.

Risikofaktoren erhöhen das Risiko, dass eine Entwicklungsabweichung bzw. psychische Störung auftritt. Schutzfaktoren wirken diesem Risiko entgegen" (Lohaus et al. 2010, S. 227).

Ebenfalls wichtige Faktoren sind die Vulnerabilität, also die Empfindlich- bzw. Verletzlichkeit des Kindes und die Resilienz, also Widerstandskraft gegen ungünstige Faktoren der jungen Person (s. Lohaus et al. 2010, S. 228–230).

– Schutzfaktoren: positive Eltern-Kind-Beziehung, liebevolle und fürsorgliche Zuwendung der Eltern, soziale Unterstützung, positiver Erziehungsstil, stabile und sichere Bindung zur primären Bezugsperson, körperlich und psychisch gesunde Eltern, strukturiertes und geregeltes Leben im Alltag, zusätzliche Bezugspersonen außerhalb der Familie.

– Risikofaktoren: niedriger sozioökonomischer Status der Familie, schlechte Schulbildung der Eltern, Gewalttätigkeit, körperlicher und/oder sexueller Missbrauch, Berufstätigkeit der Mutter in den ersten 12 Lebensmonaten, große Familie, beengter Lebensraum, Unerwünschtheit und Ablehnung des Kindes, uneheliche Geburt, Verlust der Eltern durch Scheidung, Trennung oder Tod, Arbeitslosigkeit des Hauptverdieners, kriminelles oder dissoziales Verhalten der Eltern.

Auflistung von beispielhaften Entwicklungsabweichungen im Kindesalter (s. Lohaus et al. 2010, S. 241–248):
- Regulationsstörungen im Säuglingsalter (Schrei-, Schlaf- und Fütterstörungen),
- Enuresis und Enkopresis,
- tiefgreifende Entwicklungsstörungen (z. B. frühkindlicher Autismus, Asperger-Syndrom),
- Angststörungen,
- hyperkinetische Störungen (Hyperaktivität, Impulsivität, gestörte Aufmerksamkeit),
- aggressiv-oppositionelles Verhalten,
- umschriebene Entwicklungsstörungen (Sprach- und Sprechstörung, motorische Störungen, Störungen der schulischen Fertigkeiten).

Auflistung von beispielhaften Entwicklungsabweichungen im Jugendalter (s. Lohaus et al. 2010, S. 250–261):
- physische Veränderungen (Wachstumsschub, Geschlechtsreife),
- sozioemotionale Entwicklung,
- Essstörungen,
- Depression,
- Substanzmissbrauch und -abhängigkeit,
- aggressives und delinquentes Verhalten.

5.14   Zusammenfassung

■ **Physische Entwicklung (prä- und postnatal)**

Entwicklungsstadien sind: Zygotenstadium, Embryonalstadium und Fötalstadium. Es gibt einige pränatale negative Einflussfaktoren, z. B. Alkohol oder Drogen, Rauchen, spezifische Medikamente, Umweltgifte. Um die physische Funktionsfähigkeit (Apgar-Index) bei Säuglingen zu prüfen, gibt es den Apgar-Index. Dieser misst folgende Parameter: Herzfrequenz, Atmungsaktivität, Reflexauslösbarkeit, Muskeltonus, Hautfärbung, Gehirnentwicklung. Zum Zeitpunkt der Geburt sind schon ca. 100 Milliarden Neuronen (wie bei einem Erwachsenen) vorhanden. Die Geburtsgröße liegt ca. bei 48–53 cm. Der Körper wächst im ersten Jahr etwa

18–25 cm und im zweiten 10–13 cm. In den nächsten Jahren wird ein weiterer Zuwachs von ca. 5–6 cm beobachtet, und in der Pubertät folgt der letzte Wachstumsschub.

- **Motorik- und Sensorikentwicklung**

Es gibt beim Säugling angeborene Reflexe: Saugreflex, Rooting-Reflex, Schreitreflex, Greifreflex und den Moro- oder Schreckreflex. Um die Sensorikentwicklung zu prüfen, gibt es folgende Evaluationsmöglichkeiten: Habituation-Dishabituations-Paradigma (HDP) und Präferenz-Paradigma (PP). Für dieses Kapitel eine wichtige Studie: die visuelle Klippe.

- **Eltern-Kind-Interaktion und Bindung**

Für die Interaktion setzt der Säugling verschiedene Bindungsverhaltensweisen ein. Diese sind z. B. Weinen, Lächeln oder Blickkontakt. Bis zu einem Alter von zwei Jahren unterscheidet Bowlby vier Bindungsphasen: Vorphase der Bindung, Phase der entstehenden Bindung, Phase der ausgeprägten Bindung und die Phase reziproker Beziehungen. Darüber hinaus erforschte Bowlby vier Bindungsstile: sicher, unsicher-vermeidend, unsicher-ambivalent und desorganisiert-desorientiert.

- **Kognition**

Piaget ging davon aus, dass die kognitive Entwicklung von Kindern vier Phasen durchläuft. Sensumotorische Phase, präoperationale Phase, konkret-operationale und formal-operationale Phase. Darüber hinaus gibt es noch stadienübergreifende Prozesse wie die Assimilation und Akkomodation, die das kindliche Denken vorantreiben.

- **Intelligenz**

Cattell: Es gibt die fluide (angeborene) und kristalline (erworbene) Intelligenz. Diese Theorie ist somit stark kultur- und bildungsabhängig. Spearman: Diese Theorie beschreibt einen General-faktor „g" und spezifische Begabungsfaktoren „s". Die s-Faktoren werden jedoch stark vom g-Faktor beeinflusst. Gardner: Diese Theorie nennt sich die „Theorie der multiplen Intelligenzen" und geht davon aus, dass die Intelligenz in verschiedenen Sparten ausgeprägt sein kann. Die frühe Intelligenzmessung wurde von Alfred Binet im Jahr 1905 entwickelt.

- **Emotion**

Es gibt drei unterschiedliche Ansätze in der Emotionsforschung: strukturalistischer Ansatz, funktionalistischer Ansatz und soziokultureller Ansatz. Positive und negative Emotionen unterliegen einer Entwicklung in den ersten Lebensjahren. Selbstbewusste Emotionen wie Stolz, Scham oder aber auch Eifersucht treten erst ab einem fortschreitenden Alter auf.

- **Sprache**

Als zentrale Teilkomponenten der Sprache gibt es die Syntax, Semantik, Pragmatik und Phonologie. Das Wernicke-Areal ist dabei im Wesentlichen für das Sprachverständnis und das Broca-Areal für die Sprachproduktion verantwortlich. Vor allem in den ersten Jahren zeigt das Gehirn eine sehr hohe Plastizität, um Funktionsausfälle zu kompensieren. Diese hohe neuronale Plastizität wird auch für die außergewöhnlichen sprachlichen Lernfähigkeiten von Kindern verantwortlich gemacht.

- **Selbstkonzept**

Die kognitive Struktur, die das selbstbezogene Wissen der eigenen Person enthält. Der Selbst-wert ist das Resultat aus den Bewertungen der eigenen Person oder von bestimmten Aspekten, die die eigene Person ausmachen. Kinder in einem Alter ab der Mitte des 2. Lebensjahres sind in der Lage, zu erkennen, dass der rote Punkt an der Person im Spiegeln nicht dort, sondern am eigenen Körper zu suchen und zu entfernen ist. m Vorschulalter entstehen nun das Soll-Selbst und die Diskrepanz zum Real-Selbst.

▪ Geschlechtstypisierung

Theorien zur Erklärung von Geschlechtsunterschieden sind zum einen biologisch, aber auch sozial und kognitiv. Im Alter von drei Jahren befindet sich ein Kind im Stadium der Geschlechtsidentität, im Alter von vier Jahren in dem der Geschlechtsstabilität und im fünften Jahr im Stadium der Geschlechtskonstanz.

▪ Soziale Beziehungen

Pro Altersstufe gibt es diverse Herausforderungen, die es zu erklimmen gilt (Erikson). Hier ein paar Beispiele: im Säuglingsalter Urvertrauen vs. Urmisstrauen, im frühen Kindesalter Autonomie vs. Selbstzweifel, im frühen Erwachsenenalter (ab 20 Jahre) Intimität vs. Isolation und im höheren Erwachsenenalter (ab 60 Jahre) Ich-Integrität vs. Verzweiflung. Selman postuliert als entscheidenden Faktor die sich entwickelnde Fähigkeit des Kindes zur Perspektivenübernahme anhand von fünf Phasen: egozentrische Perspektive, sozial-informationale Rollenübernahme, wechselseitige Rollenübernahme und Rollenübernahme im Rahmen eines sozialen Systems. Die Theory of Mind bezieht sich auf das Verständnis für das Funktionieren des menschlichen Verstandes. Der soziometrische Status bei Kindern ist in fünf Gruppen eingeteilt: beliebte Kinder, aggressiv-abgelehnte Kinder, verschlossen-abgelehnte Kinder, ignorierte Kinder und kontroverse Kinder.

▪ Moral

Kohlberg belegte, dass individuelle Unterschiede im moralischen Urteil mit Unterschieden im moralischen Handeln in Verbindung stehen. Im präkonventionellen Stadium orientieren wir uns an Strafe und Gehorsam sowie an Bedürfnisbefriedigung. Im konventionellen Stadium steht das Soziale im Vordergrund und im postkonventionellen Stadium das Recht und ethische Prinzipien.

▪ Entwicklungsabweichungen

Eine Entwicklungsabweichung besteht dann, wenn Kinder Verhaltens- oder Erlebensweisen zeigen, die für ihr Alter unangemessen und untypisch sind. Kriterien für eine Abnormität sind z. B.: Unangemessenheit (Alter und Geschlecht), Persistenz, Lebensumstände (z. B. Schulwechsel, Wohnungswechsel, Tod in der Familie etc.). Kriterien für eine Beeinträchtigung können sein eine soziale Einengung oder auch z. B. ein Leiden. Diesbezüglich gibt es natürlich Schutzfaktoren und Risikofaktoren. Entwicklungsabweichungen im Jugendalter können z. B. sein: physische Veränderungen, Essstörungen, Depression oder delinquentes Verhalten.

5.15   Fragen

1. Beschreibe den circadianen Rhythmus und den Grund seiner Notwendigkeit.
2. Welchen Sinn hat eine frühe Eltern-Kind-Interaktion nach Bowlby?
3. Diskutiere die Notwendigkeit von sozialen Beziehungen, obwohl man bereits als sozial geboren gesehen wird.
4. Erläutere den systemorientierten Ansatz von Bronfenbrenner (1989) und Woolfolk (2008).
5. Diskutiere die genannten beispielhaften Abweichungen im Jugendalter und deren psychologische Folgen.

Literatur

Verwendete Literatur

Astington, J. W. (2000). *Wie Kinder das Denken entdecken*. München: Reinhardt.

Baumrind, D. (1971). *Current patterns of parental authority*. Developmental Psychology Monograph, Bd. 4(2)

Berk, L. (2011). *Entwicklungspsychologie* (5. Aufl.). München: Pearson.

Bowlby, J. (1958). *Über das Wesen der Mutter-Kind-Bindung*. Stuttgart: Klett-Cotta.

Bowlby, J. (1982). *Bindung. Eine Analyse der Mutter-Kind-Beziehung*. München: Kindler.

Bronfenbrenner, U. (1989). *Ecological systems theory*. In: Vasta, R. (ed.) (1989) *Six Theories of Child Development: Revised Formulations and Current Issues, 6*. JAI Press, Greenwich, Connecticut.

Cattell, R. B. (1963). *Theory of fluid and crystallized intelligence: A critical experiment*. Journal of Educational Psychology, *54*(1):1–22.

Fogel, A. (2001). *Infancy: Infant, family, and society*. Pacific Grove, CA: Wadsworth.

Freud, A., Bibring, E. und Kris, E. (Hrsg.) (2001). *Sigmund Freud - Gesammelte Werke in achtzehn Bänden*. Frankfurt am Main: S. Fischer.

Gardner, H. (1983). *Frames of Mind, the theory of multiple intelligences*. New York: Basic Books.

Gibson, E. J., & Walk, R. D. (1960). The Visual Cliff. *Scientific American*.

Grossmann, K., & Grossmann, K. (2011). *Bindung und menschliche Entwicklung: John Bowlby, Mary Ainsworth und die Grundlagen der Bindungstheorie*. Stuttgart: Klett-Cotta.

Holodynski, M. & Friedlmeier, W. (2006).*Development of emotions and emotion regulation*. New York: Springer Verlag.

Lohaus, A., Vierhaus, M., & Maass, A. (2010). *Entwicklungspsychologie* (18. Aufl.). Heidelberg: Springer.

Maltby, J., Day, L., & Macaskill, A. (2011). *Differentielle Psychologie, Persönlichkeit und Intelligenz* (2. Aufl.). München: Pearson.

Marcia, J. E. (1980). Identity in adolescence. In J. Adelson (Hrsg.), *Handbook of adolescent psychology*. New York: Wiley.

Marsh, H. W., & Shavelson, R. J. (1985). Self-concept: Its multifaceted, hierarchical structure. *Educational Psychologist*.

Maurer, D., & Maurer, C. (1988). *The world of the newborn*. New York: Basic Books.

Moreno, J. L. (1974). *Die Grundlagen der Soziometrie. Wege zur Neuordnung der Gesellschaft*. Opladen: Leske und Budrich.

Oerter, R., & Montada, L. (Hrsg.) (2002). *Entwicklungspsychologie* (5. Aufl.). Weinheim: Beltz.

Premack, D., & Woodruff, G. (1978). Does the chimpanzee have a theory of mind? *Behavioral and Brain Sciences, 14*.

Rammsayer, T., & Weber, H. (2010). *Differentielle Psychologie – Persönlichkeitstheorien*. Göttingen: Hogrefe.

Schiepek, G. (2004). *Neurobiologie der Psychotherapie*. Stuttgart: Schattauer.

Schneider, W., & Lockl, K. (2006). Entwicklung metakognitiver Kompetenzen im Kindes- und Jugendalter. In W. Schneider, & B. Sodian (Hrsg.), *Kognitive Entwicklung – Enzyklopädie der Psychologie. Entwicklungspsychologie* Bd. 2 Göttingen: Hogrefe.

Selman, R. L. (1984). *Die Entwicklung des sozialen Verstehens. Entwicklungspsychologische und klinische Untersuchungen*. Frankfurt a. M.: Suhrkamp.

Woolfolk, A. (2008). *Pädagogische Psychologie (10. Auflage)*. München: Pearson.

Weiterführende Literatur

Stocker, C. M., & Youngblade, L. (1999). Marital conflict and parental hostility: Lins with children's sibling and peer relationships. *Journal of Family Psychology, 13*(4), 598–609.

Empirische Forschungsmethoden

Christina von der Assen

6.1 **Einführung** – 133

6.2 **Grundbegriffe** – 133
6.2.1 Hypothetische Konstrukte – 134
6.2.2 Variablen – 134
6.2.3 Experimental- und Kontrollgruppe – 134
6.2.4 Arten von Experimenten – 134

6.3 **Gütekriterien** – 135
6.3.1 Objektivität – 135
6.3.2 Reliabilität (Zuverlässigkeit) – 136
6.3.3 Validität (Gültigkeit) – 136

6.4 **Stichproben** – 137
6.4.1 Auswahlverfahren – 137
6.4.2 Repräsentativität – 137
6.4.3 Die einfache Zufallsstichprobe – 137
6.4.4 Die geschichtete Zufallsstichprobe – 138

6.5 **Kausalität** – 138
6.5.1 Neuronale Grundlagen der Kausalität – 139

6.6 **Forschungsplanung** – 139
6.6.1 Die Phasen eines Forschungsprojektes – 139
6.6.2 Grobschema des Erkenntnisprozesses in
der empirischen Forschung – 140

6.7 **Bedingungen für eine Studiendurchführung** – 141

6.8 **Probleme bei einer Studiendurchführung** – 141
6.8.1 Versuchspersonenmotivation – 141
6.8.2 Versuchsleitereffekte – 142
6.8.3 Techniken zur Kontrolle von Störfaktoren – 142

C. von der Assen, *Crash-Kurs Psychologie*,
DOI 10.1007/978-3-662-43359-1_6, © Springer-Verlag Berlin Heidelberg 2016

6.9   **Zusammenfassung** – 142

6.10   **Fragen** – 144

             Literatur – 144

Um die Psychologie weiterzubringen, ist Forschung unabdingbar. Dies gelingt uns lediglich mit validierten und eindeutig belegten Aussagen.

Validieren können wir dies z. B. durch Experimente, Verhaltensbeobachtungen, Interviews, Fragebögen und auch psychologischen Tests.

6.1   Einführung

Als Forschungsmethoden werden in den Wissenschaften Verfahren und Analysetechniken bezeichnet, die zur Klärung von wissenschaftlichen Fragestellungen dienen. Unterschieden wird in quantitative und qualitative Forschungsmethoden.

In der Forschung geht es oft darum, die Beziehungen zwischen Ursache und Wirkung zu erklären. Wenn ich also nun die Hypothese aufstelle: „Menschen sind nach einer Einkaufstour glücklicher als vorher", dann unterscheidet uns die Forschungsmethodik von den Alltagspsychologen. Wir wollen also unsere Hypothese belegen. Und wie das funktioniert, zeigt euch in Ansätzen dieses Kapitel. Einige Begriffe werden geklärt und auch Bedingungen und Problemstellungen bei einer durchführenden Studie aufgezeigt.

6.2   Grundbegriffe

Eine Wissenschaft besteht traditionell aus:
- Theorie: Beschreibungen, Modelle, Erklärungen.
- Empirie: Tatsachen, Beobachtungen.
- Kommunikation: intersubjektive Überprüfung.

Dabei lassen sich zwei „Typen" von Wissenschaftlern bzw. zwei Vorgehensweisen unterscheiden:

Der Empiriker setzt voraus, dass mit ausreichenden Einzelbeobachtungen komplexe Beziehungsgefüge erkennbar gemacht werden können. Folglich lehnt dieser eine Theorie vorweg ab und steht damit im Gegensatz zum Theoretiker, der von Annahmen ausgeht und in seinen durchgeführten Forschungen von einer Belegung der vorher genannten Theorie ausgeht (s. Bortz und Döring 2006).

Nicht nur, dass Empiriker und Theoretiker Theorien unterschiedlich bewerten, sie haben auch grundsätzlich unterschiedliche methodische Vorgehen.

Der Empiriker schließt induktiv. Induktiv heißt, er geht von Schlussfolgerungen aus und verallgemeinert diese. An einem Beispiel bedeutet das: Du siehst den ganzen Tag schwarze Katzen und keine einzige andersfarbige, sodass du davon ausgehst: „Es gibt nur schwarze Katzen."

Der Theoretiker hingegen verfährt deduktiv. Das bedeutet, er geht von einem allgemeinen Gesetz aus und schließt somit auf das Einzelne. Beispielhaft bedeutet das, dass das Gesetz besagt: „Hunde haben vier Beine", die Prämisse also besagt: „Bello ist ein Hund", und die deduktive Schlussfolgerung: „Bello ist ein Hund" (Stemmler 2009).

6.2.1   **Hypothetische Konstrukte**

Wenn wir uns nun fragen, was für ein Prozess in einem Neuron stattfindet, ist uns die direkte Beobachtung nicht möglich. Möglich ist es uns aber, die Wirkungen dieser Prozesse zu sehen. Wir fragen uns also: „Wie wurde dieser Prozess ausgelöst?", „Was bewirkt dieser Prozess?", „Was hat dieser Prozess zur Folge?" und so weiter. Genau das ermöglicht uns, durch deduktives und induktives Schließen (s. o.), Gesetze und Erkenntnisse zu erlangen, durch die wir Rückschlüsse und Antworten gewinnen konnten.

Konstrukte sind mit den übrigen Teilen einer Theorie durch Hypothesen verbunden. Eine Hypothese ist ein – entweder aus theoretischen oder aus Faktenaussagen abgeleiteter – Schluss, der die Beziehungen zwischen beobachtbaren oder nicht-beobachtbaren Größen, Prozessen oder Interaktionen betrifft. Eine Hypothese kann erklärend (explikativ) sein oder beschreibend (deskriptiv) (Stemmler 2009).

6.2.2   **Variablen**

Variablen sind veränderliche Größen, die zur Beschreibung oder Erklärung von Phänomenen herangezogen werden können (▶ Kap. 7).

Man unterscheidet darauf folgend: Axiome und Prämissen ergeben eine Theorie, welche dann aus Gesetzen, Hypothesen und Relationen besteht (Bortz und Döring 2006).

6.2.3   **Experimental- und Kontrollgruppe**

Normalerweise werden die Versuchspersonen in Experimental- und in Kontrollgruppen eingeteilt. Solltest du eine Studie durchführen, achte darauf, dass du dies professionell machst, indem du diese Einteilung nach dem Zufallsprinzip auslost. In der Experimentalgruppe wird die unabhängige Variable und ihr Einfluss auf andere Variablen genauer untersucht, d. h. diese wird manipuliert. Das bezeichnet man als Treatment (Behandlung). In der Kontrollgruppe wird diese Variable nicht manipuliert, um den möglichst größten Unterschied zwischen den beiden Gruppen herauszufiltern. Nach dem Experiment wird die abhängige Variable, das ist die, die sich durch die Manipulation der unabhängigen Variable in der Experimentalgruppe verändern soll, in beiden Gruppen gemessen. Der Unterschied der abhängigen Variable zwischen Experimental- und Kontrollgruppe wird auf den Effekt der unabhängigen Variable zurückgeführt.

Nun ist es natürlich wichtig, alle Bedingungen (▶ Abschn. 6.7) beachtet zu haben und mögliche Störvariablen ausschließen zu können, denn es können auch Probleme bei einer Studie auftreten (▶ Abschn. 6.8). Primär ist es z. B. sehr wichtig, dass nicht von vornehrein Unterschiede zwischen Kontroll- und Experimentalgruppe vorliegen. Solltest du dich nicht an die Bedingungen gehalten haben oder gar Störvariablen eliminiert, so ist deine Studie oft verfälscht und nicht valide. Gerade da eine solche Studie sehr viel Zeit und Mühe kostet, solltest du auf diese Formalitäten unbedingt achten (Bortz und Döring 2006).

6.2.4   **Arten von Experimenten**

Zum einen gibt es Labor- und Feldexperimente. Bei Laborexperimenten lässt sich gut die Kontrolle in der Untersuchung behalten. Darüber hinaus kann man einige Störfaktoren in dieser

Situation ebenfalls gut kontrollieren und wenn möglich eliminieren. Ein Beispiel, bei dem dies jedoch gründlich falsch gelaufen ist, ist das Stanford-Prison-Experiment. Jedoch auch wie im Stanford-Prison-Experiment ist ein Laborexperiment eine Stresssituation für die Versuchsperson, und darunter kann das Ergebnis des Experiments verfälscht werden, denn die Reaktionen der Versuchspersonen ist unabdingbar für jedes Ergebnis. Die Ergebnisse von Feldexperimenten sind noch stärker durch Störfaktoren beeinträchtigt, können jedoch wegen ihrer Alltagsnähe eine höhere ökologische Validität bzw. externe Validität aufweisen (Lüer 1991).

Zum anderen gibt es echte Experimente und Quasi-Experimente. Echte Experimente weisen eine zufällige Verteilung der Versuchspersonen auf sowie eine Manipulation der unabhängigen Variable. Bei Quasi-Experimenten bestimmen die bereits vorhandene Eigenschaften der Versuchspersonen (z. B. psychisch Kranke gegenüber Gesunden), ob sie entweder zur Experimental- oder Kontrollgruppe zugehörig werden. Die unabhängige Variable wird in diesem Experiment nicht manipuliert. Aus diesem Grund kannst du bei Quasi-Experimenten keine Kausal- (also Zusammenhangs-)-Aussagen treffen. Den Versuchsplan eines echten Experiments nennt man „experimentelles Design", den von einem Quasi-Experiment nennt man „quasi-experimentelles Design" (Bortz und Döring 2006).

6.3 Gütekriterien

Die folgenden Gütekriterien sind die Kriterien aus der empirischen Forschung.

Um relevante Untersuchungsmerkmale von z. B. Tests, Beobachtungen und Fragebögen zu quantifizieren, wollen wir unsere erhobenen Daten der Versuchspersonen vergleichbar machen und gegebenenfalls eine neue Erkenntnis schaffen. Um eine Vergleichbarkeit überprüfen zu können, wurden sog. Gütekriterien entwickelt. Diese können sehr hoch sein (.9) oder sehr niedrig (.1). Sie sind umso höher, je besser eine Standardisierung von Untersuchungsinhalt, -ablauf und -situation gegeben ist (Bortz und Döring 2006).

Nach Lienert (1989) unterscheidet man bei empirischen Untersuchungen Haupt- und Nebengütekriterien. Hauptkriterien sind die Objektivität, Reliabilität und Validität. Nebengütekriterien sind z. B. die Ökonomie (Wirtschaftlichkeit), Nützlichkeit, Normierung und Vergleichbarkeit von empirischen Untersuchungen. Diese Gütekriterien gelten als die wissenschaftliche Grundlage (Lienert 1989).

6.3.1 Objektivität

Die Objektivität ist das Maß, in dem ein Untersuchungsergebnis in Durchführung, Auswertung und Interpretation vom Untersuchungsleiter nicht beeinflusst werden kann. Man nennt es auch die formale Messgenauigkeit. Weder bei der Durchführung noch bei der Auswertung und Interpretation dürfen also verschiedene Untersuchungsleiter zu verschiedenen Ergebnissen kommen. Bei jedem Gütekriterium gibt es Unterkategorien, und bei der Objektivität sind dies die Durchführungsobjektivität, die Auswertungsobjektivität und die Interpretationsobjektivität:

- Die Durchführungsobjektivität besagt, dass die Testergebnisse unabhängig vom Versuchsleiter und den räumlichen Bedingungen resultieren. Daraus folgt, dass eine maximale Standardisierung der Testsituation und eine minimale soziale Interaktion zwischen Versuchsleiter und Testteilnehmer angestrebt werden sollten.
- Die Auswertungsobjektivität besagt, dass ein Verhalten einer Testperson stets auf die gleiche Art und Weise ausgewertet wird. Der Rorschach-Test z. B. ist ein projektiver Test, bei dem Bilder gezeigt werden, und die Testpersonen können diese divers interpretieren, und

die Objektivität ist eher gering. Bei einem standardisierten Test (wie z. B. dem HAWIE) ist die Auswertungsobjektivität stark gegeben.

- Die Interpretationsobjektivität fordert, dass individuelle Deutungen nicht in die Interpretation eines Ergebnisses miteinfließen dürfen. Hier ist gemeint, dass gleiche Testwerte auf die gleiche Weise interpretiert werden. Je weniger definiert die Normen aus dem Ergebnis sind, desto intuitiver und freier sind die Schlussfolgerungen des Versuchsleiters. Bei der Interpretationsobjektivität ist es also von großer Bedeutung, ob ein Test normiert ist oder nicht. Werden unterschiedliche Normen verwendet, entstehen auch verschiedene Interpretationen. Normentabellen, welche z. B. abhängig vom Geschlecht oder Alter der Versuchsperson gelten, sind in dem jeweiligen Testmanual vorhanden (Schelten 1997).

6.3.2   Reliabilität (Zuverlässigkeit)

Die Reliabilität gibt die Zuverlässigkeit und inhaltliche Messgenauigkeit einer Messmethode an. Eine Untersuchung ist dann reliabel, wenn es bei einer Wiederholung der Messung unter denselben Bedingungen und an denselben Gegenständen zu demselben Ergebnis kommt. Dies lässt sich beweisen durch eine Wiederholung des Tests (Re-Test-Methode) oder Durchführung einer anderen, gleichwertigen Untersuchung (Paralleltest-Methode). Eine weitere Möglichkeit ist die Split-Half-Test-Methode/Testhalbierungsmethode. Diese besagt, dass der Test in zwei Hälften unterteilt wird, und jede Hälfte ist ein Paralleltest zur anderen Hälfte. Bei einer angemessen großen Ergebnismenge sollten die Mittelwerte und weitere statistische Größen gleich sein (Hüttner und Schwarting 2002).

6.3.3   Validität (Gültigkeit)

Die Validität ist das wichtigste Testgütekriterium. Die Validität gibt den Grad der Genauigkeit an, ob eine Untersuchung das erfasst, was sie erfassen soll (z. B. Persönlichkeitsmerkmale). Auch hier gibt es verschiedene Arten:

- Eine Inhaltsvalidität wird angenommen, wenn ein Verfahren zur Messung eines bestimmten Konstrukts oder Merkmals die bestmögliche Operationalisierung dieses Konstrukts ist.
- Die Konstruktvalidität ist dann gegeben, wenn die Bedeutung des Konstruktes nachvollziehbar für den Leser, deutlich und vollständig abgebildet ist. Als Untergruppen der Konstruktvalidität existieren die konvergente und diskriminante/divergente Validität. Die konvergente Validität besagt, dass die Testdaten von Test B, welcher das gleiche Konstrukt erfassen will wie Test A, hoch korrelieren müssen mit den Messdaten von Test A. Die Diskriminanzvalidität besagt genau das Gegenteil, dass also die Daten des Tests A, der ein anderes Konstrukt erfasst als Test B, auch geringfügig mit den Messdaten von Test B korreliert.
- Die Kriteriumsvalidität sagt aus, dass vom Verhalten der Testperson innerhalb der Testsituation erfolgreich auf ein Kriterium (Verhalten außerhalb der Testsituation) geschlossen werden kann. Diese teilt sich ein in die diagnostische bzw. Übereinstimmungsvalidität und die prognostische bzw. Vorhersagevalidität.
- Die Übereinstimmungsvalidität besagt, dass das Außenkriterium schon vor bzw. während der Erhebung des zu validierenden Konstruktes erhoben wird. Ein neu entwickelter Test muss mit einem anderen, bereits bewährten und existierenden Test zu diesem Thema hoch korrelieren, um eine hohe Übereinstimmungsvalidität zu erzielen.
- Die Vorhersagevalidität gibt an, ob sich mit dem Ergebnis eines Testverfahrens Vorhersagen treffen lassen, die sich in der Zukunft erfüllen.

- Darüber hinaus gibt es noch die Validität von Aussagen über Kausalzusammenhänge. Diese sind die statistische, die interne und die externe Validität.

Fazit: Die Validität ist das höchste Gütekriterium. Sofern die Validität gegeben ist, sind Objektivität und Reliabilität automatisch vorhanden. Ähnliches gilt für die Reliabilität. Ist diese vorhanden, ist eine Objektivität ebenfalls präsent. Dort fehlt nun noch die Validität (Schnell et al. 2008).

6.4   Stichproben

6.4.1   Auswahlverfahren

Es ist generell nicht möglich, alle Versuchspersonen zu fragen, die mit deiner Hypothese etwas zu tun haben können. Die Grundgesamtheit (z. B. die gesamte Bundesrepublik Deutschland) zu befragen, ist so gut wie unmöglich und deshalb auch in kaum einen Fall erstrebenswert. Erheben kannst du somit nur an einer Auswahl, einer Stichprobe aus dieser Grundgesamtheit. Stichprobe und Grundgesamtheit sowie der Schluss von der ersteren auf die letztere bilden das Zentralthema der gesamten Inferenzstatistik.

Von deiner Stichprobe kannst du aber nur dann sinnvoll auf die Grundgesamtheit schließen, wenn deine Stichprobe die Grundgesamtheit in allen Merkmalen bestmöglichst widerspiegelt, d. h. wenn sie repräsentativ ist. Mit den drei nachfolgenden Formen der existierenden Auswahlverfahren solltest du die größtmögliche Repräsentativität schaffen:

- Zufallsauswahlverfahren,
- bewusste Auswahlverfahren,
- Mischformen.

Zufallsstichproben repräsentieren die Grundgesamtheit am besten, bewusste Auswahlverfahren erfüllen dies meist am wenigsten.

6.4.2   Repräsentativität

Eine Umfrage liefert nur dann verlässliche Ergebnisse, wenn zum einen die Grundgesamtheit zeitlich, räumlich und sachlich klar definiert ist und zum anderen die teilnehmenden Personen durch eine Zufallsauswahl ausgewählt wurden. Repräsentativität besagt, dass eine Strukturgleichheit zwischen Stichprobe und Grundgesamtheit existieren muss.

Repräsentativität ist ein wichtiger Aspekt des Auswahlverfahrens. Eine repräsentative Stichprobe ist die Grundlage für ein repräsentatives Ergebnis.

6.4.3   Die einfache Zufallsstichprobe

Die einfache Zufallsstichprobe gibt jedem Mitglied der Grundgesamtheit die gleiche Gelegenheit, in die Stichprobe aufgenommen zu werden. Die Auswahl gilt somit als zufällig getroffen. Um allerdings jedem möglichen Teilnehmer die gleiche Option zu sichern, in das Stichprobe aufgenommen zu werden, müssen folgende Grundregeln beachtet werden:

- Einmal ausgewählt, kann eine Einheit, die zufällig bestimmt wurde, nur auf die Gefahr hin ausgelassen werden, dass eine Verzerrung auftritt.

— Die Grundgesamtheit, aus der die Stichprobe gezogen wird, und die Einheiten (einzelne Personen, Gruppen, Schulen etc.) müssen klar definiert sein, damit keine Unklarheit darüber besteht, was die Stichprobe tatsächlich repräsentieren möchte.

— Eine Grundgesamtheit, die aus vielen kleinen Einheiten besteht, ist besser geeignet als eine Gesamtheit, die aus einer geringeren Anzahl und mit größeren Einheiten besteht.

Ein Vorteil der Zufallsstichprobe ist keine Notwendigkeit, vorher Informationen über die Grundgesamtheit bzw. ihre Verteilung einzuholen. Außerdem geben Einheiten einer Zufallsstichprobe besser die Unterschiedlichkeit z. B. eines Einstellungsmerkmals wieder als die gleiche Anzahl von beliebig ausgewählten Einheiten.

Der Nachteil einer Zufallsstichprobe ist, dass die Zusammenstellung einer Grundgesamtheit in ihren Merkmalen notwendig ist, um so eine möglichst erfolgreiche Zufallsstichprobe zu ziehen. Ein Katalog dieser Art steht oft nicht bereit. Außerdem nimmt die Zufallsstichprobe sehr viel Zeit, Mühe und Gelder in Anspruch. Die Zufallsstichprobe hat einen größeren Umfang als die geschichtete Zufallsstichprobe und garantiert somit ebenso eine statistisch höhere Reliabilität (Eckstein 2012).

6.4.4   Die geschichtete Zufallsstichprobe

Die geschichtete Zufallsstichprobe wird häufig als das beste Verfahren empfohlen, um eine größtmögliche Repräsentativität zu erreichen. Es besteht darin, dass man die Grundgesamtheit nach bestimmten Merkmalen (z. B. Geschlecht, Alter, Region) in einzelne Schichten unterteilt und dann aus jeder dieser Schichten eine Zufallsstichprobe zieht.

▪ Arten der geschichteten Zufallsstichprobe

Es gibt zwei Arten der geschichteten Zufallsstichprobe. Die Bestimmung der Anzahl der in jeder Schicht ausgewählten Versuchspersonen kann proportional oder disproportional dem Anteil jeder Schicht an der Grundgesamtheit vorgenommen werden; kann also je nach Stichprobe von Schicht zu Schicht gleich bleiben oder variieren:

— Die proportionale Zufallsstichprobe wahrt die richtigen Proportionen zwischen den einzelnen Schichten im Bezug auf die Grundgesamtheit. Der wesentliche Vorteil der proportionalen Zufallsstichprobe besteht in der richtigen Repräsentation der Merkmale oder Variablen.

— Bei der disproportionalen Zufallsstichprobe wählt man aus jeder Schicht die gleiche Anzahl von Einheiten aus, unabhängig von ihrem Anteil in der Grundgesamtheit. Der Vorteil dieser Methode ist, dass u. U. Vergleiche zwischen einzelnen Schichten erleichtert werden. Die Schwierigkeit dabei besteht darin, in jeder Schicht die gleiche Anzahl von Versuchspersonen zu finden, welche die gewünschten Eigenschaften besitzen. Suchst du eine Kombination von verschiedenen Merkmalen, die die Versuchspersonen gleichzeitig besitzen müssen, so ist es sehr schwer, diese Personen ausfindig zu machen. Oft existieren nur wenige (Eckstein 2012).

6.5   Kausalität

Kausalität bedeutet, dass ein gesetzmäßiger Wirkungszusammenhang zwischen Ereignissen oder Erscheinungen gegeben ist. Ereignis A muss also unter bestimmten Bedingungen ein Ereignis B verursachen, wobei die Ursache A der Wirkung B zeitlich vorausgeht und B niemals eintritt, ohne dass vorher A eingetreten ist.

Das Adjektiv „kausal" bedeutet „ursächlich" bzw. „das Verhältnis zwischen Ursache und Wirkung betreffend".

Eine Kausalkette ergibt sich, wenn z. B. Ereignis A selbst wieder Ursache eines neuen Ereignisses ist, in diesem Fall für Ereignis B und dieses dann für Ereignis C usw. Die Ursache der Ursache B mit einer Wirkung B ist damit auch (wenn auch nur indirekte) Ursache der Wirkung A selbst. In diesem Zusammenhang gibt es die absolute Vergangenheit und die absolute Zukunft, die durch Kausalzusammenhänge getroffen werden können.

Das Kausalprinzip (Kausalitätsprinzip) bedeutet, dass jedes Geschehen eine (materielle) Ursache hat, und es keine „akausalen" (ursachenlosen) Ereignisse gibt. Dies wurde schon von Aristoteles behauptet: „Nichts geschieht ohne Ursache."

Einer der Grundgedanken der Kybernetik, der Lehre der Steuerung der Maschinen und Organisationen, ist es, die Kausalitätsvorstellung in einem System zu relativieren. Die Kybernetik besagt: Die Wirklichkeit ist ein vernetztes System, das man nur als verknüpftes Geschehen begreifen kann, in das die Einzelgeschehnisse eingebettet sind. Da sich wissenschaftlich nur Einzelgegenstände untersuchen lassen, müssen bei jedem Ergebnis immer die Bedingungen, d. h. die Vernetzungen, in einem Gesamtsystem berücksichtigt werden.

Wir unterscheiden z. B. die materiale Ursache (causa materialis), die formale Ursache (causa formalis), die wirkende Ursache (causa efficiens), die Zweckursache (causa finalis), die Ursache des Seins (causa cognoscendi/essendi), die Ursache seiner selbst (causa sui) und noch weiteren Ursachen (Heller 2012).

6.5.1 Neuronale Grundlagen der Kausalität

Ob Gehirnprozesse von höherer Qualität wie z. B. das logische Schlussfolgern das menschliche Kausalitätsurteil begründen oder ob dies schon bei der Wahrnehmung unserer Sinneserfahrungen entsteht, war bisher unklar. Neuere Untersuchungen haben gezeigt, dass das Verständnis von kausalen Zusammenhängen schon beim Sehprozess ohne Beteiligung von höheren kognitiven Vorgängen entsteht. Das zeigt sich vor allem daran, dass beim wiederholten Betrachten von kausalen Zusammenhängen ein ähnlicher Gewöhnungseffekt eintritt wie bei der Wahrnehmung der Größe, Farbe oder Distanz eines Objektes, wobei vor allem schnelle Kausalitätsurteile bereits auf der Stufe der einfachen visuellen Wahrnehmung gefällt werden (Heller 2012).

6.6 Forschungsplanung

6.6.1 Die Phasen eines Forschungsprojektes

Die Phasen eines Forschungsprojekts sind die folgenden (◘ Abb. 6.1):
- Theoretische Vorbereitung: Vorstrukturierung des Gegenstandsbereiches und Formulierung der Hypothese, welche genauer untersucht werden soll.
- Entwurf des Forschungsplanes und der Instrumente: Bestimmung der Stichprobe, Wahl der Operationalisierungsmethoden, der Instrumente und der Auswertungstechniken.
- Durchführung: Sammeln der Daten.
- Auswertung: Behandlung und Analyse der Daten, Beantwortung der gestellten Hypothese.
- Theoretische Schlussfolgerung: Fazit, Ausblick, kritische Hinterfragung, Herstellung des Zusammenhanges mit bereits bestehenden Theorien.

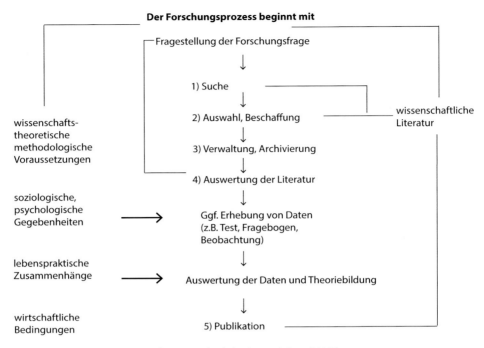

Der Forschungsprozess beginnt mit

☐ **Abb. 6.1** Die Phasen eines Forschungsprojekts (adaptiert nach Stangl 1997)

6.6.2 Grobschema des Erkenntnisprozesses in der empirischen Forschung

Untersuchungen beginnen meist mit einem Ereignis, das Fragen aufwirft, denen man dann in einer empirischen Untersuchung nachgehen möchte.

Die Problemstellung und die Hypothese werden genauer formuliert. Daraufhin werden die aufgetauchten Fragen in eine Ordnung nach dem Grad ihrer Wichtigkeit gebracht. Das Ziel der Untersuchung wird präzisiert.

Danach werden Beobachtungen, Literaturhinweise und weitere Quellen, die zur Erklärung der Hypothese beitragen können, einbezogen. Expertenbefragungen können stattfinden, und alle Notizen und Aufzeichnungen werden in einem Ordner zusammengefügt. Je mehr Wissen du für dieses Thema angehäuft hast, desto mehr Vermutungen tauchen auf. Stellst Hypothesen und Schätzungen sowie anfängliche Erklärungsversuche auf, um deinem Ziel näher zu kommen.

Nun führst du einen Vorversuch an einer kleinen Stichprobe durch, welcher möglichst repräsentativ sein sollte. Sollte alles geklappt haben und Problemstellungen und Störvariablen aus dem Weg geschafft, kannst du anfangen mit deiner Untersuchung des Experiments und deine Operationalisierungstechniken (z. B. Fragebögen, Beobachtungen usw.) starten.

Diese sollten streng überprüft werden, da eine Validität unabdingbar für ein unverfälschtes Ergebnis ist.

Nun verarbeitest du deine gesammelten Daten und ziehst erste Schlüsse bezüglich deiner Untersuchung. Versuche, das Ergebnis in einem allgemeinen Prinzip zu formulieren (Gesetze) und in das von dir bereits erworbene Wissen einzugliedern und anzuwenden. Schlussendlich formuliere ein Fazit, eine kritische Reflexion des Ganzen und einen Ausblick für weitere Studien zu diesem Thema. Bei kritischem Rückblick meine ich z. B. was hätte besser laufen können, auf was muss besonders geachtet werden etc.

In der Psychologie ist es so, dass sich Theorie und Empirie gegenseitig abwechseln, aber beide zusammen die Grundelemente der empirischen Forschung sind. Empirische Forschung ist also stets eine theoretisch-empirische Forschung.

In der Wissenschaft setzt man nie eine Fiktion zum Ziel und gibt darüber endgültige Antworten, die eventuell richtig sein könnten. Sondern es ist ein Weg, der oft unendlich scheint, aber doch lösbar ist. Es treten oft neue und noch tiefere Fragen auf, die stets neu geprüft und untersucht werden müssen (Bortz und Döring 2006).

6.7   Bedingungen für eine Studiendurchführung

Eine Untersuchung muss Bedingungen erfüllen, um dem wissenschaftlichen Anspruch des Experiments gerecht zu werden:

- Informierte Einwilligung der Versuchspersonen: Es muss dir die (schriftliche) Erklärung vorliegen, wobei sich die Versuchspersonen mit den Operationalisierungsmaßnahmen, welche du vorhast, einverstanden erklären sowie einen Hinweis auf den Datenschutz von dir bekommen.
- Standardisierung der Durchführung und Auswertung des Experiments: Beachte dazu bitte die vorherigen ▶ Abschn. 6.3 und 6.6.

Wichtig ist eine Ansammlung von Mitschriften und Notizen. Protokoll führen ist hier das Stichwort. Zeichne genau auf, wie du dir die gesamte Versuchsplanung vorstellst. Von der Hypothesenbildung über die Auswahl und Gruppierung der Stichproben und den Versuchsaufbau/ Versuchsdurchführung/ Kontrollgruppen bis zur Erfassung und Auswertung der Daten einschließlich der vorgesehenen statistischen Verfahren sowie eventueller Besonderheiten und Störungen.

Ebenfalls wichtig ist die Wiederholbarkeit. Dein Experiment muss so genau beschrieben werden, dass es in einem weiteren Labor von einem anderen qualifizierten Experten bei Einhaltung deiner definierten Versuchsbedingungen wiederholt werden kann.

Entscheide dich, welche deine finale Hypothese ist und wie du diese interpretieren möchtest. Das Ergebnis ist im Zusammenhang mit der bisherigen Forschung zu dieser Fragestellung zu interpretieren und hinsichtlich der eventuell bestehenden Methodenprobleme sowie hinsichtlich einer eventuellen Weiterführung zu diskutieren (damit meine ich die Anwendung in bereits Gelerntes und den Ausblick; Bortz und Döring 2006).

6.8   Probleme bei einer Studiendurchführung

6.8.1   Versuchspersonenmotivation

Bisher ist es noch nicht bekannt, inwiefern die Motivation der Versuchspersonen an dem Ergebnis der Untersuchungen beteiligt sind. An psychologischen Experimenten nehmen in der Regel Freiwillige teil, z. B. weil sie Interesse an der Wissenschaft haben, Geld verdienen möchten, oder Studierende (z. B. der Psychologie) sind, die eine bestimmte Anzahl an Versuchspersonenstunden ableisten müssen. Nach einer Untersuchung von Sears (1986) waren die Versuchspersonen der 1985 veröffentlichten sozialpsychologischen Experimente zu 74 % Studierende. Diese

Auswahl der Versuchspersonen unterscheidet sich also drastisch von der Gesamtpopulation und ist somit wegen fehlender Zufallsauswahl der Stichprobe für die Gesamtpopulation nicht annähernd repräsentativ. Die Generalisierbarkeit bzw. externe Validität der Ergebnisse ist deshalb sehr fraglich (Heckhausen 2010).

6.8.2   Versuchsleitereffekte

Die Wirkung der Versuchsleiter wurde in zahlreichen Experimenten nachgewiesen. Wir unterscheiden Versuchsleitereffekte, die durch bestimmte Fehler in der Versuchsdurchführung und Auswertung entstehen, nicht zufällig, sondern zugunsten der Hypothese, und Versuchsleitererwartungseffekte, bei denen die Erwartungen (Motivation, Einstellung) und die eigenen Hypothesen des Versuchsleiters mehr oder minder unbemerkt die Ergebnisse beeinflussen. Dies ist z. B. der Rosenthal- oder der Greenspoon-Effekt (Zimmermann 1972).

Möglichst gut eliminiert werden können Versuchsleiterfehler entweder durch eine computergestützte Durchführung oder durch eine bestmögliche Standardisierung in Durchführung, Auswertung und Interpretation. Auch ein gutes Beispiel ist der Doppelblindversuch. Dieser ist eine Methode, bei dem weder die Untersuchten noch der Versuchsleiter zum Zeitpunkt der Datenerhebung wissen, ob der Untersuchte zur Experimentalgruppe oder zur Kontrollgruppe gehört (z. B. Medikament oder Placebo). Damit die Erwartungen des Versuchsleiters nicht das Verhalten der Versuchsperson beeinflussen, werden also die Rollen des forschenden Leiters und der des Versuchsleiters getrennt (Guttmann 1994).

6.8.3   Techniken zur Kontrolle von Störfaktoren

Die wichtigste Technik zur Kontrolle von Störfaktoren ist die Randomisierung. Diese besagt, dass Versuchspersonen nach dem Zufallsprinzip auf Experimental- und Kontrollgruppen aufgeteilt werden. Diese Zufallszuweisung ist ein wichtiges Kennzeichen für ein gutes Experiment (▶ Abschn. 6.4). Damit wird erreicht, dass sich jede Versuchsperson gleich stark in allen Situation repräsentiert und alle Patienten die gleichen Geltungschancen bekommen. Es gibt zahlreiche Regeln und Hinweise, wie mögliche Störfaktoren berücksichtigt werden können (▶ Abschn. 6.3 und 6.7; Guttmann 1994).

6.9   Zusammenfassung

- **Grundbegriffe**

Eine Wissenschaft besteht traditionell aus der Theorie (z. B. Modelle), Empirie (z. B. Tatsachen) und der Kommunikation. Normalerweise werden die Versuchspersonen in Experimental- und in Kontrollgruppen eingeteilt. Zum einen gibt es Labor- und Feldexperimente. Feldexperimente unterscheiden sich maßgeblich von Laborexperimenten, da sie in der natürlichen Umgebung stattfinden und die Versuchspersonen von einer Teilnahme nicht in Kenntnis gesetzt wurden.

- **Gütekriterien**

Objektivität nennt man auch die formale Messgenauigkeit. Dort gibt es die Durchführungsobjektivität, Auswertungsobjektivität und Interpretationsobjektivität. Reliabilität

(Zuverlässigkeit) ist die inhaltliche Messgenauigkeit. Dies bedeutet eine Genauigkeit der Ergebnisse bei einer Wiederholung der Messung unter denselben Bedingungen, an denselben Gegenständen. Folglich muss zu demselben Ergebnis gelangt werden. Methoden wären hier z. B. die Wiederholung des Tests (Re-Test-Methode), die Paralleltest-Methode oder die Split-Half-Test-Methode/Testhalbierungsmethode. Validität (Gültigkeit) heißt, ob der Test auch das misst, was er messen soll. Hier gibt es die Inhaltsvalidität, Konstruktvalidität und Kriteriumsvalidität.

- **Stichproben**

Mit den drei nachfolgenden Formen der existierenden Auswahlverfahren solltest du die größtmögliche Repräsentativität schaffen: Zufallsauswahlverfahren, bewusste Auswahlverfahren, Mischformen. Die einfache Zufallsstichprobe gibt jedem Mitglied der Grundgesamtheit die gleiche Gelegenheit, in die Stichprobe aufgenommen zu werden. Die geschichtete Zufallsstichprobe wird häufig als das beste Verfahren empfohlen, um eine größtmögliche Repräsentativität zu erreichen. Die Grundgesamtheit wird nach bestimmten Merkmalen (z. B. Geschlecht, Alter, Region etc.) in einzelne Schichten unterteilt, und dann wird aus jeder dieser Schichten eine Zufallsstichprobe gezogen. Hier gibt es die proportionale und disproportionale.

- **Kausalität**

Kausalität bedeutet, dass ein gesetzmäßiger Wirkungszusammenhang zwischen Ereignissen oder Ergebnisse. Ereignis A muss also unter bestimmten Bedingungen ein Ereignis B verursachen, wobei die Ursache A der Wirkung B zeitlich vorausgeht und B niemals eintritt, ohne dass vorher A eingetreten ist.

- **Forschungsplanung**

Die Phasen eines Forschungsprojektes: theoretische Vorbereitung, Entwurf des Forschungsplanes und der Instrumente, Durchführung, Auswertung, theoretische Schlussfolgerung.

- **Bedingungen für eine Studiendurchführung**

Eine Untersuchung muss Bedingungen erfüllen, um dem wissenschaftlichen Anspruch einer validen Studie gerecht zu werden: Finale Entscheidung der tatsächlichen Hypothese, informierte Einwilligung der Versuchspersonen, Standardisierung der Durchführung und Auswertung des Experiments, Protokoll führen, Wiederholbarkeit muss möglich sein.

- **Probleme bei einer Studiendurchführung**

Versuchspersonenmotivation ist ein wichtiger Part. An psychologischen Experimenten nehmen in der Regel lediglich Freiwillige teil, z. B. weil sie Interesse an der Wissenschaft haben, Geld verdienen möchten sind, oder Studierende, die dies aufgrund von Vorgaben ihres Studienplans und Credit Points absolvieren. Versuchsleitereffekte: Es gibt z. B. den Rosenthal- oder den Greenspoon-Effekt. Um diese Effekte möglichst zu vermeiden, sollte eine bestmögliche Standardisierung vorliegen, oder man macht einen Doppelblindversuch. Zudem können die Rollen des forschenden Leiters und der des Versuchsleiters getrennt werden, so steht die Ergebnismotivation des forschenden Leiters nicht an erster Stelle.

6.10   Fragen

1. Aus was besteht die Wissenschaft traditionell?
2. Was unterscheidet die Experimental- von einer Kontrollgruppe?
3. Erkläre die wichtigsten Gütekriterien.
4. Was ist das Kausalitätsprinzip?
5. Wie können Störfaktoren eliminiert werden?

Literatur

Verwendete Literatur

Bortz, J., & Döring, N. (2006). *Forschungsmethoden und Evaluation: Für Human- und Sozialwissenschaftler* (4. Aufl.). Heidelberg: Springer.

Eckstein, P. P. (2012). *Angewandte Statistik mit SPSS* (7. Aufl.). Wiesbaden: Springer Gabler.

Guttmann, G. (1994). *Allgemeine Psychologie: experimentalpsychologische Grundlagen* (2. Aufl.). Wien: WUV-Universitätsverlag.

Heckhausen, J., & Heckhausen, H. (2010). *Motivation und Handeln (4. Auflage)*. Heidelberg: Springer Verlag.

Heller, J. (2012). *Experimentelle Psychologie: Eine Einführung*. München: Oldenbourg.

Hüttner, M., & Schwarting, U. (2002). *Grundzüge der Marktforschung (7. Auflage)*. Berlin: Oldenbourg Verlag.

Lienert, G. A. (1989). *Testaufbau und Testanalyse* (4. Aufl.). München: Psychologie Verlags Union.

Lüer, G. (1991). *Psychologie im Spiegel ihrer wissenschaftlichen Gesellschaft: Historische Fakten, Entwicklungen und ihre Konsequenzen. Psychologische Rundschau, 42*:1–11.

Schelten, A. (1997). *Testbeurteilung und Testerstellung*. Wiesbaden: Steiner.

Schnell, R., Hill, P. B., & Esser, E. (2008). *Methoden der empirischen Sozialforschung* (8. Aufl.). München: Oldenbourg.

Sears, D. O. (1986). College sophomores in the laboratory: Influences of a narrow data base on social psychology's view of human nature. *Journal of Personality and Social Psychology*.

Stemmler, G. (2009). *Enzyklopädie der Psychologie*. Göttingen: Hogrefe.

Stangl, W. (1997). *http://arbeitsblaetter.stangl-taller.at/FORSCHUNGSMETHODEN/Forschungsplanung.sthml* (Zugriff: 20.06.2015).

Zimmermann, E. (1972). *Reaktive Effekte experimenteller Versuchsanordnungen*. Wiesbaden: Vieweg und Teubner.

Weiterführende Literatur

Görgen, F. (2005). *Kommunikationspsychologie in der Wirtschaftspraxis*. München: Oldenbourg.

Hager, W. (1987). Grundlagen einer Versuchsplanung zur Prüfung empirischer Hypothesen der Psychologie. In G. Lüer (Hrsg.), *Allgemeine Experimentelle Psychologie* (S. 243–253). Stuttgart: Fischer.

Hussy, W., Schreier, G., & Echterhoff, G. (2013). *Forschungsmethoden in Psychologie und Sozialwissenschaften für Bachelor* (2. Aufl.). Heidelberg: Springer.

Statistik I

Christina von der Assen

7.1   Stichprobe und Population – 147
7.1.1   Diskrete Variable – 148
7.1.2   Stetige bzw. metrische Variable – 148

7.2   Skalentypen und Darstellungen – 149
7.2.1   Nominalskala – 149
7.2.2   Ordinalskala – 150
7.2.3   Intervallskala – 151
7.2.4   Verhältnis- bzw. Ratioskala – 151

7.3   Maße der zentralen Tendenz – 152
7.3.1   Modalwert – 152
7.3.2   Median – 152
7.3.3   Arithmetisches Mittel – 152

7.4   Dispersionsmaße (Streuungsmaße, Streuungsparameter) – 153
7.4.1   Interquartilsabstand – 153
7.4.2   Range – 154
7.4.3   Varianz und Standardabweichung – 154
7.4.4   Variabilitätskoeffizient – 155

7.5   z-Transformation – 155

7.6   Kovarianz – 156

7.7   Produkt-Moment-Korrelation – 156

7.8   Partialkorrelation – 157

7.9   Einfache lineare Regression – 158

7.10   Multiple Regression – 160

7.11   Korrelationstechniken – 160

7.12   Faktorenanalyse – 162

C. von der Assen, *Crash-Kurs Psychologie*,
DOI 10.1007/978-3-662-43359-1_7, © Springer-Verlag Berlin Heidelberg 2016

7.13 **Weitere wichtige Definitionen** – 164

7.14 **Zusammenfassung** – 166

7.15 **Fragen** – 169

Literatur – 169

Hier wird die deskriptive Statistik beschrieben.

Die nun folgenden statistischen Methoden dienen zur Beschreibung der erhobenen Daten in Form von Diagrammen, Grafiken und Tabellen.

7.1 Stichprobe und Population

Im Folgenden wird vom großen Ganzen bis zum Individuum erläutert, aus welchen Bestandteilen eine Stichprobe bestehen kann (Bortz u. Döring 2005).

Grundgesamtheit: Gesamtheit aller Beobachtungseinheiten, über die eine statistische Aussage gemacht werden soll (◘ Abb. 7.1).

Stichprobe: Zur Aussage herangezogene Menge von Beobachtungseinheiten

Beobachtungseinheiten: Objekte, Vorgänge usw., die bei einer statistischen Untersuchung betrachtet werden (Wild u. Möller 2015).

Stichprobenumfang: Anzahl der Beobachtungseinheiten in der Stichprobe (Hussy et al. 2013).

Merkmal: Eigenschaft zur Unterscheidung von Beobachtungseinheiten

Merkmalsausprägung/Merkmalswert: Wert, den ein Merkmal angenommen hat.

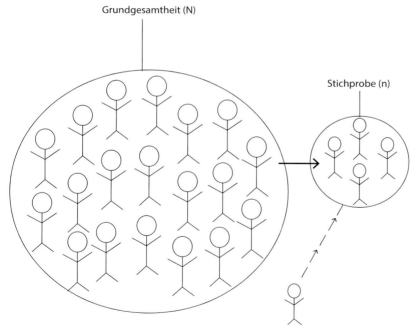

◘ **Abb. 7.1** Grundgesamtheit und Stichprobenmerkmale

7.1.1   Diskrete Variable

Wenn eine Variable nur eine endliche (oder wie bei Zähldaten abzählbar unendliche) Anzahl von Ausprägungen annehmen kann, wird sie als diskret bezeichnet. Die Variable „Geschlecht" ist z.B. diskret, da sie nur die zwei Ausprägungen „weiblich" und „männlich" kennt. Obwohl meistens nicht nach oben begrenzt, sind generell auch Zähldaten diskret (ganzzahlige Werte, z.B. Kinderzahl; Bühner 2009).

7.1.2   Stetige bzw. metrische Variable

Kann eine Variable aber beliebige Werte innerhalb eines Intervalls annehmen, so heißt die Variable stetig (bzw. kontinuierlich, z.B. Körpergröße). Stetige Variablen können (zumindest theoretisch) beliebig fein abgestuft werden und umfassen somit prinzipiell (nicht abzählbar) unendlich viele Ausprägungen.

Metrisch ist das Gleiche wie stetig, d.h., dass es auch zwischen den angegebenen Werten noch Zwischenwerte geben kann, z.B. 7,5° C oder 88,9 kg.

Fazit: Eine „Anzahl von Kindern" ist z.B. diskret, also nicht metrisch. Man kann ja schwer 1,7 Kinder gebären (Akkerboom 2012).

- ■ **Beispiele für Merkmalsarten**
- ▬ Qualitativ: Farbe eines Autos, Geschlecht eines Schülers
- ▬ Komparativ: Bequemlichkeit eines Stuhls
- ▬ Stetig/Metrisch: Höchstgeschwindigkeit von Autos, Massen von Schraubenpackungen
- ▬ Diskret: Anzahl der Schrauben pro Packung
- ▬ Echtes Dichotom: zwei natürlich gegebene Merkmalsausprägungen z.B. „männlich" oder „weiblich".
- ▬ Künstliches Dichotom: ein intervallskaliertes Merkmal aus Gründen der Untersuchungstechnik oder der Ökonomie in zwei Kategorien unterteilt, z.B. in „unterdurchschnittlich" und „überdurchschnittlich"

- ■ **Die Normalverteilung**
Die Normalverteilung ist ein zentraler Bestandteil der Statistik I. Im Jahr 1809 formuliert Carl Friedrich Gauß zum ersten Mal in einem seiner Werke die sog. Normalverteilung. Deshalb wird sie auch heute noch die Gaußsche Glockenkurve/ Glockenfunktion oder auch die Gaußsche Verteilung/ Normalverteilung genannt. Die Normalverteilung besitzt fünf elementare Eigenschaften, die eingehalten werden müssen, sodass von einer solchen ausgegangen werden kann:
- ▬ unimodal
- ▬ glockenförmig
- ▬ symmetrisch
- ▬ asymptotisch der x-Achse
- ▬ Modus, Median und arithmetisches Mittel sind alle gleich.

Sobald eine identische Normalverteilung vorliegt, ist von Verteilungen mit gleicher Streuung und identischem arithmetischem Mittel die Rede. Eine folgende Normalverteilung ist von besonderer Bedeutung: die Standardnormalverteilung. Diese Verteilung zeigt einen Erwartungswert von $\mu = 0$ und eine Streuung von $\sigma = 1$. Es gibt viele verschiedene Normalverteilungen, jedoch können jegliche Normalverteilungen durch eine Konversion schlussendlich in eine Standardnormalverteilung umgewandelt werden. Dies geschieht mithilfe einer z-Transformation, die im weiteren Verlauf des Kapitels erörtert wird (Bortz u. Döring 2005).

7.2 Skalentypen und Darstellungen

7.2.1 Nominalskala

Die Nominalskala ist das niedrigste Skalenniveau. Diese macht nur Aussagen über die Gleichheit bzw. Verschiedenheit, also von Merkmalsausprägungen. Ein Beispiel für eine Nominalskala sind die Rückennummern von Fußballspielern, da jeder Spiele eine andere Nummer trägt. Die Nummer hat keinen speziellen Belang, sondern dient lediglich für die Unterscheidbarkeit zwischen den Spielern. Die Rückennummern dürften theoretisch sogar vertauscht werden, solange auch nach dieser Umwandlung weiterhin jede Nummer in der Fußballmannschaft nur einmal vorhanden ist.

Dargestellt werden darf die Nominalskala lediglich in einem Kreisdiagramm, da ein Säulen- oder Balkendiagramm die Werte automatisch in eine Reihenfolge bringt (Rasch et al. 2010; ◻ Abb. 7.2).

Im Folgenden werden die Eigenschaften von uni-, bi und multivariante Verfahren und Variablen aufgezeigt (◻ Abb. 7.3).

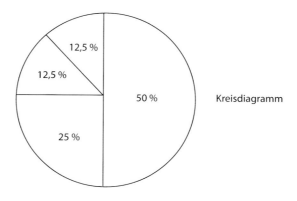

◻ **Abb. 7.2** Darstellungsform einer nominalskalierten Variable

12,5 %

12,5 %

50 %

Kreisdiagramm

25 %

UNIVARIANT

| Eine Variable wird untersucht. |

| Bsp.: Anzahl der Befürworter |

BIVARIANT

| Zwei Variablen und deren Zusammenhänge werden untersucht. |

| Bsp.: Geschlecht und Befürwortungskonstanz |

MULTIVARIANT

| Drei oder mehr Variablen und deren Zusammenhänge werden untersucht. |

| Bsp.: Geschlecht, Alter und Befürwortungstendenz |

◻ **Abb. 7.3** Unterschiede zwischen uni-, bi- und multivarianten Variablen

7.2.2   Ordinalskala

Die zweitniedrigste Skala ist die Ordinalskala. Da sie höher steht als die Nominalskala, schließt diese die Aussagen der Nominalskala mit ein. Aufgrund der kleiner als (<) und größer als (>) Aussagen werden die Werte oft in Rängen gegliedert, sodass sich diese Skala auch Rangskala nennt. Über die Größe zwischen den Rängen macht diese Skala allerdings keine Aussagen.

Ein Beispiel für eine Ordinalskala ist die Einlaufreihenfolge von 400 m-Läufern. Nach dem Eintreffen an der Ziellinie bekommen die Läufer eine bestimmte Platzierung (Rangfolge) zugewiesen. Die Zeiten zwischen den Läufern interessieren nicht, denn auch bei minimalen Abständen ändert sich die Reihenfolge der Läufer in keinem Fall. Der Erste könnte beispielsweise auch den Rang 3, der Zweitplatzierte Rang 5 und der Dritte den Rang 8 erhalten, und alle Bedingungen wären erfüllt.

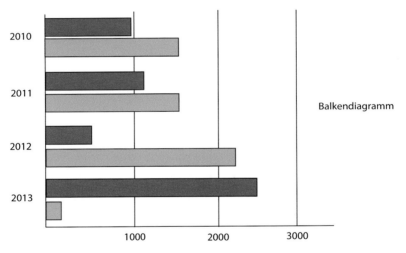

◩ **Abb. 7.4** Darstellungsform einer ordinalskalierten Variable (Balkendiagramm)

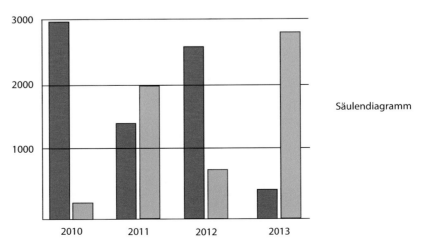

◩ **Abb. 7.5** Darstellungsform einer ordinalskalierten Variable (Säulendiagramm)

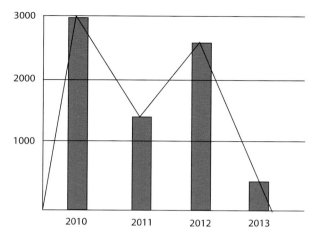

Histogramm mit Polygonzug

Abb. 7.6 Darstellungsform einer intervallskalierten Variable

Dargestellt werden kann die Ordinalskala in einem Säulen- bzw. Balkendiagramm (◘ Abb. 7.4, ◘ Abb. 7.5). Wichtig ist: Die Säulen dürfen sich nicht berühren, da die Daten diskret und nicht metrisch sind. Deshalb darf es keinen Übergang zwischen den Säulen geben, da jedes „Stück" für sich selbst betrachtet und dann mit den anderen Merkmalen verglichen wird (Rasch et al. 2010).

7.2.3 Intervallskala

In der Psychologie ist die Intervallskala, die am häufigsten genutzte Skala. Zusätzlich zu den Aussagen der Nominal- und Ordinalskala macht diese Skala Aussagen über die Größe zwischen den Merkmalsausprägungen. Sie ermöglicht also Aussagen wie „Merkmal A ist bei Versuchsperson 1 um 5 Einheiten größer als bei Versuchsperson 2". Bei dieser Skala sind Plus- und Minus-Rechnungen erlaubt. Ein Beispiel für eine Intervallskala ist das Messen der Temperatur in Grad Celsius. Bei dieser Skala gibt es keinen absoluten Nullpunkt.

Hier sind die Daten metrisch, sodass die Säulen der Merkmale durch einen fließenden Übergang und Berührung der Säulen erlaubt sind (Rasch et al. 2010). Dargestellt werden dürfen die Daten also in einem Histogramm, und verbunden werden sie durch einen Polygonzug (◘ Abb. 7.6).

7.2.4 Verhältnis- bzw. Ratioskala

Einen absoluten Nullpunkt gibt es bei der Verhältnisskala, d. h. dass der Nullpunkt nicht willkürlich gesetzt wurde, sondern dort lokalisiert ist, wo die Variable auch tatsächlich aufhört zu existieren. Diese Skala ist die höchste Skala und lässt alle Rechnungen der bereits genannten Skalen (Nominal, Ordinal, Intervall) zu. Darüber hinaus darf hier mit den Operationsmöglichkeiten „Mal" und „Geteilt" gerechnet werden. Diese Skala macht nun also Aussagen über das Verhältnis von Merkmalsausprägungen. Ein Beispiel für die Verhältnisskala ist das Gewicht einer Person oder die Größe eines Gegenstandes. Diese Skala wird nur selten in der Psychologie verwendet, da Messungen der Intelligenz oder einer Ausprägung der „Big Five" beispielsweise nicht mit einem echten Nullpunkt messbar sind (Rasch et al. 2010).

Dargestellt werden dürfen Werte der Verhältnisskala in jeder der oben dargestellten Formen.

7.3 Maße der zentralen Tendenz

Maße der zentralen Tendenz sind statistische Kennwerte, die es uns ermöglichen eine gesamte Verteilung in wenigen Werten zusammenfassend erklären und interpretieren zu können. Mit diesen statistischen Werten kann nun weiter gerechnet werden (z. B. Korrelationen, Regressionen).

7.3.1 Modalwert

Der Modalwert ist der in einer Verteilung am häufigsten vorkommende Wert (nicht der höchste Wert!). Eine bimodale Verteilung besitzt zwei Modalwerte, und eine multimodale Verteilung mehrere Modalwerte. Der Vorteil eines Modalwertes ist, dass er sehr stabil gegenüber Extremwerten ist. Die Voraussetzung eines Modus ist die Nominalskala, so ist er also auf allen Niveaus ersehbar (Bortz 2005).

7.3.2 Median

Der Median ist der Wert, der die geordnete Reihe der Messwerte in die oberen 50 % und die unteren 50 % aufteilt. Der Median wird auch zweites Quartil und 50. Perzentil genannt. Die Summe der absoluten Abweichungen aller Messwerte von ihrem Median ist ein Minimum. Auch der Median bietet den Vorteil, dass er sehr stabil gegenüber Extremwerten ist. Voraussetzung der Berechnung eines Medians ist die Ordinalskala (Bortz 2005).

Berechnet wird der Median bei ungeraden Stichproben wie folgt:

$$\frac{x_n + 1}{2}$$

Und bei geraden Stichproben mit dieser Formel:

$$\frac{1}{2}\left(x_{n/2} + x_{n/2} + 1\right)$$

7.3.3 Arithmetisches Mittel

Das arithmetische Mittel (AM) ist die Summe der Messwerte geteilt durch ihre Anzahl. Die Summe der Abweichungen aller Messwerte von ihrem arithmetischen Mittel ist demnach Null, und die Summe der Abweichungsquadrate ist für das arithmetische Mittel ein Minimum. Das AM wird auch als x-quer bezeichnet. Wird zu allen Werten einer Stichprobe dieselbe Zahl addiert, so vergrößert sich auch das arithmetische Mittel um diese Zahl. Ein Nachteil des AM ist, dass es sehr empfindlich gegenüber Extremwerten ist. Eine Voraussetzung für die Berechnung des AM sind intervallskalierte Daten.

Das arithmetische Mittel darf nicht berechnet werden, wenn
- die Daten metrisch bzw. nicht mindestens intervallskaliert sind,
- die Verteilung bimodal bzw. mehrgipflig ist,
- die Verteilung an den Enden offene Klassen aufweist,
- Zeitreihen beschrieben werden sollen und
- wenn eine Stichprobe extrem klein ist oder die Verteilung sehr asymmetrisch.

Wenn eine Verteilung streng **symmetrisch** ist, fallen alle drei Werte zusammen, und es ergibt eine Normalverteilung.

Darüber hinaus gibt es noch die steilen bzw. schiefen Verteilungen:
- bei rechtssteiler bzw. linksschiefer Verteilung gilt: AM < Median < Modus,
- bei linkssteiler bzw. rechtsschiefer Verteilung gilt: AM > Median > Modus.

Das arithmetische Mittel ist meist zu bevorzugen, weil
- es eindeutig und leicht zu berechnen ist und
- es bei einer ausreichend großen Stichprobe zuverlässige Schätzwerte für die Parameter der Grundgesamtheit liefert (Bortz 2005).

7.4 Dispersionsmaße (Streuungsmaße, Streuungsparameter)

Streuungsmaße beschreiben die Variabilität, also die Form und Breite einer Verteilung. Für Nominaldaten gibt es keine Streuung und deshalb auch keine nachfolgenden Berechnungen.

7.4.1 Interquartilsabstand

Dieses Streuungsmaß wird ab der Ordinalskala benutzt. Als Quartile werden die Punkte bezeichnet, welche eine Verteilung in vier gleich große Abschnitte aufteilen. Die Differenz der beiden Quartile Q1 und Q3 wird als Interquartilsabstand (IQA) bezeichnet (■ Abb. 7.7).

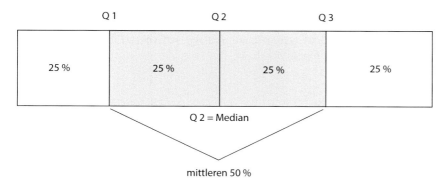

■ **Abb. 7.7** Darstellung der einzelnen Quartile und des Interquartilsabstands

Es gilt folgende Faustformel, bei der nicht durch vier teilbare Stichproben und bei n > 100:

$$Q1: \frac{(n + 3)}{2}$$

$$Q3: \frac{(3n + 1)}{4}$$

Bei durch vier teilbaren Stichproben ist es einfach. Dann gilt: 1/4 bzw. 3/4 der Stichprobe.

Der Interquartilsabstand ist das einzig anwendbare Maß bei offenen Randkategorien und sollte dann angewendet werden, wenn der Median als Maß der zentralen Tendenz angegeben wird. Vorteil des IQA ist, dass sich dieser nicht allzu sehr auf die Kennwerte auswirkt, da nur die mittleren 50 % betrachtet werden, was wiederrum auch als Nachteil gesehen werden kann (Wittchen und Hoyer 2011).

7.4.2   Range

Die Range, auch „Spannweite" genannt, ist die Differenz zwischen dem größten und dem kleinsten Messwert einer Verteilung bzw. Stichprobe. Je stärker der maximale und minimale Wert voneinander abweichen, desto größer die Streuung der Werte. Die Spannweite ist zwar leicht bestimmbar und verständlich, hängt aber stark von der Stichprobengröße ab. Die Range wird wie folgt berechnet: $x_{max} - x_{min}$. Die Range ist extrem anfällig bei Extremwerten und Ausreißern (Wittchen und Hoyer 2011).

7.4.3   Varianz und Standardabweichung

Die Varianz s^2 ist die Summe der Abweichungsquadrate aller Messwerte einer Verteilung von ihrem arithmetischen Mittel, dividiert durch die um eins verminderte Anzahl der Messungen $(n - 1)$. Kurz: Sie ist die quadrierte Abweichung vom Mittelwert. Berechnet wird sie durch folgende Formel:

$$cov_{xy}: E \frac{(x_i - \overline{x})(y_i - \overline{y})}{N}$$

Die Standardabweichung s ist die Quadratwurzel aus der Varianz s^2 und wird daraufhin wie folgt berechnet: $s = \sqrt{s^2}$.

Die Varianz und auch die Standardabweichung werden von zufälligen Extremwerten der Stichprobe kaum beeinflusst. Sie sind beide sehr zuverlässige Schätzwerte für die Streuung der Grundgesamtheit (Wittchen und Hoyer 2011).

■ **Vergleich**

Es ist interessant, ob ein bestimmtes Merkmal der Stichprobe A stärker streut als dasselbe Merkmal in der Stichprobe B. Dies kann allerdings nur beantwortet werden, wenn beide Stichproben gleich groß sind, die Messungen des Merkmals in beiden Stichproben sowohl nach gleicher Methodik als auch nach gleicher Skalierung erfolgte und in ihrer Größenordnung auch zu übereinstimmenden Mittelwerten führte. Nur dann ist ein unmittelbarer Vergleich der Varianzen bzw. Standardabweichungen möglich.

Wenn diese Voraussetzungen nicht erfüllt sind, so müssen die Werte der Stichprobe A und B z-transformiert werden, damit ein unmittelbarer Vergleich möglich ist (Bortz 2005).

7.4.4   Variabilitätskoeffizient

Der Variabilitätskoeffizient (V) ist der Quotient aus der Standardabweichung der Verteilung und ihrem arithmetischen Mittel. Das arithmetische Mittel muss dabei größer als 0 sein.

Formel für die Berechnung: $V = s/AM$

Voraussetzung für die Berechnung ist das Niveau der Verhältnisskala und somit ein echter Nullpunkt. Berechnen kann man dies beispielsweise bei der Größenvariabilität (Bortz 2005).

7.5   z-Transformation

Wenn die in ▶ Abschn. 7.4 genannten Voraussetzungen der Standardabweichungen und Varianz nicht erfüllt sind, so müssen die Werte der Stichproben A und B z-transformiert werden, damit ein unmittelbarer Vergleich möglich ist.

Nach der z-Transformation haben die beiden Stichproben jeweils ein arithmetisches Mittel von Null eine Standardabweichung von Eins. Somit lässt sich eine bestimmte Merkmalsausprägung unmittelbar vergleichen. Ziel ist es, die relative Lage von Werten in einer Verteilung anzugeben (Bortz 2005).

Erster Rechenschritt:

$$V = \frac{s}{AM}$$

Zweiter Rechenschritt:

$$s^2 : E \frac{(x_i - \bar{x})^2}{(n-1)}$$

- ■ **Beispielrechnung**

Tanja:

xT = 70 Punkte im Test

x − quer T = 50 (durchschnittliches Kursergebnis)

s = 10

zT = 70 − 50/10 = 2

Paul:

xP = 85 Punkte im Test

x − quer P = 100 (durchschnittliches Kursergebnis)

s = 15

zP = 85 − 100/15 = −1

Antwort: An den Standardabweichungen kannst du sehen, dass Tanja trotz erstem Eindruck ein sehr gutes Testergebnis und Paul ein schlechtes Testergebnis vorweist. In ❏ Abb. 7.8 ist dies gut zu erkennen.

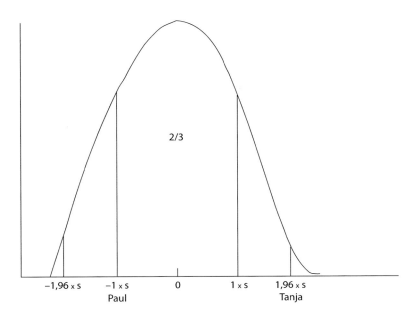

◪ **Abb. 7.8** Er-
gebnisse von Paul
und Tanja in der
Normalverteilung

7.6   Kovarianz

Die Kovarianz (gemeinsame/aufgeklärte Varianz) wird zur Herleitung der Korrelation von mindestens intervallskalierten Daten benötigt. Die Kovarianz kann positiv oder negativ sein, und es gibt keinen standardisierten Wertebereich (◪ Abb. 7.9).

Die Kovarianz ist ein unstandardisiertes Maß, d. h. sie hängt von der Skalierung der beteiligten Variablen ab. Daher können Kovarianzen nicht direkt interpretiert oder zwischen den Untersuchungen verglichen werden. Aus diesem Grund sollte die Kovarianz standardisiert werden (Bortz 2005).

Die Produkt-Moment-Korrelation (siehe nächstes Kapitel) ist die standardisierte Kovarianz, somit z-transformiert und daraufhin das definitiv aussagekräftigere Maß.

Die Kovarianz errechnest du mit der folgenden Formel:

$$\text{cov}_{xy}: E\ \frac{(x_i - \bar{x})(y_i - \bar{y})}{N}$$

7.7   Produkt-Moment-Korrelation

Es geht im Folgenden darum, die Korrelation, also den statistischen linearen Zusammenhang zwischen zwei Variablen darzustellen. Sie dürfen nicht als Beweis für Kausalität oder Voraussagung verwendet werden. Zusammenhänge können mehreres bedeuten, z. B.

- dass sich „A" auf „B" auswirkt,
- dass sich „B" auf „A" auswirkt,
- dass „A" und „B" von einem dritten Merkmal „C" beeinflusst werden.

Das gebräuchlichste Maß für die Stärke des Zusammenhangs zweier Variablen bzw. der Grad des linearen Zusammenhangs zwischen zwei mindestens intervallskalierten Daten. Sie drückt

◘ Abb. 7.9 Darstellung einer positiven und negativen Kovarianz

r = 1
positive Kovarianz

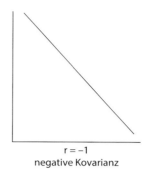

r = −1
negative Kovarianz

sich aus im Korrelationskoeffizienten r. Es gibt einen standardisierten Wertebereich, da r niemals größer als 1 (100 %) und kleiner als −1 (−100 %) wird. Im Gegensatz zu der Kovarianz ist der Wertebereich begrenzt. Besteht zwischen den Variablen kein Zusammenhang, so ist r = 0, und man spricht von einer Nullkorrelation (Rasch et al. 2010).

$$r: E \frac{(x_i - x)(y_i - y)}{(n - 1) s_x \cdot s_y}$$

- **Kovarianz und Produkt-Moment-Korrelation**

Gemeinsamkeiten:
- Beschreiben beide Enge, Richtung der Hypothese und ob linearer Zusammenhang besteht.
- Machen nur Aussagen über Zusammenhang und nicht über Kausalität.

Unterschiede:
- Bei der PMK gibt es einen standardisierten Wertebereich, bei der Kovarianz nicht.
- Die PMK ist standardisiert und die Kovarianz nicht (z-Transformation).
- PMK gegenüber linearer Transformation invariant.

- **Multiple Korrelation**

Diese gibt den Zusammenhang zwischen mehreren Prädiktor- und einer Kriteriumsvariablen an. Sie wird in der Regel als Quadrat ausgegeben (r^2), dies entspricht dem Determinationskoeffizienten D. Jeder zusätzliche Prädiktor erhöht die multiple Korrelation. Die Erhöhung kann gering, eventuell sogar Null sein. Auch wenn die Prädiktoren untereinander korrelieren, bleibt die multiple Korrelation stabil. Das heißt, diese ist nur wenig von zufälligen Einflüssen der Stichprobe abhängig.

7.8 Partialkorrelation

Die Partialkorrelation bietet die Möglichkeit, den Zusammenhang zweier Variablen um den Einfluss möglicher Störvariablen statistisch zu bereinigen. So lässt sich der „wahre" Zusammenhang beider Variablen ermitteln.

Eine positive oder negative Korrelation zwischen den Variablen x und y, die nicht auf einen direkten Zusammenhang zwischen beiden, sondern auf eine dritte Variable v zurückzuführen ist, heißt Scheinkorrelation (Fröhlich 2010).

$$r_{xy.v}: \frac{r_{xy} - r_{xv} \cdot r_{yv}}{(1 - r_{xv}^2)(1 - r_{yv}^2)}$$

Die Partialkorrelation ist die Korrelation zwischen den Residuen.

- **Multiple Partialkorrelation (kanonische Korrelation)**

Dies ist die Korrelation zweier Variablen nach Entfernung des Einflusses mehrerer Prädiktoren bzw. die Korrelation der Residuen zweier Variablen nach Herauspartialisieren mehrerer Prädiktoren. Beispiel: Die Korrelation derjenigen Anteile an Dominanz und Beliebtheit, die nicht durch das Alter und die Sportnote vorhersagbar sind (Bortz 2005).

7.9   Einfache lineare Regression

Die Regression nutzt du, wenn du über die Korrelation hinaus noch eine Vorhersage über die Ausprägung der Variablen machen. Das nennt sich dann die Regression.

Die einfache lineare Regression wird als *einfach* deklariert, da sie lediglich eine lineare Funktion liefert, die der Vorhersage eines Merkmals y (Kriterium) aus einem Merkmal x (Prädiktor).

Regressionsgleichung: $\hat{y} = bx + a$

- **Beispiel (▫ Abb. 7.10):**

a: Koordinatenabschnitt (wo die y-Achse geschnitten wird)
b: Steigung
x: unabhängige Variable (Prädiktor)
y: gesuchte und abhängige Variable (Kriterium)

Stochastische Zusammenhänge sind unvollkommene Zusammenhänge, die sich grafisch in einer Punktewolke zeigen. Je höher der tatsächliche Zusammenhang ist, desto enger wird die Punktewolke. Bei maximalem Zusammenhang geht die Punktewolke schließlich in eine Gerade über. In diesem rein theoretischen Fall liegt ein funktionaler Zusammenhang vor.

Die Regressionsanalyse erwirkt nun, dass die Punktewolke durch eine einzige, möglichst repräsentative Gerade ersetzt wird. Dies gelingt natürlich umso besser, je enger die Punktewolke ist, also je höher die Merkmale tatsächlich miteinander korrelieren. Die Regressionsgerade ist die Gerade, die den Gesamttrend der Punkte am besten wiedergibt.

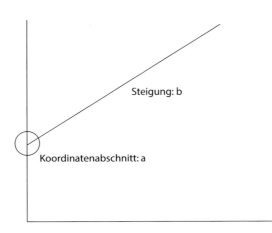

Steigung: b

Koordinatenabschnitt: a

▫ **Abb. 7.10** Steigung und Koordinatenabschnitt einer Variable

In ◘ Abb. 7.11 seht ihr an den Achsen y als Kriterium (der Wert den ich suche) und x, den Prädiktor, die Kriteriumsvarianz (links), Restvarianz (rechts oben) und die aufgeklärte Varianz (rechts unten). Das y mit dem Dach ist der geschätzte Wert. Dieser Wert ist meist genauer als der Mittelwert, weil der Abstand zum wahren Wert geringer ist. Der Mittelwert von y (y_strich) liegt an der Mittelwertlinie (Rasch et al. 2010).

Oben seht ihr den Punkt yi, welcher der wahre Wert ist.

Die Punkte sind durch ein x gekennzeichnet, damit ihr sie besser sehen könnt, haben aber nichts mit dem Wert x zu tun.

Was denkst du bei dieser Regressionsgeraden? (◘ Abb. 7.12)

Antwort: Diese Gerade verfälscht den Zusammenhang. Die Korrelation macht, rein logisch gedacht, keinen Sinn. Hier wird der lineare Zusammenhang künstlich erzeugt, da die zwei Punktewolken eine Gerade erzeugen.

Wichtig ist nun hierbei, dass du immer nach der Abbildung der Korrelation fragst, da die Verteilung der Punkte sehr wichtig ist, um den wirklichen Zusammenhang zu ersehen. So kann es zum Beispiel sein, dass zwei Punkteschwärme eine hochgradige Korrelation darstellen obwohl tatsächlich keine vorliegt.

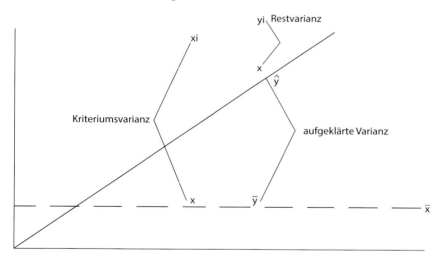

◘ **Abb. 7.11** Kriteriums-, Rest- und aufgeklärte Varianz x

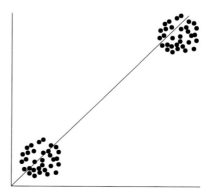

◘ **Abb. 7.12** Darstellung einer beliebigen Regressionsgeraden

7.10   Multiple Regression

Die multiple Regressionsgleichung dient der Vorhersage einer Kriteriumsvariablen aufgrund mehrerer Prädiktoren.

Diese Regressionsgleichung ist ein multivariates Verfahren zur Schätzung eines Kriteriums $\hat{y}$ aufgrund von mehr als einem Prädiktor. Zum Beispiel lässt sich zur Schätzung der Beliebtheit in der Klasse (Variable y) nicht nur das Alter, sondern zusätzlich noch die Sportnote heranziehen.

Bei den zusätzlichen Prädiktoren kann es sich um weitere inhaltlich interessante Variablen handeln oder um Störvariablen, deren Einfluss kontrolliert werden soll.

Im Fall der einfachen Regression wird der mögliche Einfluss weiterer Variablen ignoriert. Dies kann zu erheblichen Fehlschlüssen führen (Rasch et al. 2010).

7.11   Korrelationstechniken

Basierend der verschiedenen Skalentypen und Merkmalszusammenhänge können Korrelationen auf verschiedenen Wegen errechnet werden. Der Berechnungsvorgang wird nun bestimmt durch die Überlegung welche Skala das Item besitzt, wie viele Merkmale, mit welchen Eigenschaften, vorliegen und ob zum Beispiel eine Dichotomie der Variablen vorliegt. Auch kann es vorkommen, dass mehrere Techniken angewendet werden können. Hier ist es ratsam die möglichst konservative Methode zu wählen um eine eindeutiges Ergebnis zu erreichen.

- **Phi-Koeffizient**

Voraussetzung sind zwei echte Dichotome. Der Phi-Korrelationskoeffizient stammt aus der Familie der Produkt-Moment-Korrelation. Der Wertebereich reicht von −1 bis 1. Vorzeichen der Variablen spielen hier solange keine Rolle, bis die Randsummen identisch sind. Dann können die Vorzeichen interpretiert werden (Bortz 2005).

Um dies an einem Beispiel zu verdeutlichen, hier siehst du gut die gleichen Randsummen (◘ Tab. 7.1):

Wenn du diese Zahlen nun in die Formel für Phi einsetzt, beträgt der Phi-Koeffizient −0.0486. Somit ist der Koeffizient annähernd Null, also besteht kein linearer Zusammenhang zwischen dem Schulniveau des Kindes und einer Scheidung der Eltern.

$$\text{Phi: } \frac{ad + bc}{\sqrt{((a + b)(c + d)(a + c)(b + d))}}$$

- **Kontingenzkoeffizient C**

Das bekannteste Maß zur Charakterisierung des Zusammenhangs zweier nominalskalierter Merkmale ist der Kontingenzkoeffizient C. Sollte eines der beiden Merkmal höher gestuft sein

◘ **Tab. 7.1** Beispieltabelle eines Phi-Koeffizienten

Scheidung	Gymnasium	Realschule	Summe
Nein: 0	a = 28	b = 54	a + b = 82
Ja: 1	c = 8	d = 12	c + d = 20
Summe	a + c = 36	b + d = 66	n = 102

als auf dem Nominalniveau, kannst du diese heruntersetzen auf das niedrigste Niveau und so wieder auf dem Nominal/Nominal-Niveau testen. Seine Berechnung und Interpretation sind eng mit dem x^2-Test verknüpft. Mit dem Test überprüfst du die Nullhypothese, dass zwei nominalskalierte Merkmale stochastisch voneinander unabhängig sind. Ist dieser x^2-Test signifikant, gibt der Kontingenzkoeffizient den Grad der Abhängigkeit beider Merkmale wieder. Der Kontingenzkoeffizient ist jedoch nur bedingt mit einer Produkt-Moment-Korrelation vergleichbar. Zum einen ist C nur positiv definiert, d. h. seine Größe hat nur theoretisch die Grenzen 0 und 1 und keinen negativen Wertebereich. Bei maximaler Abhängigkeit strebt C nur gegen 1 und auch nur wenn, die Anzahl der Mehrfeldertafel gegen unendlich geht. Wir errechnen C, weil n ungleich N (Stichprobe ≠ Grundgesamtheit) und wir nur einen Ausschnitt betrachten wollen. Deshalb wird C oft unterschätzt und muss aufgrund dessen korrigiert werden, um aufgeklärt zu werden. So ist der Kontingenzkoeffizient nahe der Gesamtpopulation (Hornsteiner 2012).

- **Spearmans Rho**
Diese Korrelationstechnik stammt zu 100 % aus der Familie der Produkt-Moment-Korrelation, ist aber nicht das Gleiche, sondern eine Umformung dessen. Spearmans Rho ist ein Zusammenhangsmaß zur Berechnung von Ordinaldaten z. B. von Schulnoten mit Lernaufwand. Hier bildet man Differenzen. Diese Technik überschätzt den linearen Zusammenhang, weshalb Kendalls Tau optimaler ist. Vorgehen: Die Daten jeder Variable werden in Ränge umgewandelt und dann in die Formel für die Produkt-Moment-Korrelation eingesetzt. So entsteht eine neue Formel, und die Rangkorrelation in dieser Form wird „Rho" genannt. Nachteil: Zwar werden die Daten in Ränge (also Ordinaldaten) umgewandelt, aber danach werden die Ränge wie Intervalldaten behandelt, was nicht konsequent ist. Besser ist da Kendalls Tau (Hornsteiner 2012).

- **Kendalls Tau**
Diese Technik kommt nicht aus der Familie der Produkt-Moment-Korrelation und ist, weil wir keine Differenzen zwischen den Ordinaldaten bilden, dem Spearmans Rho immer vorzuziehen. Da wir keine Differenzen bilden, gibt der Kendalls Tau den wahren Wert preis. Vorgehen: Für beide Variablen (x und y) werden aus den Daten Rangreihen gebildet. Personen werden nach der Rangreihe von x geordnet („Ankerreihe"). Danach stehen die Ränge von y in einer „Vergleichsreihe" und somit nicht in aufsteigender Reihenfolge (Bortz 2005). Die Positionen werden nun paarweise in der neuen Reihenfolge miteinander verglichen. Ein Vergleich kann eine Proversion und eine Inversion sein. Proversion: Der in der neuen Reihenfolge von y früher auftauchende Rang ist kleiner als der spätere. Inversion: Der in der neuen Reihenfolge von y früher auftauchende Rang ist größer als der spätere.

s^+: Anzahl der Proversionen
s^-: Anzahl der Inversionen

Formel für die Berechnung des Kendalls Tau:

$$\tau = \frac{s^+ - s^-}{s^+ + s^-}$$

- **Biseriale Korrelation**
Die biseriale Korrelation wird angegeben als r_{bis}. Ihr Wertebereich reicht von −1 bis 1, und sie stammt aus der Familie der Produkt-Moment-Korrelation. Zur Vereinfachung einer Datenanalyse wird ein intervallskaliertes Merkmal x (z. B. IQ) künstlich dichotomisiert, d. h. es wird

in zwei Kategorien unterteilt (z. B. x1 / IQ > 100 vs. x2 / IQ < 99). Es soll der Zusammenhang zwischen einem intervallskalierten Merkmal (z. B. Alter) und diesem künstlich dichotomisierten Merkmal untersucht werden. Voraussetzung: Die dichotomisierte Variable entsteht aus einer normalverteilten Variable (Pospeschill 2013).

■ **Punktbiseriale Korrelation**

Es soll der Zusammenhang zwischen einem intervallskalierten Merkmal (z. B. Körpergröße) und einem dichotomen Merkmal (z. B. Geschlecht) untersucht werden. Die punktbiseriale Korrelation ist die Produktmomentkorrelation einer Intervallvariablen mit einer dichotomen Variablen. Der Wertebereich ist auch hier von −1 bis 1, und auch diese Korrelationsrechnung stammt aus der Familie der Produkt-Moment-Korrelation. Das Vorzeichen von $r_{p.bis}$ richtet sich nach der Reihenfolge, in der man die Teilstichproben mit dem Index 1 oder 2 versehen hat. Ansonsten ist es ohne Bedeutung. Du nutzt die punktbiseriale Korrelation, wenn du annimmst, dass du auf ein punktgenaues Ergebnis gelangst. Bestehen Zweifel an den Voraussetzungen der Merkmale, dann sollte die punktbiseriale Korrelation berechnet werden. Dies führt allerdings zu einer Unterschätzung des Merkmalszusammenhangs (Pospeschill 2013).

■ **Tetrachorische Korrelation**

Die tetrachorische Korrelation wird angegeben als r_{tet} und stammt aus der Familie der Produkt-Moment-Korrelation. Ihr Wertebereich reicht von −1 bis 1. Die tetrachorische Korrelation wird bei zwei künstlich dichotomisierten Variablen (selber dichotomisiert), die beide auch intervalls-kaliert sind, angewendet. Nachteile: Hier ist eine Überschätzung des wahren Zusammenhangs möglich, deshalb ist Phi genauer. Überschätzung des wahren Werts immer, wenn
- Randsummen stark asymmetrisch,
- Vorzeichen keine Bedeutung haben,
- Zellhäufigkeit kleiner als 5.

Beispiel: Willst du eine Korrelation zwischen der Meinung Todesstrafe (ja/nein) und der eigenen Le-benszufriedenheit messen, ist der geeignetste Korrelationskoeffizient der tetrachorischen Korrelation.

Zufriedenheit: künstliches Dichotom (so wie alle gesellschaftlichen Fragen)

Todesstrafe: künstliches Dichotom

Beide Merkmale sind intervallskaliert und normalverteilt, daher r_{tet}, wenn du es allerdings konservativ berechnen willst ohne Überschätzung, dann nimmst du Phi.

Tipp: Mach dir eine Übersichtstabelle mit allen Koeffizienten, damit du den Überblick nicht verlierst und leichter lernen kannst. So kannst du gut Vergleiche anstellen (Bortz 2005).

7.12 Faktorenanalyse

Sobald mehr als zwei Variablen verglichen werden müssen, ist die Faktorenanalyse unerläss-lich. Diese ermöglicht es uns mehrere Variablen, statistisch wirksam und fehlerfrei minimiert, miteinander zu vergleichen. Die Faktorenanalyse ist ein struktur-entdeckendes Verfahren und wird deshalb häufig bei explorativen Fragestellungen eingesetzt (Bortz 2005).

$$z = a \cdot g + u$$

Das „z" ist das Kriterium bzw. der manifeste Faktor. „g" hingegen ist der latente Faktor und gleichzeitig die aufgeklärte Varianz. Die Ladung der aufgeklärten Varianz wird als „a" gekenn-zeichnet und das „u" bestimmt das „Glück", „Zufall", unaufgeklärte Varianz und Residualvarianz.

u: Ein spezifischer Faktor, der alle Anteile am Zustandekommen des Test-Ergebnisses enthält, die nicht durch die Intelligenz-Ausstattung der Testperson bedingt sind, wie

- spezielle, durch Übung erworbene technische Fähigkeiten,
- Vor- und Nachteile der Testsituation,
- Stimmungseinflüsse,
- Schwankungen in der Kondition der Person,
- Ausmaß der Test-Angst.

z: Dies sind die beobachteten oder gemessenen manifesten Variablen nach z-Transformation auf Mittelwert 0 und Standardabweichung 1.

g: Das ist die latente Variable bzw. der Generalfaktor. Der Mittelwert beträgt 0 und die Standardabweichung 1, da auch hier eine z-Transformation vorgenommen wurde. Da der Generalfaktor mit den spezifischen Faktoren nichts gemeinsam haben soll, muss die Korrelation g mit u gleich 0 sein.

a: Die Zahlen zwischen −1 und +1. Sie heißen Ladungen und geben an, mit welchem Anteil die jeweilige manifeste Variable durch den Generalfaktor beeinflusst wird.

Je größer u, desto kleiner a. (Beispiel: Je müder, desto weniger Wissen hat der Student in dem Moment.)

g und u sind unabhängig voneinander. Beispiel: Bloß weil der Student müde ist, ist er trotzdem intelligent (Bortz 2005; Maltby et al. 2011).

z − u ist der Teil der Variable z, der nur von der allgemeinen Intelligenz abhängig ist.

Da z eine z-transformierte Variable ist, kann z − u nicht z-transformiert sein.

Eine Faktorenanalyse ist:

- heuristisch und hypothesengesteuert,
- ein datenreduzierendes Verfahren,
- ein Verfahren zur Überprüfung der Dimensionalität komplexer Merkmale.

Mit der Faktorenanalyse können Variablen gemäß ihrer korrelativen Beziehungen in voneinander unabhängige Gruppen klassifiziert werden.

Das Ergebnis der Faktorenanalyse sind wechselseitig voneinander unabhängige Faktoren, die die Zusammenhänge zwischen den Variablen erklären.

Je höher die Variablen (absolut) miteinander korrelieren, desto weniger Faktoren werden zur Aufklärung der Gesamtvarianz benötigt.

- **Faktorwert**

Der Faktorwert f_{mj} einer Person m kennzeichnet ihre Position auf dem j-ten Faktor. Er gibt darüber Auskunft, wie stark die in einem Faktor zusammengefassten Merkmale bei dieser Person ausgeprägt sind. Anders gesagt: Die z-standardisierte Ausprägung eines Faktors bei einer Versuchsperson.

- **Eine Faktorladung**

Eine Faktorladung a_{ij} entspricht der Korrelation zwischen der i-ten Variablen und dem j-ten Faktor.

- **Kommunalität (h^2)**

Die Kommunalität einer Variablen entspricht der Summe der quadrierten Ladungen, der Variablen auf den bedeutsamen Faktoren. Wenn wenig Kommunalität vorhanden ist, dann erfasst diese entweder einen der relevanten Faktoren nicht oder die Fehlervarianz (Bortz 2005).

- **Eigenwert (Lambda)**

Der Eigenwert λj eines Faktors j gibt an, wie viel von der Gesamtvarianz aller Variablen durch diesen Faktor erfasst wird. Anders gesagt: Er ist die Summe der quadrierten Ladungszahlen eines Faktors über alle Variablen hinweg.

- **Eigenwertproblem**
 — Kaiser-Gutman-Kriterium,
 — Sprung im Eigenwertdiagramm bzw. im Lambda-Graphen,
 — Festlegung von Prozentsätzen.

- **Kaiser-Gutman-Kriterium**

Wenn Lambda nicht mal 1 ist, ist noch nicht mal eine Variable aufgeklärt. Es werden nur diejenigen Faktoren verwendet, deren Varianzerklärung mindestens so groß ist wie die Varianz einer einzelnen Variablen, also λj > 1. Nach diesem Kriterium erhält man allerdings meistens zu viele Faktoren, die man großenteils nur schlecht interpretieren kann (Seifert 2014).

- **Markiervariable eines Faktors**

Die Variable, die zur betragsmäßig größten Ladung eines Faktors gehört (ggf. weitere Variable, deren Ladung nur wenig kleiner ist).

- **Kritik der Faktorenanalyse**

Komplexe Persönlichkeitsstrukturen (Depression) lassen sich nicht auf einen Faktor auf einer Basis bestimmen.

- **Rotation bei k-Faktoren**

Es werden Rotationen in allen Ebenen durchgeführt, die durch jeweils zwei Faktoren bestimmt werden. Eine Rotation ist unabdingbar, da nicht rotierte Faktoren meist schlecht interpretierbar sind. Generell bleibt die Positionierung die gleiche, die Rotation bewirkt lediglich eine hohe Ladung auf bestimmten Faktoren und eine niedrige auf anderen Faktoren, sodass eine Beschreibung der Items und Faktoren einfacher wird. Rotiert werden kann orthogonal und oblique. Insgesamt entsteht dadurch eine orthogonale/oblique Rotations-Matrix und damit die rotierte Ladungsmatrix. Dieser Zyklus wird so lange wiederholt, bis sich die Ladungsmatrix nicht weiter verbessern lässt. Die Rotation soll bewirken (Einfachstruktur-Kriterium), dass auf jedem der neuen Faktoren einige (wenige) Variablen möglichst hoch und die anderen möglichst niedrig laden. Dass man wenige, aber deutliche Markiervariablen hat. Und es sollen möglichst wenige Variablen gleichzeitig auf mehreren Faktoren hoch laden (keine Variable markiert mehr als einen Faktor). Rotation findet statt, um zu einer besseren und eindeutigeren Ladungsmatrix zu kommen und einer besseren Repräsentativität. Das Resultat sind besser lesbare Markiervariablen (Bortz 2005).

7.13   Weitere wichtige Definitionen

- **Standardfehler des Mittelwertes**

Schwankung des arithmetischen Mittels bei der Erhebung einer neuen Stichprobe aus ein und derselben Population (◱ Abb. 7.13).

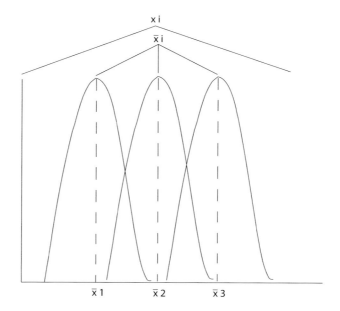

- **Determinationskoeffizient**

Der Determinationskoeffizient (D) gilt als Effektstärkenmaß. Er gibt an, welcher Anteil der Variabilität der abhängigen Variable durch die unabhängige Variable aufgeklärt wird. Außerdem ist er ein sehr anschauliches Maß für den Zusammenhang zweier Variablen und als das Quadrat des Korrelationskoeffizienten r definiert. $D = r^2$. Hier schließt sich der Kreis zwischen Korrelation und Regression.

Beispiel: $r^2 = .6$ heißt, dass 60 % der Varianz der y-Werte durch die Kenntnis der Prädiktorvariable x aufgeklärt werden können (Bortz 2005).

- **Beta (β)-Gewichte**

Beta-Gewichte, Beta-Werte, auch genannt standardisierte Regressionskoeffizienten, ergeben sich aus einer linearen Regression, in der die unabhängigen und abhängigen Variablen standardisiert worden sind, d. h. der Mittelwert gleich Null und die Varianz gleich Eins gesetzt wurde. Sind in der Multiplen Regression alle Prädiktoren und das Kriterium standardisiert (z-transformiert), so entsteht eine Standardregressionsgleichung:

$$= \beta 1 \times 1 + \beta 2 \times 2 + \ldots + \beta m \times m$$

Es gibt keinen konstanten Terminus ($\alpha = 0$). Die Beta-Gewichte sind vom Einfluss der Prädiktor- und Kriteriumsvarianzen befreit. Sie eignen sich besser als die Beta-Koeffizienten (Regressionskoeffizienten) zur Interpretation des relativen Einflusses der Prädiktoren. Beta-Koeffizienten sind als einzige dazu geeignet, den relativen Einfluss der Prädiktoren auf das Kriterium anzugeben. Es ist allerdings Vorsicht geboten, wenn die Prädiktoren untereinander hoch korrelieren (s. Multikollinearität; Faller und Lang 2010).

- **Multikollinearität**

Multikollinearität liegt vor, wenn die Prädiktoren hoch miteinander korrelieren oder beide Prädiktoren zu einem hohen Anteil dasselbe Teilmerkmal beschreiben. Folge: unstabile Regressionskoeffizienten (Beta-Koeffizienten). Keine Folge auf Merkmalsvorhersagen oder die multiple Korrelation. Auswege: Interpretation des Einflusses oder Kreuzvalidierung (Faller und Lang 2010).

- **Kreuzvalidierung**

Bei multipler Korrelation und multipler Regression haben die Messfehler der gesamten Prädiktoren einen Einfluss auf die Regressionskoeffizienten und die Höhe der multiplen Korrelation. Die Güte der Merkmalsvorhersage wird überschätzt. Deshalb wird die Kreuzvalidierung angewendet, denn so vermeidet man die Überschätzung und erhält einen verlässlicheren Wert der multiplen Korrelation (Faller und Lang 2010).

- **Suppressionseffekt (als Folge der Multikollinearität)**

Manchmal können in einer Regressionsanalyse sogenannte Suppressionseffekte auftreten. Dies geschieht, wenn ein Prädiktor das Ausmaß einer oder mehrerer Variablen erhöht, sodass für eine Vorhersage der Berechnung irrelevante Anteile der Varianz unterdrückt werden. Paulhus et al. (2004) zeigten, dass bei der Vorhersage von anti-sozialem Verhalten reziproke Suppressionseffekte (vgl. Bortz 2005; Cohen und Cohen 1975) auftreten. Selbstwertschätzung und Narzissmus werden gemeinsam als Prädiktoren in die Regressionsgleichung eingegeben. Nur der Narzissmus korreliert positiv mit antisozialem Verhalten, die Selbstwertschätzung jedoch inkonsistente Ergebnisse, d. h. in einigen Studien korreliert die Selbstwertschätzung gar nicht, in anderen leicht positiv und in wieder anderen Studien leicht negativ mit antisozialem Verhalten. Narzissmus und Selbstwertschätzung gemeinsam in einer Regressionsanalyse zur Vorhersage von antisozialem Verhalten zeigen konsistent negative Zusammenhänge zwischen einander jedoch einen positiveren Zusammenhang zwischen Narzissmus und antisozialem Verhalten als bei der bivariaten Korrelation (Bortz 2005). Der Prädiktor x korreliert also signifikant mit dem Kriterium y. Der Prädiktor z korreliert nicht signifikant mit dem Kriterium y. Beide Prädiktoren korrelieren jedoch untereinander signifikant. Wenn nun beide Prädiktoren in die Regressionsanalyse gewichtet werden, erhält Prädiktor z fälschlicherweise ein signifikantes, negatives β-Gewicht. Das r^2 (D) mit beiden Prädiktoren x und z ist größer als das r^2 bei dem nur Prädiktor x verwendet wird. All dies führt zu einer Unterschätzung des eigentlichen Zusammenhangs.

7.14   Zusammenfassung

- **Stichprobe und Population**

Wichtig sind hier, dass du weißt, was eine Grundgesamtheit, eine Stichprobe, ein Merkmal und dessen Ausprägung bedeutet. Es gibt verschiedene Arten von Variablen. Diskrete Variablen sind abzählbar (z. B. 1, 3, 5, 7) und stetige bzw. metrische Variablen z. B. (78,6). Eine Normalverteilung weist folgende Merkmale auf: unimodal, glockenförmig, symmetrisch. Der Modus, Median und das arithmetische Mittel sind in einem Diagramm an der gleichen Stelle zu finden.

- **Skalentypen und Darstellungen**

Nominalskala: Die Nominalskala ist das niedrigste Skalenniveau und macht lediglich Aussagen über die Gleichheit bzw. Verschiedenheit von Merkmalsausprägungen. Darstellung: Kreisdiagramm, denn es ist nicht erlaubt, die Merkmale in eine Rangreihe zu bringen. Ordinalskala: Die Ordinalskala macht zusätzlich Aussagen über Größer-Kleiner-Aussagen von Merkmalsausprägungen. Dargestellt werden kann die Ordinalskala in einem Säulen- bzw. Balkendiagramm. Wichtig ist, dass sich die Säulen nicht berühren dürfen, da die Daten diskret und nicht metrisch sind. Intervallskala: In der Psychologie ist die Intervallskala die am häufigsten genutzte Skala. Diese Skala macht Aussagen über die Größe zwischen den Merkmalsausprägungen. Hier sind die Daten metrisch, sodass die Säulen der Merkmale durch einen fließenden Übergang und Berührung der Säulen erlaubt sind. Darstellung: Histogramm (inklusive Polygonzug). Verhältnis- bzw. Ratioskala: Die Verhältnisskala besitzt einen absoluten Nullpunkt, d.h., dass der Nullpunkt nicht willkürlich gesetzt wurde, sondern dort lokalisiert ist, wo die Variable auch tatsächlich endet. Diese Skala ist die höchste Skala und lässt somit alle Rechnungen und Darstellungen der bereits genannten Skalen (Nominal, Ordinal, Intervall) zu.

- **Maße der zentralen Tendenz**

Modalwert: Der Modalwert ist der in einer Verteilung am häufigsten vorkommende Wert. Eine bimodale Verteilung besitzt zwei Modalwerte und eine multimodale Verteilung mehrere Modalwerte. Median: Der Median ist der Wert, der die geordnete Reihe der Messwerte in die oberen 50 % und die unteren 50 % aufteilt. Es gibt zwei verschiedene Formeln. Eine für gerade und eine für ungerade Stichproben. Arithmetisches Mittel: Das arithmetische Mittel (AM) ist die Summe der Messwerte geteilt durch ihre Anzahl.

- **Dispersionsmaße**

Interquartilsabstand (IQA): Der IQA wird ab der Ordinalskala benutzt. Es gibt drei Quartile (25., 50., 75. Punkt). Der Interquartilsabstand ist das einzig anwendbare Maß bei offenen Randkategorien. Es gibt eine Formel für gerade und für ungerade Stichproben. Range: Die Range, auch „Spannweite" genannt, ist die Differenz zwischen dem größten und dem kleinsten Messwert einer Verteilung bzw. Stichprobe. Varianz und Standardabweichung: Die Varianz s^2 ist die Summe der Abweichungsquadrate aller Messwerte einer Verteilung. Sie ist die quadrierte Abweichung vom Mittelwert. Die Standardabweichung ist die reguläre Abweichung vom Mittelwert. Die Varianz ist die quadrierte Standardabweichung. Variabilitätskoeffizient: Der Variabilitätskoeffizient (V) ist der Quotient aus der Standardabweichung der Verteilung und ihrem arithmetischen Mittel. Ein arithmetisches Mittel größer Null wird hier vorausgesetzt.

- **z-Transformation**

Die Werte der Stichproben A und B müssen z-transformiert werden, damit ein unmittelbarer Vergleich möglich ist. Somit lässt sich eine bestimmte Merkmalsausprägung unmittelbar vergleichen.

- **Kovarianz**

Es geht im Folgenden darum, die Korrelation, also den statistischen linearen Zusammenhang, zwischen zwei Variablen darzustellen. Die z-transformierte Kovarianz ist die Produkt-Moment-Korrelation.

- **Produkt-Moment-Korrelation (PMK)**

Das gebräuchlichste Maß für die Errechnung der Stärke eines Zusammenhangs zweier Variablen bzw. den Grad des linearen Zusammenhangs zwischen zwei mindestens intervallskalierten Daten. Kovarianz und PMK beschreiben beide die Enge, Richtung der Hypothese und ob linearer Zusammenhang besteht. Sie machen lediglich Aussagen über Zusammenhang und nicht über Kausalität. Unterschied ist, dass die PMK die z-transformierte Kovarianz ist, somit ein weiterer Rechenschritt bei der PMK nötig ist und es damit auch einen standardisierten Wertebereich gibt, im Gegensatz zu der Kovarianz.

- **Partialkorrelation**

Die Partialkorrelation bietet die Möglichkeit, den Zusammenhang zweier Variablen um den Einfluss möglicher Störvariablen statistisch zu bereinigen. So lässt sich der „wahre" Zusammenhang beider Variablen ermitteln. Die Variablen x und y können nun also unter der Herauspartialisierung von v korreliert werden.

- **Einfache lineare Regression**

Die Regression errechnet man, wenn man eine Vorhersage über die Ausprägung der Variablen machen möchte. Die Regressionsanalyse erwirkt, dass die dargestellte Punktewolke im Graphen durch eine einzige, möglichst repräsentative Gerade ersetzt wird.

- **Multiple Regression**

Die multiple Regressionsgleichung dient der Vorhersage einer Kriteriumsvariablen aufgrund mehrerer Prädiktoren. Die multiple Regression ist multivariat im Gegensatz zu der einfachen, linearen Regression, welche invariat ist.

- **Korrelationstechniken**

Phi-Koeffizient: Voraussetzung sind zwei echte Dichotome. Wertebereich reicht von −1 bis 1, und die Vorzeichen spielen hierbei keine Rolle, solange die Randsummen identisch sind. Kontingenzkoeffizient C ist das bekannteste Maß zur Charakterisierung des Zusammenhangs zweier nominalskalierter Merkmale. Seine Berechnung und Interpretation sind eng mit dem x^2-Test verknüpft. Der Wertebereich liegt von 0 bis 1.

Spearmans Rho ist ein Zusammenhangsmaß zur Berechnung von Ordinaldaten. Diese Technik überschätzt den linearen Zusammenhang, weshalb Kendalls Tau optimaler ist.
  Kendalls Tau: Diese Technik kommt nicht aus der Familie der Produkt-Moment-Korrelation und ist, weil wir keine Differenzen zwischen den Ordinaldaten bilden, dem Spearmans Rho immer vorzuziehen.
  Biseriale Korrelation: Die biseriale Korrelation wird bei einer künstlich dichotomisierten Variablen und einer intervallskalierten Variablen als Koeffizient genutzt. Voraussetzung ist, dass die dichotomisierte Variable aus einer normalverteilten Variable entsteht. Der Wertebereich reicht von −1 bis 1.
  Punktbiseriale Korrelation: Es soll der Zusammenhang zwischen einem intervallskalierten Merkmal und einem dichotomen Merkmal untersucht werden. Auch hier definiert sich der Wertebereich von −1 bis 1. Während die biseriale Korrelation als r_{bis} angezeigt wird, ist die punktbiseriale Korrelation als $r_{p.bis}$ gekennzeichnet. Du nutzt die punktbiseriale Korrelation, wenn du annimmst, dass du auf ein punktgenaues Ergebnis gelangst.
  Tetrachorische Korrelation: Die tetrachorische Korrelation wird bei zwei künstlich dichotomisierten Variablen (selber dichotomisiert), die beide auch intervallskaliert sind, angewendet. Der Wertebereich reicht auch hier von −1 bis 1. Hier ist eine Überschätzung des wahren Zusammenhangs möglich, deshalb ist Phi genauer.

- **Faktorenanalyse**

Eine Faktorenanalyse ist heuristisch und hypothesengesteuert. Sie ist ein datenreduzierendes Verfahren, dass es zur Überprüfung der Dimensionalität komplexer Merkmale gibt. Wir unterscheiden zwischen einem Faktorwert, einer Faktorladung, der Kommunalität. Diverse Probleme können auftreten. Das Eigenwertproblem und das Kaiser-Gutman-Kriterium. Kritik an der

Faktorenanalyse ist, dass sich komplexe Persönlichkeitsstrukturen (wie z. B. eine Depression) nicht auf einen Faktor auf einer Basis bestimmen.

- **Weitere wichtige Definitionen**

Standardfehler des Mittelwertes: Dies ist die Schwankung des arithmetischen Mittels bei der Erhebung einer neuen Stichprobe aus ein und derselben Population. Determinationskoeffizient: Der Determinationskoeffizient (D) gibt an, welcher Anteil der Variabilität, der abhängigen Variable durch die unabhängige Variable aufgeklärt wird. Beta (β)-Gewichte: Beta-Gewichte, auch genannt Beta-Werte, sind standardisierte Regressionskoeffizienten.

Multikollinearität: Multikollinearität liegt vor, wenn die Prädiktoren hoch miteinander korrelieren oder beide Prädiktoren zu einem hohen Anteil dasselbe Teilmerkmal beschreiben.

Suppressionseffekt: Als Folge der Multikollinearität. Das bedeutet, dass ein Prädiktor x signifikant mit dem Kriterium korreliert. Ein Prädiktor z korreliert nicht signifikant mit dem Kriterium. Beide Prädiktoren korrelieren jedoch untereinander signifikant.

7.15   Fragen

1. Beschreibe den Nutzen des Interquartilabstands.
2. Welche Möglichkeit bietet sich, nachdem die Voraussetzungen für Standardabweichungen und Varianz nicht erfüllt werden? Erläutere die Methodik.
3. Erkläre den Nutzen einer kovarianten Darstellung.
4. Diskutiere die verschiedenen Korrelationstheorien und deren Vor- und Nachteile.
5. Beschreibe die Faktorenanalyse und ihre Merkmale.

Literatur

Verwendete Literatur

Akkerboom, H. (2012). *Wirtschaftsstatistik im Bachelor*. Wiesbaden: Springer-Gabler.

Bortz, J. (2005). *Statistik: Für Human- und Sozialwissenschaftler*. Heidelberg: Springer.

Bühner, M. (2009). *Statistik für Psychologen und Sozialwissenschaftler*. München: Pearson.

Cohen, J., & Cohen, P. (1983). *Applied multiple regression/correlation analysis for the behavioral sciences (2nd ed.)*, Hillsdale, New York: Erlbaum.

Faller, H., & Lang, H. (2010). *Medizinische Psychologie und Soziologie* (3. Aufl.). Heidelberg: Springer.

Fröhlich, W. D. (2010). *Wörterbuch Psychologie* (27. Aufl.). München: Deutscher Taschenbuch Verlag.

Hornsteiner, G. (2012). *Daten und Statistik* (2. Aufl.). Heidelberg: Springer.

Hussy, W., Schreier, G., & Echterhoff, G. (2013). *Forschungsmethoden in Psychologie und Sozialwissenschaften für Bachelor* (2. Aufl.). Heidelberg: Springer.

Maltby, J., Day, L., & Macaskill, A. (2011). *Differentielle Psychologie, Persönlichkeit und Intelligenz* (2. Aufl.). München: Pearson.

Paulhus, D. L. et al. (2004). *Two Replicable Suppressor Situations in Personality Research. Multivariate Behavioral Research*: 39(2).

Pospeschill, M. (2013). *Empirische Methoden in der Psychologie*. München: Reinhardt.

Rasch, B., Friese, M., Hofmann, W., & Naumann, E. (2014). *Quantitative Methoden 1* (4. Aufl.). Heidelberg: Springer.

Seifert, S. (2014). *Der Umgang mit Sexualstraftätern*. Wiesbaden: Springer.

Wild, E., & Möller, J. (2015). *Pädagogische Psychologie* (2. Aufl.). Heidelberg: Springer.

Wittchen, H.-U., & Hoyer, J. (2011). *Klinische Psychologie und Psychotherapie* (2. Aufl.). Heidelberg: Springer.

Weiterführende Literatur

Rasch, B., Friese, M., Hofmann, W., & Naumann, E. (2010). *Quantitative Methoden 1* (3. Aufl.). Heidelberg: Springer.

7

Serviceteil

Übungsfragen – 172

Nachwort – 173

Glossar – 174

Weiterführende Literatur – 180

Stichwortverzeichnis – 181

C. von der Assen, *Crash-Kurs Psychologie,*
DOI 10.1007/978-3-662-43359-1, © Springer-Verlag Berlin Heidelberg 2016

Übungsfragen

Solltest du die Fragen am Ende der Kapitel und auch diese Übungen mühelos beantworten können, gratuliere ich dir zu deinem dazu gewonnenen Wissen und deinem vorrausichtlich erfolgreich bestandenen ersten Semester deines Studiums!

- **Allgemeine Psychologie**
  - Aus welchen Bestandteilen besteht ein Neuron?
  - Was beschreibt das Rubikonmodell nach Heckhausen?

- **Differentielle- und Persönlichkeitspsychologie**
  - Beschreibe die Bindungsstile nach Bowlby.
  - Welche Arten der Angst gibt es?

- **Biologische Psychologie**
  - Was ist die Natrium-Kalium-Pumpe und welche Funktion hat sie?
  - Was besagt die Gleitfilamenttheorie

- **Sozialpsychologie**
  - Was besagt die Selbstkategorisierungstheorie nach Turner?
  - Vergleiche die Theorie des sozialen Vergleichs nach Festinger mit der Bindungstheorie von Bowlby?

- **Entwicklungspsychologie**
  - Wie misst man die Intelligenz nach Binet?
  - Welche drei Stadien der Geschlechtskonstanz definierte Kohlberg?

- **Empirische Forschungsmethoden**
  - Wie unterscheiden sich die drei wichtigsten Gütekriterien?
  - Was ist Kausalität?

- **Statistik I**
  - Welche Dispersionsmaße kennst du, und wann werden sie angewandt?
  - Was sind Gemeinsamkeiten und Unterschiede der Kovarianz und der Produkt-Moment-Korrelation?
  - Nenne drei Merkmale der Faktorenanalyse.

Nachwort

So, das war es nun mit dem ersten Band „Crash-Kurs Psychologie".

Ich hoffe, ihr konntet viel lernen und einiges an Wissen mitnehmen.

Stellt es in euer Regal, und so könnt ihr es jederzeit als Nachschlagewerk nutzen.

Wir sehen und lesen uns im zweiten Band und auch zweiten Semester. Ich hoffe es hat euch gefallen und wünsche euch viel Kraft und vor allem Spaß im nächsten Semester.

Ich freue mich euch auch dann wieder Unterstützung in Form eines solchen Kompendiums zu liefern!

Eure Elli

Glossar

Abwehrmechanismus Abwehrmechanismen treten meist „unbewusst" auf. Es ist weitestgehend ein Mechanismus, während dem das „Ich" den Trieben, also dem „Es", gegenübertritt und versucht, diese aufzuwägen. Ein sehr bekannter Abwehrmechanismus ist die Sublimierung. Beide Begriffe wurden von Sigmund Freud, dem Begründer der Psychoanalyse, eingeführt.

Aggression Aggression ist ein Verhalten, das eingesetzt wird, um negative Gefühle, wie zum Beispiel Ärger und Wut, zu kompensieren. Es wird unterschieden zwischen einer instrumentellen Aggression, um ein bestimmtes Ziel zu erreichen, und der feindseligen (affektiven) Aggression.

Amygdala Die Amygdala ist auch umgangssprachlich der „Mandelkern" des Hirns. Sie gehört zum limbischen System und ist als das emotionale Zentrum bekannt und verarbeitet affektive Impulse.

Angst Angst ist eine Emotion, die uns hilft Gefahren bestmöglich zu erkennen und darauf angemessen mit dem „Fight or Flee"-Modus zu reagieren. Sie verhilft uns zu stärkerer Vorsicht und erhöhter Aufmerksamkeit.

Arbeitsgedächtnis Das Arbeitsgedächtnis gilt als ein „neueres Verständnis" vom Kurzzeitgedächtnis. Hier findet die bewusste, aktive Verarbeitung von eingehenden auditiven und visuell-räumlichen Informationen statt sowie die Verarbeitung von Informationen des Langzeitgedächtnisses. Das Arbeitsgedächtnis setzt sich zusammen aus der phonologischen Schleife, dem visuell-räumlichen Notizblock und der zentralen Exekutive.

Aufmerksamkeit Die Aufmerksamkeit ist der Zustand fokussierten Bewusstseins. Sie kann auf Ausschnitte des Wahrnehmungsraumes (Theaterbühne), ausgewählte Gegenstände und Personen, Ereignisse oder ausgewählte Sinnesmodalitäten, wie das Gehör, gerichtet sein. Die bekanntesten Aufmerksamkeitsmodelle sind das Filter-Modell von Broadbent (1958), die Attenuationstheorie von Treisman (1960) oder die Theorie der späteren Selektion von Deutsch und Deutsch (1963).

Autoritarismus Autoritarismus wird als ein Einstellungssyndrom definiert, das zum Beispiel Faschismus und politischen Konservatismus polarisiert. Das Syndrom der autoritären Persönlichkeit kann unter anderem durch einen autoritären Erziehungsstil und eine stark distanzierte Eltern-Kind-Beziehung hervorgerufen werden.

Basalganglien Verschiedene Hirnstrukturen oberhalb des Hirnstammes werden zu den Basalganglien zusammengefasst. Dazu gehören der Nucleus caudatus, der Nucleus lentiformis (bestehend aus Globus pallidus und Putamen) und die Substantia nigra. Neben dem Kleinhirn steuern die Basalganglien einen wesentlichen Anteil der motorischen Kontrolle.

Behaviorismus Im Behaviorismus wird das Verhalten als Reziprozität aus einem Stimulus (z. B. Hunger) und der dazugehörigen Response (z. B. Jagdverhalten, Ausschau nach Nahrung) interpretiert. Das Verhalten besteht also aus einer Interaktion zwischen dem Organismus des Individuums und der Umweltsituation.

Beobachtungslernen Beobachtungslernen wird auch Modelllernen genannt. Soziales Verhalten wird vornehmlich durch Beobachtung und Imitation der Handlungen Anderer gelernt. Hier bekam auch die Soziale Lerntheorie von Bandura (1977) eine große Bedeutung. Sehr bekannt sind hierzu die „Bobo-Doll-Studien".

Bewusstsein Unser Bewusstsein setzt sich aus unseren Wahrnehmungen, Gedanken, Gefühlen und Wünschen zusammen. Das Bewusstsein ist relativ langsam und hat nur eine begrenzte Kapazität. Es gibt diverse Bewusstseinszustände: spontane, psychologisch bedingte und physiologisch bedingte Zustände.

Big-Five Die fünf stetigen Persönlichkeitsmerkmale lauten Neurotizismus (Ängstlichkeit, Reizbarkeit, Depression, soziale Befangenheit), Extraversion (Herzlichkeit, Geselligkeit, Durchsetzungsfähigkeit, Aktivität, Erlebnissuche, positive Emotionen), Offenheit für Erfahrungen (Offenheit für Fantasie, Ästhetik, Gefühle, Ideen), Verträglichkeit (Vertrauen, Freimütigkeit, Altruismus, Entgegenkommen) und Gewissenhaftigkeit (Kompetenz, Ordnungsliebe, Pflichtbewusstsein, Leistungsstreben, Selbstdisziplin).

Bindung John Bowlby ist der Begründer einer Bindungstheorie. Unterstützt wurde Bowlby maßgeblich von der Psychologin Mary Ainsworth. Bowlby zufolge ist Menschen ein Bindungssystem angeboren, das sie dazu motiviert, in kritischen Situationen die Nähe von für sie wichtigen Bezugspersonen zu suchen und so Schutz und Sicherheit zu bekommen. Es wurden vier Bindungsstile herausgestellt: die sichere Bindung, die unsicher-vermeidende Bindung, die unsicher-ambivalente Bindung und der desorganisierten/desorientierten Bindungsstil.

Bottom-Up-Prozess Wir nehmen sensorische Daten aus der Umwelt auf und leiten diese weiter zu unserem Gehirn. Hier werden relevante Informationen extrahiert und analysiert. Diese Art der Verarbeitung nennt sich datengesteuerte Verarbeitung, da der Ausgangspunkt der Identifikation in den Daten liegt.

Chunking George A. Miller erfand 1956 die „Magic 7". Dies sagt aus, dass sieben Items 20 Sekunden lang zusammenhangslos gespeichert werden können. Durch Chunking (Bündelung) kann diese Kapazität erweitert werden. Das heißt wir merken uns beispielsweise statt „Eis, Limetten, Gurken, Apfelmus, Möhren, Olivenöl" „ELGAMO".

Circadiane Rhythmik Die zirkadiane Rhythmik ist die reguläre Rhythmik unserer Körperfunktionen z. B. die unserer Körpertemperatur und unseres Schlaf-Wach-Zyklus. Wir können diesen Rhythmus beeinflussen.

Cocktailparty-Effekt Unter diesem Phänomen versteht man die starke Aufmerksamkeit auf die eigene Person unter vielen nebensächlichen Geräuschen. Ist man zum Beispiel in einem Raum gefüllt mit Menschen und Geräuschen, hört man seinen Namen klar heraus. Dieses Phänomen der selektiven Aufmerksamkeit nennt man den Cocktailparty-Effekt.

Déjà-vu Ein Déjà-vu kommt vor, wenn Hinweisreize aus der aktuellen Situation unbewusst die Erinnerung an eine frühere Situation auslösen.

Diskriminierung Eine soziale Diskriminierung ist ein negatives, benachteiligendes oder abwertendes Verhalten gegenüber bestimmten sozialen Gruppen oder ihren Mitgliedern.

Dispersionsmaße Streuungsmaße beschreiben die Variabilität, also die Form und Breite, einer Verteilung. Als Dispersionsmaße gelten der Interquartilsabstand, die Range und die Varianz sowie die Standardabweichung. Auch der Variabilitätskoeffizient gilt als ein Streuungsmaß.

Einstellungen Einstellungen werden als eine psychologische Tendenz definiert, die dadurch zum Ausdruck kommt, dass man einem bestimmten Objekt mit einem gewissen Grad an Zuneigung oder Abneigung begegnet. Sie können positiv, neutral bis negativ sein sowie schwach oder stark. Einstellungen haben eine affektive, behaviorale und kognitive Komponente.

Emotion Emotionen bestehen aus verschiedenen Komponenten. Eine Emotion ist ein komplexes Muster von Veränderungen, die physiologische Erregungen, Gefühle, kognitive Prozesse und Verhaltensreaktionen umfassen. Eine Emotion kann sowohl subjektiv, physiologisch, expressiv, kognitiv oder behavioral wahrgenommen und verarbeitet werden. Die sieben Grundemotionen Freude, Wut, Interesse, Ekel, Überraschung, Traurigkeit und Angst sind international. Sie sind auch bei seh- und hörbeeinträchtigten Menschen vorhanden, also genetisch determiniert.

Empirie In der empirischen Wissenschaft geht es vorrangig um Tatsachen und Beobachtungen. Der Empiriker setzt voraus, dass mit ausreichenden Einzelbeobachtungen komplexe Beziehungsgefüge erkennbar gemacht werden können. In der Empirie wird induktiv geschlossen, das heißt der Empiriker versucht seine vorher festgelegten Ergebnisse instrumentalisiert festzustellen um somit auf die Allgemeinheit zu schließen.

Endokrinologie Die Endokrinologie ist die Hormonlehre. Sie beschäftigt sich mit Krankheiten, die durch hormonelle Fehlfunktionen entstehen, wie z. B. Diabetes mellitus oder Schilddrüsenerkrankungen. Hormone sind chemische Botenstoffe, welche in spezialisierten Hormondrüsen gebildet und in die Blutbahn freigesetzt werden.

Experiment Zum einen gibt es Labor- und Feldexperimente. Feldexperimente finden nicht im Labor, sondern im natürlichen Umfeld statt. Zum anderen gibt es echte Experimente und Quasi-Experimente. Echte Experimente weisen eine zufällige Verteilung der Versuchspersonen auf. Bei Quasi-Experimenten bestimmen die bereits vorhandene Eigenschaften der Versuchspersonen ob eine Person teilnehmen kann.

Faktorenanalyse Sobald mehr als zwei Variablen verglichen werden müssen, ist die Faktorenanalyse unerlässlich. Diese ermöglicht es uns, mehrere Variablen, statistisch wirksam und fehlerfrei minimiert, miteinander zu vergleichen. Eine Faktorenanalyse ist ein heuristisch und hypothesengesteuertes, datenreduzierendes Verfahren zur Überprüfung der Dimensionalität komplexer Merkmale.

Formatio reticularis Die Formatio reticularis ist ein neuronales Netz im Hirnstamm, welches eine wichtige Rolle bei der Steuerung der Erregung spielt.

Hinweisreiz Auf unsere Retina fallen zweidimensionale Bilder, die wir zu dreidimensionalen Wahrnehmungen organisieren. Unsere Tiefenwahrnehmung basiert auf binokularen und monokularen Hinweisreizen. Ein binokularer Hinweisreiz ist beispielsweise die retinale Querdisparation und ein monokularer Hinweisreiz die relative Größe.

Hippocampus Der Hippocampus ist der Teil des Gehirns, der für unsere Erinnerungsfähigkeit zuständig ist.

Hirnstamm Der Hirnstamm ist der älteste Teil und Kern des Gehirns (hier befindet sich das limbische System). Er ist zuständig für die Aufrechterhaltung der Lebensfunktionen.

Humanismus Nach u. a. Davidson (1992) sind beispielhafte Grundpfeiler des Humanismus die Entität, die Eigenständigkeit, sowie die Freiheit und Würde eines Menschen. Grundlegend für die humanistische Psychologie ist ein optimistisches Menschenbild. Die Natur des Menschen ist weder böse noch neutral.

Hypnose Die Hypnose ist ein psychologisch bedingter Bewusstseinszustand. Es findet eine soziale Interaktion statt, in der der Hypnotiseur dem Hypnotisierten suggeriert, dass bestimmte Wahrnehmungen, Gefühle und Gedanken spontan auftreten.

Hypothalamus Der Hypothalamus ist notwendig für das Aufrechterhalten der Homöostase (Temperatur, Blutdruck, Osmolarität), die Regulation der Nahrungs- und Wasseraufnahme, der zirkadianen Rhythmik und des Schlafs sowie für die Steuerung unseres Sexualverhaltens.

Intelligenz Intelligenz definiert jeder anders. Zwei Beispiele: Spearman definiert Intelligenz als die Fähigkeit zum schnellen Erfassen einer Situation und zum Problemlösen und Cattell ging davon aus, dass die generelle Intelligenz in fluide und kristalline Begabung eingeteilt ist. Der erste Intelligenztest wurde 1905 von Binet und Simon entwickelt. Physiologisch belegt wird Intelligenz mit der Hypothese der neuronalen Effizienz. Außerdem spielt die Myelinisierung eine wichtige Rolle, denn durch eine bessere Ummantelung der Neurone findet eine schnellere Informationsverarbeitung statt. Studien bestätigen, dass auch die synaptische Plastizität von großer Bedeutung ist. Lernvorgänge führen zu langfristigen strukturellen Veränderung der Nervenzellen und in den neuronalen Verbindungen.

Intervallskala In der Psychologie ist die Intervallskala die am häufigsten genutzte Skala. Da hier die Daten metrisch sind, ist ein fließender Übergang bzw. eine Berührung der Säulen der Merkmale erlaubt. Dargestellt werden dürfen die Daten in einem Histogramm und einem Polygonzug. In dieser Skala ist der Kennwert das arithmetische Mittel.

Kinästhesie Kinästhesie ist die Fähigkeit zur Wahrnehmung der Richtung und Geschwindigkeit der Bewegungen einzelner Gliedmaßen.

Klassische Konditionierung Bei der klassischen Konditionierung lernt der Organismus, Reize miteinander zu koppeln. Ein neutraler Reiz wird durch wiederholte Darbietung mit einem unkonditionierten Reiz (US) gekoppelt, worauf eine Reflexreaktion (UR) folgt. Daraufhin löst der ursprünglich neutrale Reiz (CS) auch alleine eine Reaktion (CR) aus. Ein wichtiges Beispiel ist der „Pawlow'sche Hund".

Kleinhirn Das Kleinhirn (Cerebellum) ist zuständig für die Koordination der motorischen Signale sowie des Gleichgewichtssinns.

Korrelation Die Korrelation ist der statistische lineare Zusammenhang zwischen zwei Variablen. Sie darf aber nicht als Beweis für Kausalität oder Voraussagung verwendet werden. Sie ist das gebräuchlichste Maß für die Stärke des Zusammenhangs zweier Variablen bzw. der Grad des linearen Zusammenhangs zwischen zwei mindestens intervallskalierten Daten. Die Korrelation drückt sich aus im Korrelationskoeffizienten r.

Kurzzeitgedächtnis Das Kurzzeitgedächtnis besitzt eine begrenzte Kapazität und speichert Informationen nur für eine kurze Dauer. Nur kürzlich gemachte Erfahrungen werden in diesem Gedächtnis aufrechterhalten und Informationen aus dem Langzeitgedächtnis können abgerufen werden.

Langzeitgedächtnis Die Kapazität des Langzeitgedächtnisses (LZG) ist unbegrenzt. Es besteht aus dem episodischen Gedächtnis als LZG für autobiografische Ereignisse, aus dem semantischen Gedächtnis, dem Langzeitgedächtnis für Faktenwissen, Kategorien und Konzepte, und dem prozedurales Gedächtnis als LZG für prozedurales Wissen.

Lernen Lernen ist ein Prozess, der in einer relativ konsistenten Änderung des Verhaltens oder des Verhaltenspotenzials resultiert wie z. B. in Gewohnheiten oder auch Fertigkeiten/Fähigkeiten. Sowohl bei der klassischen als auch bei der operanten Konditionierung wird „gelernt".

Maße der zentralen Tendenz Maße der zentralen Tendenz sind statistische Kennwerte (Modus, Median, Arithmetisches Mittel), die es uns ermöglichen, eine gesamte Verteilung in wenigen Werten zusammenfassend erklären und interpretieren zu können. Mit diesen statistischen Werten kann nun zum Beispiel eine Korrelation oder Regression berechnet werden.

Medulla oblongata Die Medulla oblongata ist der untere Teil des Hirnstamms und kontrolliert Atmung und Herzschlag.

Motivation Die Motivation ist der Prozess der Initiierung, der Steuerung und der Aufrechterhaltung physischer und psychischer Aktivitäten einschließlich jener Mechanismen, welche die Bevorzugung einer Aktivität sowie deren Stärke und die Beharrlichkeit von Reaktionen steuern. Ein Motiv ist eine Wertungsdisposition, die dadurch bestimmt wird, ob und in welchem Maße ein Reiz bzw. ein Ereignis oder Zielzustand einen Anreizcharakter erhält.

Nervensystem Das zentrale Nervensystem (ZNS) besteht aus Gehirn und Rückenmark. Das periphere Nervensystem (PNS) aus den Nerven außerhalb von Gehirn und Rückenmark. Das ZNS integriert alle Reize, die dem Organismus zugeleitet werden, übernimmt die Koordination sämtlicher motorischer Eigenleistungen und die Regulation aller dabei ablaufenden innerorganischen Abstimmungsvorgänge. Das PNS setzt sich zusammen aus den Hirnnerven (direkt mit dem Gehirn verbunden), Spinalnerven (mit dem Rückenmark verbunden), dem autonomen Nervensystem und dem Darmnervensystem. Das PNS wird in das somatische und das autonome Nervensystem weiter unterteilt. Das somatische Nervensystem regelt die Funktionen, die der Beziehung zur Außenwelt dienen wie der willkürlichen und reflektorischen Motorik und das autonome (auch: vegetative) Nervensystem kontrolliert die „Vitalfunktionen" wie Herzschlag, Atmung, Blutdruck, Verdauung und Stoffwechsel.

Neurotransmitter Neurotransmitter sind jene Botenstoffe, welche Neuronen untereinander austauschen, um Signale weiterzugeben, die das Denken, die Gefühlswelt und Motorik und eines Individuums steuern. Ein Rezeptor ist ein Protein, an dem Liganden binden und eine Reaktion auslösen. Ein endogener Ligand (z. B. Neurotransmitter und Hormone) ist eine Substanz, die am Rezeptor bindet.

Nominalskala Die Nominalskala ist das niedrigste Skalenniveau. Diese macht nur Aussagen über die Gleichheit bzw. Verschiedenheit, also über die Merkmalsausprägungen. Dargestellt werden darf die Nominalskala lediglich in einem Kreisdiagramm. Kennwert der Nominalskala ist der Modus.

Objektivität Die Objektivität ist das Maß, in dem ein Untersuchungsergebnis in Durchführung, Auswertung und Interpretation vom Untersuchungsleiter nicht beeinflusst werden kann. Man nennt es auch die formale Messgenauigkeit. Weder bei der Durchführung noch bei der Auswertung und Interpretation dürfen also verschiedene Untersuchungsleiter zu verschiedenen Ergebnissen kommen.

Ödipuskomplex Freuds Annahme hier war, dass ein Junge seine Mutter sexuell begehrt. Der eigene Vater wird also als Rivale erlebt und der Junge lehnt ihn aufgrund dessen ab, da er denkt, der Vater wolle ihm zugunsten der Mutter schaden. So fürchtet der Junge, dass der Vater ihn kastrieren möchte und aufgrund dieser Angst verbannt er seine sexuellen Träume zu der Mutter und die Feindseligkeit gegenüber dem Vater. Bei Mädchen ist das Zielobjekt der Liebesgefühle der Vater. Dies geschieht, da Mädchen bemerken, keinen Penis zu besitzen, und für diese scheinbare Kastration die Mutter beschuldigen. In der Beziehung zum Vater, wie auch später zu anderen Männern, besitzen Frauen stets das Gefühl von (Penis-)Neid. Dieser Komplex wird auch Elektrakomplex genannt.

Operante Konditionierung Bei der operanten Konditionierung lernt eine Person die Wahrscheinlichkeit einer Reaktion kennen, die sich aufgrund einer Veränderung in ihren Konsequenzen verändert. Operant meint hier, dass sich das Verhalten anhand der beobachtbaren Effekte auf die Umwelt beschreiben lässt. Ein wichtiger Begriff bei der operanten Konditionierung ist z. B. der des Verstärkers.

Ordinalskala Die zweitniedrigste Skala ist die Ordinalskala. Da sie höher steht als die Nominalskala, schließt diese die Aussagen der Nominalskala mit ein. Dargestellt werden kann die Ordinalskala in einem Säulen- bzw. Balkendiagramm. Der statistische Kennwert dieser Skala ist der Median.

Parasympathikus Der Parasympathikus (Beruhiger) ist mit dem Sympathikus und dem enterischen Nervensystem ein Teil des vegetativen Nervensystems. Er wird auch als „Ruhenerv" bezeichnet, da er dem Stoffwechsel, der Regeneration und dem Aufbau körpereigener Reserven dient (trophotrope Wirkung). Der Parasympathikus sorgt für Ruhe, Erholung und Schonung. Er schmälert unsere Pupillen, engt unsere Bronchien und verlangsamt unseren Herzschlag.

Pons Die Pons trägt dazu bei, dass wir Bewegungen miteinander koordinieren können.

Prokrastination Prokrastination ist die wissenschaftliche Bezeichnung für pathologisches (krankhaftes) Aufschiebeverhalten. Sie ist eine ernst zu nehmende Arbeitsstörung und kann sowohl private Alltagsaktivitäten als auch schulische, akademische und berufliche Tätigkeiten betreffen.

Psycholexikalischer Ansatz Es handelt sich um Persönlichkeitsmerkmale, vor allem solche, die einen besonders hohen Stellenwert einnehmen und auch in der Alltagssprache Eingang finden. Je mehr Bedeutung einem Persönlichkeitsmerkmal zugeschrieben wird, desto größer ist auch die Wahrscheinlichkeit, dass sich ein Wort bzw. Begriff herausbildet, der dieses Persönlichkeitsmerkmal auf der sprachlichen Ebene beschreibt. Francis Galton begann, Begriffe zur Beschreibung der Persönlichkeit zu identifizieren. Diese relativ unsystematische Vorgehensweise ergab ca. 1000 Wörter. Ludwig Klages entwickelte langsam den psycholexikalischen Ansatz und fand in der deutschen Sprache ca. 4000 Wörter.

Reflex Ein Reflex ist eine unwillkürliche, stereotyp ablaufende Reaktion auf einen spezifischen Reiz. Viele Reflexe sind phasenabhängig, das heißt funktionieren nur innerhalb eines bestimmten Arbeitsbereichs. Meist werden Reflexe über das Rückenmark initiiert. Reflexe können unterdrückt werden und erreichen in der Regel nicht unser Bewusstsein.

Regression Die Regression wird angewendet, wenn über die Korrelation hinaus auch eine Vorhersage über die Ausprägung der Variablen gemacht werden soll. Die einfache lineare Regression liefert lediglich eine Vorhersage über eine lineare Funktion mit einem Kriterium und Prädiktor. Außerdem gibt es die multiple Regression, die der Vorhersage einer Kriteriumsvariablen aufgrund mehrerer Prädiktoren dient.

Reliabilität Die Reliabilität gibt die Zuverlässigkeit und inhaltliche Messgenauigkeit einer Messmethode an. Eine Untersuchung ist dann reliabel, wenn es bei einer Wiederholung der Messung unter denselben Bedingungen und an denselben Gegenständen zu demselben Ergebnis kommt.

Rezeptor Ein Rezeptor ist ein Zielmolekül einer Zelle. Jeder Rezeptor reagiert nur auf einen einzigen spezifischen Reiz. Hauptsächlich fungiert der Rezeptor als eine Art biologischer Sensor.

Rubikonmodell Das Rubikonmodell von Heckhausen (1987) zeigt die motivationspsychologischen Handlungsphasen auf, die vor, während und nach einer Handlung absolviert werden. Die Phasen umfassen das „Abwägen", „Planen der Umsetzung", „Handeln" und abschließende „Bewerten" der Handlung.

Schlüssel-Schloss-Prinzip Ein Rezeptor (Schloss) ist ein Protein, an dem Liganden binden und eine Reaktion auslösen. Ein Ligand (Schlüssel) ist eine Substanz, die am Rezeptor bindet. Die chemische Substanz dient der Kommunikation zwischen Zellen. Sie wird vom präsynaptischen Teil in den synaptischen Spalt ausgeschüttet und bindet an der postsynaptischen

Membran. Es heißt Schlüssel-Schloss-Prinzip, da der Ligand als Schlüssel den Rezeptor, das Schloss, öffnet.

Selbstkonzept Die Frankfurter Selbstkonzeptskalen stellen insgesamt 10 Aspekte des Selbstkonzepts dar. Dazu gehören u. a. folgende Teilskalen: Allgemeine Leistungsfähigkeit, allgemeine Problembewältigung, Verhaltens- und Entscheidungssicherheit sowie Gefühle und Beziehungen zu anderen. Nach Hazel Markus (1977), die vorschlug, das Selbstkonzept in diverse Selbstschemata zu untergliedern, ähnelt der Begriff des Selbstschemas weitgehend dem Begriff des Konstrukts von Kelly.

Soziale Lerntheorie Bandura (1991) bezeichnet seinen Ansatz als eine sozial-kognitive Theorie und besteht auf die Einflussfaktoren des menschlichen Verhaltens, die der Person selbst und der sozialen Umwelt obliegen. Er unterscheidet dabei vier Teilprozesse, die Einfluss darauf haben, in welchem Maße ein beobachtetes Verhalten gelernt und in die Praxis umgesetzt wird: Aufmerksamkeit, Speicherung, Produktion und Motivation.

Sprache Die Sprache meint gesprochene, geschriebene oder durch Gebärden ausgedrückte Wörter und die Art und Weise, wie diese aneinandergereiht werden, um Bedeutungen auszudrücken. In diesem Kontext ist die Kommunikation nach Schulz von Thun sehr wichtig. Die vier Ebenen des Sprechens und des Verstehens lauten: Selbstoffenbarungs-, Sach-, Appell- und Beziehungsebene. Die Sprache gliedert sich in Phoneme als kleinste unterscheidbare Lauteinheit und in Morpheme als kleinster Bedeutung tragender Baustein.

Stereotype Ein Stereotyp ist die kognitive Repräsentation unseres Wissens und unserer Überzeugungen gegenüber sozialen Gruppen. Es werden automatische und kontrollierte Prozesse unterschieden. Kategorisierungen, Schemata, Stereotypen und Heuristiken vereinfachen das automatische Denken.

Stichprobe Eine Grundgesamtheit (N) ist die Gesamtheit aller Beobachtungseinheiten, eine Stichprobe hingegen ist eine bestimmte herangezogene Menge von Beobachtungseinheiten (n). Der Stichprobenumfang misst die Anzahl der Beobachtungseinheiten in der Stichprobe.

Störfaktor Störfaktoren können sowohl die abhängigen, als auch die unabhängigen Variablen beeinflussen und sogar manipulieren, was oftmals zu einem verfälschten Testergebnis führt. Störfaktoren können innerhalb der Stichprobe bei den Versuchspersonen vorkommen, bei den Studiendurchführern oder auch äußere Faktoren (z. B. Testsituation, Ablenkungen) sein. Um Störfaktoren bestmöglich zu eliminieren, gibt es die Gütekriterien (u. a. Objektivität, Reliabilität, Validität).

Stress Es wird unterschieden zwischen lebensnotwendigem und gesunderhaltendem „Eustress" und andererseits krankmachendem „Distress". In der heutigen Zeit trennen wir zwischen Anstrengung bzw. Überlastung und unangenehm erlebten Stress. Die physiologische Stressreaktion ist die zweckmäßige Antwort des Organismus im „Kampf" gegenüber inneren und äußeren Reizen (Stressoren).

Sublimierung Sublimierung gilt als ein Abwehrmechanismus und wurde von Sigmund Freud eingeführt. Bei der Sublimierung werden nicht erfüllte Triebwünsche durch Ersatzhandlungen ersetzt, wodurch diese Triebe letztendlich befriedigt werden. Es wird zum Beispiel Aggression durch sportliche Aktivitäten „ersetzt".

Sympathikus Der Sympathikus (Antreiber) ist mit dem Parasympathikus und dem enterischen Nervensystem ein Teil des vegetativen Nervensystems. Der Sympathikus hat in diesem System eine ergotrope Wirkung, das heißt er erhöht die nach außen gerichtete Handlungsbereitschaft. Er lässt zum Beispiel unsere Pupillen weit werden, weitet die Bronchien und erhöht unseren Herzschlag.

Thalamus Der Thalamus ist eine Schaltzentrale für sensorische Signale im Hirn. Er übermittelt Informationen zu sensorischen Arealen im Cortex und zu der Medulla oblongata.

Theorie In der Theorie geht es um Beschreibungen, Modelle und Erklärungen. Der Theoretiker schließt deduktiv. Das heißt er geht vom Allgemeinen aus und führt dies auf das einzelne Individuum zurück. Nicht nur, dass Empiriker und Theoretiker Theorien unterschiedlich bewerten, sie haben auch grundsätzlich unterschiedliche methodische Vorgehen.

Top-Down-Prozess Diese Art der Verarbeitung beteiligt unsere Erfahrungen, unser Wissen, unsere Motive und den kulturellen Hintergrund bei der Wahrnehmung der Welt. Diese Verarbeitung nennt sich konzeptgesteuerte Verarbeitung, da die Konzepte in unserem Gedächtnis die Interpretation der Daten beeinflussen.

Validität Die Validität ist das wichtigste Testgütekriterium. Die Validität gibt den Grad der Genauigkeit an, ob eine Untersuchung das erfasst, was sie erfassen soll. Verschiedene Arten der Validität sind zum Beispiel die Inhalts-, Konstrukt- oder Kriteriumsvalidität.

Variable Variablen sind veränderliche Größen, die zur Beschreibung oder Erklärung von Phänomenen herangezogen werden können. Es wird zwischen stetigen und metrischen Variablen unterschieden.

Vergessen Ein Vergessen hat mehrere Gründe. Entweder ein Scheitern der Enkodierung oder einen Speicherzerfall. Außerdem kann es vorkommen, dass ein Abruf der Information scheitert, da früher Gelerntes die Reproduktion neu gelernter Information und die neu gelernte Information die Reproduktion früher gelernter Information stört.

Verhältnis- bzw. Ratioskala Die Verhältnisskala ist die höchste Skala. Es gibt bei dieser Skala einen absoluten Nullpunkt, d. h. dass der Nullpunkt nicht willkürlich gesetzt wurde, sondern dort lokalisiert ist, wo die Variable auch tatsächlich aufhört zu existieren. Diese Skala lässt alle Rechnungen der unteren Skalen (Nominal-, Ordinal-, Intervallskala) zu. Werte der Verhältnisskala dürfen in jeder Art von Darstellungsform dargestellt werden.

Verstärkung Verstärker sind Ereignisse, durch die ein vorausgehendes Verhalten verstärkt wird. Primäre Verstärker folgen nach angeborenen verstärkenden Reizen. Sekundäre und konditionierte Verstärker folgen einem Reiz, der mit primären Verstärkern gekoppelt wird. Generalisierte Verstärker stehen in Beziehung mit primären und sekundären Verstärkern (z. B. Geld, Macht, hoher sozialer Status). Eine direkte Verstärkung sollte zeitlich nah nach dem gezeigten Verhalten erfolgen. Eine konsequente Verstärkung folgt immer und nicht nur manchmal nach dem gezeigten Verhalten und eine motivationsadäquate Bestrafung/Verstärkung wird individuell auf das Bedürfnis der Person abgestimmt.

Visuelle Suche Die visuelle Suche nach einem möglichen Zielreiz (Target) findet in einem Suchdisplay statt, welches eine variable Anzahl von Ablenkern (Distraktoren) enthält.

Vorurteil Ein Vorurteil ist die affektive Bewertung einer sozialen Gruppe oder ihrer Mitglieder. Die vorurteilsvolle Persönlichkeit nach Allport reagiert mit Ambivalenz gegenüber den Eltern, Moralismus, Dichotomie, Bedürfnis nach Entschiedenheit, Veräußerlichung von Konflikten, Institutionalismus und Autoritarismus.

Wahrnehmung Die menschliche Wahrnehmung erfolgt entweder durch den Bottom-Up oder Top-Down Prozess. Wahrgenommen werden kann über jegliche Art von Reiz, also haptisch, visuell, olfaktorisch und auditiv.

Weber'sche Gesetz Das Weber'sche Gesetz besagt, dass sich zwei Reize um einen konstanten Prozentsatz unterscheiden müssen, damit der Unterschied zwischen ihnen wahrgenommen werden kann.

Yerkes-Dodson-Gesetz Das Yerkes-Dodson-Gesetz ist eine Methode der Psychomotorik. Das Gesetz postuliert, bei was für einer Aktivierung welches Leistungsoptimum erreicht werden kann. Bei sehr einfachen oder diffizilen Aufgabentypen wird eine geringe Leistung angestrebt, wobei das Optimum der Leistungsbereitschaft bei einem mittelschweren Aufgabentyp, der herausfordernd aber nicht unmöglich ist, erreicht wird.

Weiterführende Literatur

Zusätzlich zu den Quellenangaben am Ende eines jeden Kapitels findet ihr hier Tipps zur weiterführenden Literatur.

Allgemeine Psychologie

McCleeland, D. C. (2010). *The achieving society*. Eastford: Martino Fine Books.

Patrzek, A. (2014). *Fragekompetenz für Führungskräfte: Handbuch für wirksame Gespräche* (6. Aufl.). Wiesbaden: Springer Gabler.

Differentielle- und Persönlichkeitspsychologie

Maltby, J., Day, L., & Macaskill, A. (2011). *Differentielle Psychologie, Persönlichkeit und Intelligenz* (2. Aufl.). München: Pearson.

Margraf, J., & Schneider, S. (2009). *Lehrbuch der Verhaltenstherapie* (3. Aufl.). Bd. 1. Heidelberg: Springer.

Mertens, W. (2004). *Psychoanalyse: Geschichte und Methoden* (3. Aufl.). München: Beck.

Meynhardt, T. (2002). *Interkulturelle Differenzen im Selbstkonzept von Managern*. Münster: Waxmann.

Schmitt, M., & Altstötter-Gleich, C. (2010). *Differentielle Psychologie und Persönlichkeitspsychologie kompakt*. Weinheim: Beltz.

Simon, F. B. (2014). *Einführung in Systemtheorie und Konstruktivismus* (7. Aufl.). Heidelberg: Auer.

Biologische Psychologie

Marlock, G. (2006). *Handbuch der Körperpsychotherapie*. Stuttgart: Schattauer.

Wippert, P., & Beckmann, J. (2009). *Stress- und Schmerzursachen verstehen*. Stuttgart: Thieme.

Wolowski, A. (2010). *Psychosomatische Medizin und Psychologie für Zahnmediziner*. Stuttgart: Schattauer.

Sozialpsychologie

Fischer, P., Asal, K., & Krueger, J. (2013). *Sozialpsychologie*. Heidelberg: Springer.

Fromm, E. (1993). *Die Furcht vor der Freiheit*. München: Deutscher Taschenbuch Verlag.

Irle, M., & Möntmann, V. (Hrsg.). (2012). *Theorie der kognitiven Dissonanz*. Bern: Huber.

Miller, N. E., & Dollard, J. (1941). *Social learning and imitation*. New Haven: Yale University Press.

Sternberg, R., & Sternberg, K. (2011). *Cognitive Psychology*. New York: Wadsworth.

Surma, S. (2011). *Selbstwertmanagement: Psychische Belastung im Umgang mit schwierigen Kunden*. Wiesbaden: Gabler.

Winter, K. (2009). *Wirkung von Limited Editions für Marken: Theoretische Überlegungen und Empirische Überprüfung (Marken- und Produktmanagement)*. Wiesbaden: Gabler.

Entwicklungspsychologie

Stocker, C. M., & Youngblade, L. (1999). Marital conflict and parental hostility: Lins with children's sibling and peer relationships. *Journal of Family Psychology, 13*(4), 598–609.

Empirische Forschungsmethoden

Görgen, F. (2005). *Kommunikationspsychologie in der Wirtschaftspraxis*. München: Oldenbourg.

Hager, W. (1987). Grundlagen einer Versuchsplanung zur Prüfung empirischer Hypothesen der Psychologie. In G. Lüer (Hrsg.), *Allgemeine Experimentelle Psychologie* (S. 243–253). Stuttgart: Fischer.

Hussy, W., Schreier, G., & Echterhoff, G. (2013). *Forschungsmethoden in Psychologie und Sozialwissenschaften für Bachelor* (2. Aufl.). Heidelberg: Springer.

Statistik I

Rasch, B., Friese, M., Hofmann, W., & Naumann, E. (2010). *Quantitative Methoden 1* (3. Aufl.). Heidelberg: Springer.

Stichwortverzeichnis

A

Abraham H. Maslow   57
absolute Schwelle   6
Aktionspotenzial   4
Aminosäuren   70
Anterior   78
Arbeitsgedächtnis   13
Arithmetisches Mittel   152

B

Basalganglien   78
Bedürfnis   26
Behaviorismus   51
Beta-Gewichte   165
Bewegung   38
Beziehungen   120
Big-Five   60
Bindung   114
Binokulare Hinweisreize   9
Bottom-Up-Prozess   9

C

Chronometrische Analyse   39

D

Determinationskoeffizient   165
Diskrepanztheorie   92
Diskriminierung   95
Distal   78
Dorsal   78

E

Embryonalstadium   109
Empirie   133
Erregung   28
Erziehung   122
Es   47
Essstörung   28
Experiment   134
Extraversion   60

F

Faktor   163
Faktorenanalyse   162
feindseliger Attributionsstil   97
Feldtheorie   32
Fixierung   19
Forschung   139
Fötalstadium   109

G

Gedächtnis   12
Gehirn   5
Geschlecht   119
Gewissenhaftigkeit   60
Gruppen   99

H

Herzkreislauf   85
Heuristik   19
Hirnlappen   6
Hormone   28, 81
Hypothalamus   83

I

Ich   47
Intelligenz   116
Interquartilsabstand   153
Intervallskala   151

K

Kinästhesie   8
Klassische Konditionierung   17
Konstruktivismus   54
Kovarianz   156
Kranial   78
Kreuzvalidierung   166
Kurzzeitgedächtnis   13

L

Langzeitgedächtnis   14
Langzeitpotenzierung   76
Lateral   78

M

Medial   78
Median   152
Modalwert   152
Monokulare Hinweisreize   10
Moral   124
Motorik   112
Multikollinearität   165
Muskel   73

N

Natrium-Kalium-Pumpe   69
Nervenzelle   4
Neuron   4
Neurotizismus   60
Neurotransmitter   5
Nominalskala   149
Normalverteilung   148

O

Objektivität   135
Ödipuskomplex   49
Offenheit   60
Operante Konditionierung   17
Ordinalskala   150

P

Parasympathikus   24
Partialkorrelation   157
peripheres Nervensystem   5
Persönlichkeit   47
Persuasion   93
Phasenlehre   48
Plastizität   111
Produkt-Moment-Korrelation   156
Prokrastination   36
prosoziales Verhalten   98
Proximal   78
Psychoanalyse   49
psycholexikalischer Ansatz   59

R

Range   154
Reflexe   79
Regression   158

Reliabilität   136
Rezeptor   72

S

Schlüssel-Schloss-Prinzip   72
Selbstkonzept   55
Selbstwertgefühl   92
Selbstwirksamkeit   53
Sensorik   112
Sensorische Adaption   7
Sigmund Freud   47
soziale Identität   92
Soziale Lerntheorie   18
soziometrischer Status   124
Sprache   118
Sprachstörung   22
Standardabweichung   154
Stichprobe   137
Störfaktor   142
Stress   67
Sublimierung   48
Suppressionseffekt   166
Sympathikus   23
Synapse   71

T

Theorie   133
Theorie der sozialen Identität   95
Top-Down-Prozess   9
Trieb   31

U

Übergewicht   28
Über-Ich   47
Überredung   93
Unterschiedsschwelle   7

V

Validität   136
Variable   134
Varianz   154
Ventral   78
Ventrikel   77
Verhaltenssteuerung   35
Verhältnisskala (Ratioskala)   151
Verstärker   17
Verträglichkeit   60
visuelle Klippe   113

W

Wachstum   111
Weber'sches Gesetz   7

Y

Yerkes-Dodson-Gesetz   24

Z

zentrales Nervensystem   5
z-Transformation   155
Zygotenstadium   109

Willkommen zu den Springer Alerts

- Unser Neuerscheinungs-Service für Sie:
  aktuell *** kostenlos *** passgenau *** flexibel

Springer veröffentlicht mehr als 5.500 wissenschaftliche Bücher jährlich in gedruckter Form. Mehr als 2.200 englischsprachige Zeitschriften und mehr als 120.000 eBooks und Referenzwerke sind auf unserer Online Plattform SpringerLink verfügbar. Seit seiner Gründung 1842 arbeitet Springer weltweit mit den hervorragendsten und anerkanntesten Wissenschaftlern zusammen, eine Partnerschaft, die auf Offenheit und gegenseitigem Vertrauen beruht.

Die SpringerAlerts sind der beste Weg, um über Neuentwicklungen im eigenen Fachgebiet auf dem Laufenden zu sein. Sie sind der/die Erste, der/die über neu erschienene Bücher informiert ist oder das Inhalts-verzeichnis des neuesten Zeitschriftenheftes erhält. Unser Service ist kostenlos, schnell und vor allem flexibel. Passen Sie die SpringerAlerts genau an Ihre Interessen und Ihren Bedarf an, um nur diejenigen Informa-tion zu erhalten, die Sie wirklich benötigen.

Mehr Infos unter: springer.com/alert

Printed in the United States
By Bookmasters